HANGIL
GREAT BOOKS

인류의 위대한 지적유산

HANGIL
GREAT BOOKS
145

교양과 무질서

매슈 아널드 지음 | 윤지관 옮김

한길사

HANGIL
GREAT BOOKS
145

Matthew Arnold
Culture and Anarchy

Translated by Ji Kwan Yoon

Published by Hangilsa Publishing co., Ltd., Korea, 2016

빅토리아 시대 영국의회의 풍경
1832년 제1차 선거법 개정 후 최초로 열린 1833년 2월 5일 의회의 모습.
대다수 중간계급이 선거권을 획득하게 된 이 개정 이후 노동자들의 선거권
획득운동이 거세게 일어났으며, 결국 1867년 도시 노동자에게
선거권을 부여한 제2차 선거법 개정이 이루어진다.

상류계급과 중하층계급

빅토리아 시대는 산업화의 결과로 계급적인 갈등이 첨예하게 부각되던 시대였다.
지주층을 중심으로 한 귀족계급은 상류생활을 유지했으나
사회의 주도권을 잃게 되고, 중간계급이 그 자리를 대신하는 가운데
노동계급이 새로운 세력으로 떠오르게 된다.

산업혁명과 런던

산업혁명은 영국사회의 모습을 송두리째 바꾸어놓았다.
산업화가 진행되면서 이농한 농민들은 도시의 공장에서 노동자로 일하게 되고
도시는 급속도로 팽창했다. 사진은 19세기 중반 영국의 기계공작 공장(위)과
빅토리아 시대 영국 중심가의 모습(아래).

빅토리아 시대 산업적 기술의 총화 수정궁

1851년 런던에서 개최된 만국대박람회를 위해 하이드 파크에 세운
수정궁은 유리와 강철로 이루어진 건물로,
빅토리아 시대 산업적 기술의 총화로 일컬어졌다.

HANGIL GREAT BOOKS 145

교양과 무질서

매슈 아널드 지음 | 윤지관 옮김

한길사

교양과 무질서

일러두기

1. 이 책의 번역 텍스트는 슈퍼(R. H. Super)가 편집한 『매슈 아널드 산문전집』(*The Complete Prose Works of Matthew Arnold*) 중 제5권인 *Culture and Anarchy*(Ann Arbor: The Univ. of Michigan Press, 1965)이다.
2. 각주는 옮긴이가 붙인 것이며, 원저자 주석인 경우에는 '—저자'라고 따로 표기했다.

교양 이념의 형성과 현재적 의미

윤지관 덕성여자대학교 교수·영문학

아널드는 누구인가

교양 이념의 정립자 아널드

『교양과 무질서』의 저자인 아널드(Matthew Arnold)는 영국 빅토리아 시대를 대변하는 지식인 가운데 한 사람이다. 아널드는 우리에게 문학비평가 또는 시인으로 널리 알려져 있지만, 당시에는 문학 분야뿐 아니라 정치·사회·종교·교육 등 여러 분야의 지적인 논의에 적극 개입하여 각 분야에서 중요한 성과를 이루고 영향을 미쳤으며, 거의 평생을 장학사로 근무하면서 교육현장에서 일한 실천적인 지식인이기도 했다. 아널드의 이 같은 다양한 활동은 서로 긴밀하게 연관되어 있고, 그 핵심에는 다름 아닌 '교양'(culture)이라는 이념이 자리 잡고 있다. 『교양과 무질서』는 '교양'의 이념을 당시 상황과 관련하여 가장 본격적으로 거론한 책으로, 아널드의 작업을 이해하기 위해서는 반드시 읽어야 할 책이다.

'교양'이라는 단어는 비단 영국의 빅토리아 사회에서뿐 아니라 그와 유사하게 근대가 야기한 문제를 안고 있는 사회에서는 늘 떠오르는 핵심어이기도 하다. '교양' 이념은 아널드에게서 기원한 것도 아니고 영국에 한정된 것도 아니며, 이념적으로는 18세기 이후 독일 철학에서부터 배태된 것이다. 그러나 교양 이념은 산업화가 본격적으로 진행되던 19세기 영국에서 특히 중요한 의미를 띠게 되었으며, 이 경향은 낭만주의 시대의 콜리지(Samuel Taylor Coleridge)에서 본격적으로 등장하고 20세기 중엽까지 많은 비평가와 사상가를 통해 지속되어 영국 문화비평의 전통을 낳는다. 교양 이념을 정의 내리고 사회적 의미를 정립한 아널드의 작업은 문화비평의 전통에 결정적으로 기여했고, 그것은 이후의 문학이나 문화와 관련한 담론에서 되풀이해 거론되고 있다.

아널드의 생애와 업적

아널드는 1822년 템스 강변의 작은 마을 래일엄에서 목사이자 교육자인 토머스 아널드(Thomas Arnold)의 맏아들로 태어났다. 아버지인 토머스 아널드는 빅토리아 시대의 '저명한 인물'(eminent Victorians) 가운데 한 사람으로 꼽히는 인물로, 아들에게 많은 영향을 미친다. 아널드 집안은 아널드가 6세 되던 해에 럭비로 이사했는데, 이유는 아버지가 유명한 사립학교 럭비 스쿨의 교장으로 임명되어 부임했기 때문이다. 아널드 집안은 아버지가 1841년에 옥스퍼드 대학교의 근대사 레기우스 교수직에 임명되면서 옥스퍼드로 이주할 때까지 럭비에 머물렀으나, 호수 지방에 따로 별장을 마련해 지내기도 했다. 템스 강변에서의 어린 시절에 대한 기억은 아널드의 훗날 시에서 나타나기도 하고, 특히 호수지방의 별장에서 이 시절의 원로시인인 워즈워스(William Wordsworth)를 비롯한 문인 학자들을 만나본 경험은 그에게 소중한 추억이자 자산이 된다. 그가 14세 때부터 습작을 시작한 것도, 이후 학창시절에 시창작으로 상금을 획득한 것도 그 영향일 것이다.

아널드가 문인으로서 가장 먼저 두각을 나타낸 분야는 시였다. 옥스퍼드에 다니면서 그는 습작을 계속했고, 칼라일(Thomas Carlyle), 에머슨(Ralph Waldo Emerson), 상드(George Sand), 괴테(Johann Wolfgang von Goethe), 스피노자(Benedict de Spinoza) 등의 책을 읽고 영향을 받았다. 학부를 졸업한 뒤 프랑스를 방문하여 상드를 만난 것이 그에게는 커다란 자랑거리였다. 프랑스에서 돌아온 1847년 휘그파의 한 유력한 정치가의 개인비서로 일하기도 했으나, 1849년 첫 시집 『떠도는 난봉꾼』(*The Strayed Reveller*)을 출판하여 시인으로서 이름을 내기 시작했다. 그 뒤 『에트나 산의 엠페도클레스』(*Empedocles on Etna*, 1852)를 내고 잇달아 두 권의 시선집을 출간함으로써 테니슨(Alfred Tennyson)과 브라우닝(Robert Browning)과 더불어 빅토리아 시대를 대표하는 시인 가운데 한 사람으로 떠오르게 된다. 한편 마땅한 직업이 없었기 때문에 미루던 와이트먼(Francis Lucy Wightman)이라는 여성과의 결혼도 1851년에 그가 장학사로 임명됨으로써 이루어진다. 장학사로 임명된 것은 아널드의 생애에서 중요한 전기가 되었는데, 그는 죽기 2년 전인 1886년까지 그 직을 맡아서 거의 평생을 봉직했다. 이 임무를 수행하기 위해 국내뿐 아니라 프랑스, 스위스, 독일 등 대륙을 자주 여행했는데, 이처럼 업무가 힘들어도 그가 이 일을 필생의 직업으로 여긴 바탕에는, 공교육의 확산과 교육여건의 개선에 대한 그의 투철한 의식이 깔려 있다고 할 수 있다.

실제로 아널드가 성가를 얻고 있던 시 창작을 중지하고 1850년대 말부터 비평으로 방향을 전환한 것도 당시 사회 변화의 방향을 인식하고 여기에 좀더 적극적이고 실질적으로 참여하려는 뜻에서다. 아널드는 1857년에 5년 임기의 옥스퍼드 시학 교수로 선출되고(후에 재선되어 10년 동안 봉직), 그해 11월 「문학에서의 근대적 요소」라는 제목의 취임 강연을 하게 된다. 이 강연을 계기로 아널드는 차츰 시 활동을 접고, 비평에 관심을 집중해 문학에 대해서뿐 아니라 사회문제 일반에까지 폭넓은 관심을 두고 발언하게 된다. 이러한 전환은 1853년의『시선집』(*Poems: A New Edition*)에 붙인 장문의「서문」(Preface)에서 이미 예기된 것이다.「서문」에서 아널드가 자신의 시에 있는 낭만성과 감상주의를 자기비판하면서 좀더 고전적인 것에 대한 관심을 표명했다면, 강연에서는 본격적으로 근대적인 요소로서 문학의 '지적인 해방'의 기능을 강조하고 사회현실의 복잡한 변화에 맞서는 좀더 적극적이고 지성적인 대응이 필요함을 역설했다.

아널드가 이처럼 사회적인 관심과 비평의 구실을 강조하고 나온 것은 빅토리아 사회가 거대한 변화의 과정에 있었기 때문이다. 당시 진보와 개혁의 흐름은 '시대정신'으로 일컬어질 정도로 대세를 이루고 있었다. 1830년대부터 제1차 선거법 개정, 공장법, 빈민법 등 정치적·경제적 개혁이 진행되었고, 아널드가 대학시절이던 1840년대에는 '차티스트 운동'으로 통칭되는 전국적인 노동운동이 거세게 벌어졌다. 장학사로서 본격적으로 사회활동에 나서던 무렵에는 '대박람회'가 런던에서 열렸는데, 이는 세계적으로 대영제국의 위세를 과시하고 당시 산업과 과학의 발전을 알리는 상징적인 행사였다. 이 와중에 특히 대중교육 문제가 큰 사회적 과제로 등장했다. 아널드는 문학비평 활동을 하면서도 장학사로서 실무를 바탕으로『프랑스의 대중교육』(*The Popular Education of France*, 1861)과『프랑스판 이튼학교』(*A French Eton*, 1864) 같은 비중 있는 교육 관련 저작을 낸다. 이 책들은 몇 개월에 걸쳐 프랑스, 네덜란드, 스위스 등 해외에 있는 학교들을 시찰한 결과로 나온 노작이다. 이 시기에 또한 아널드의 문학비평 활동도 본격화되어서, 나중에『비평집』(*Essays in Criticism*, 1865)으로 묶인 평론을 활발하게 발표했고, 그와 함께『호메로스 번역에 관하여』(*On Translating Homer*, 1861)와『켈트 문학 연구에 관하여』(*On the Study of Celtic Literature*, 1867) 같은 대작 평론을 출간했다.

　1860년대 후반은 아널드에게는 개인적으로 시련의 시기였지만(1868년 막내아들이 죽고, 그해 말에 16세이던 맏아들이 죽는 불행을 겪었지만), 아널드는 이때부터 사회·종교적인 당대의 논쟁에 적극 개입해 비평가로서 정력적인 활동을 펼치게 된다. 이 시기의 논쟁을 모아서 1869년 그의 대표적인 정치·사회평론서인『교양과 무질서』가 나왔다. 1870년에는 종교논쟁집『성 바울로와 프로테스탄티즘』(*St. Paul and Protestantism*)이 나왔고, 1871년에는 '반은 장난스럽고 반은 진지한' 스타일의 또 다른 정치평론서『우정의 화환』(*Friendship's Garland*)이 나왔다. 1873년에는 그의 종교 저서 가운데서 가장 중요한『문학과 교리』(*Literature and Dogma*)가 출간되었다. 이 같은 활동을 통해서 아널드는 당대의 다른 사회사상가들, 밀(John Stuart Mill)이라든지 칼라일, 러스킨(John Ruskin) 같은 사람들과 더불어 빅토리아 시대의 사회사상을 말할 때 빠질 수 없는 인물이 된다. 무엇보다도 이 시기는 빅토리아 영국의 개혁운동이 막바지에 이르러 노동계급의 정치적 권리에 대한 주장과 목소리가 어느 때보다 크게 울리던 때였다. 이 같은 정치개혁은 1867년 의회를 통과한 제2차 선거법 개정으로 절정에 이르렀는데, 이 개혁을 통해서 남성 도시 노동자의 대다수가 선거권을 획득하게 된다. 뒤에서 상술하겠지만『교양과 무질서』로 묶여 나온 이 책은 선거법 개혁을 둘러싼 사회적 논란의 와중에 집필한 것이다.

　그 뒤 아널드는 종교적 저작의 집필에 치중하다가, 1879년 워즈워스의 시선집에 붙이는 평론「워즈워스」를 쓰면서 다시 문학비평에 복귀한다. 말년에 쓴「시의 연구」(The Study of Poetry),「바이런」 등을 비롯한 중요한 시평론을 통해서 아널드는 영국의 낭만주의 문학 전통에 대한 평가를 확립하고, 헉슬리(Thomas Henry Huxley)와 벌인 논쟁인「문학과 과학」(Literature and Science)이라는 유명한 평론을 통해 '과학'과 '문학'이라는 '두 문화'에 대해 그 뒤에 벌인 긴 논쟁의 시원이 된다. 아널드는 옥스퍼드 대학교 시학 교수 재선을 두 번이나 거절했지만, 미국으로 강연 여행을 다니기도 하고, 집필 활동을 하면서도 장학사 일은 계속했으며, 64세로 은퇴하기 직전까지 교육위원회 일로 프랑스, 스위스, 독일 등을 방문했다. 이들 나라를 방문한 뒤에 곧 은퇴한 아널드는 그로부터 2년 뒤 리버풀에서, 미국에서 돌아오는 딸을 기다리다가 갑작스럽게 심장마비를 일으켜 사망했다.

『교양과 무질서』를 둘러싼 배경과 논쟁의 경과

빅토리아 사회와 하이드 파크 사건

『교양과 무질서』는 1869년 1월에 책으로 출간되었는데, 그 내용은 1867년부터 당시의 사회·정치적인 쟁점을 두고 1년 이상 벌인 논쟁문을 묶은 것이다. 책으로 출간하면서 아널드는 긴 서문과 결론을 따로 붙여서 자신의 전체적인 의도를 밝히고 논쟁의 경과를 나름대로 정리했다. 그렇지만 이 책의 중심 내용을 이루는 각 장들, 즉 「단맛과 빛」, 「내키는 대로 하기」, 「야만인, 속물, 우중(愚衆)」, 「헬레니즘과 헤브라이즘」, 「그러나 한 가지만이라도 족하니라」, 「우리의 자유주의 실천가들」은 모두 당시 저널에서 이루어진 논쟁의 한 대목이고, 그런 연유로 뒤에 발표한 글의 내용은 앞의 글에 대한 반응을 반박하고 자신의 생각을 좀더 개진하거나 입증하는 방식으로 되어 있다. 물론 아널드는 이 책에서 자신의 '교양' 이념을 일관되게 피력하고 또 심화시키기 때문에 단순히 논쟁 모음집이라기보다 통일된 저서로 읽어야 할 것이다. 실제로 아널드는 책으로 출판하는 과정에서 저널에 발표했을 때의 오류나 지나친 주장 등을 삭제하거나 고치기도 했다.

아널드가 발표한 글에 대해 당시 저널에서는 대체로 비판적인 논조가 많았고, 그의 주장을 본격적으로 반박하고 나온 논쟁상대자도 상당수 있었다. 그것은 그 당시 첨예한 사회적·정치적 이슈에 대해서 아널드가 취한 태도가 당시 사회여론을 주도하던 중간계급 개혁론과 합치하지 않거나 상충하는 면이 있었기 때문이다. 실제로 당시 개혁의 논점과 실제 논의가 어느 정도 절박한 사회적 필요에 따라 제기되었다는 점을 고려하면, 아널드가 이 같은 실제적 논의에 대한 왈가왈부를 떠나서 사심 없고 자유로운 생각을 강조하고 무엇보다 '교양'의 시대적 중요성을 제안한 것이 중간계급의 개혁 주도세력에게 어떤 반응을 불러일으켰을지는 미루어 짐작할 만하다. 하여간 『교양과 무질서』는 바로 이러한 격렬한 개혁운동과 사회 변화의 와중에 탄생한 만큼, 이 책을 제대로 읽기 위해서는 당시 시대 상황에 대한 이해가 반드시 필요하다.

두루 알다시피 1860년대 후반 영국 빅토리아 사회의 핵심적인 정치 이슈는 선거법 개정 문제라고 할 수 있다. 민주주의 제도가 정착되는 과정에서 봉건적인 특권을 제한하고 중간계급과 그 이하 민중에게 선거권을 부여하는 것이 불가피하기도 하고 반드시 필요한 개혁의 과정이라는 것은 말할 나위도 없다. 1832년의 제1차 선거법 개정을 통해서 선거권을 가진 인구가 대폭 증가하여 성인남자 7명 가운데 1명이 선거권을 가지는 개혁이 이루어진다. 이로써 지주층 중심 체제의 일각이 무너지고 중간계급의 일부층이 정치적 권리를 획득하게 되며 의회에서 무게 중심이 하원으로 대폭 옮겨가게 된다. 그러나 이러한 참정권 확대라는 개혁에서 노동계급은 완전히 배제되었다. 노동계급은 빅토리아 시대가 진행되는 동안 수적으로나 전체 국가에 미치는 영향에서나 광범하게 성장했고, 이에 따라 노동자의 정치의식도 급성장해 노동조건의 개선 문제뿐 아니라 노동자의 정치·경제적 권리를 보장하는 정치개혁을 강력하게 요구했으니, 그것이 1840년대까지 활발하게 전개된 차티스트 운동이었다. 1860년대에 이르러 노동계급의 점증하는 요구는 더 이상 막을 수 없는 힘을 얻게 되었고, 노동계급의 지도층은 물론 개혁을 주장하는 중간계급 자유주의자들은 대규모 대중집회나 언론을 통해서 계속적인 압력을 가했다. 결국 1867년에 의회는 투표권을 대폭 확대하는 개혁안을 통과시킬 수밖에 없었고, 이 제2차 선거법 개정을 통해서 전체 성인남자의 3분의 1이, 그리고 도시노동자 대다수가 선거권을 획득하게 되는 정치혁신이 이루어졌다. 즉 제1차 선거법 개정이 중간계급의 정치권을 보장했다면 제2차 선거법 개정은 노동계급의 정치권을 인정한 것이다.

『교양과 무질서』는 선거법 개정 문제를 직접 다루지는 않았지만 이를 둘러싸고 벌어진 당시의 계급적 대립과 사회적 갈등에 대해서 어떻게 대처할 것인가 하는, 당대 영국 문제의 핵심사안을 끌어안고 있다. 특히 이 선거법이 통과되기 전해에 런던의 하이드 파크에서 일어난 소요사태는 이 책에 실린 글의 직접적인 동기를 제공했다. 제목의 한 항목인 '무질서'는 포괄적인 의미를 담고 있지만, 직접적으로는 바로 이 하이드 파크 사건을 염두에 두기도 했다. 이 사태는 책에서 여러 번 거론하고 논의하므로, 이 사건의 전말을 간략하게나마 소개할 필요가 있다.

선거법 개정안이 의회에 처음 상정된 것은 자유당이 정권을 잡고 있던 1866년으로, 그 당시 자유당은 온건한 개혁안을 제출했으나 의회에서 부결되었다. 그러자 자유당 내각이 사퇴하고 보수당으로 내각이 구성되었는데, 보수당은 선거법 개정이 불가피함을 인식했을 뿐 아니라 보수당이 살아남기 위한 방편으로 좀더 진전된 개혁안을 다음해 8월에 자유당의 협조를 얻어 통과시킨다. 그런데 그 전해 자유당의 개혁안이 부결되었을 당시 비판 여론이 들끓었고 특히 선거법을 개정하기 위해 결성된 '개혁연대'(Reform League)는 도처에서 대규모 집회를 여는 등 주도적으로 활동했다. 런던 같은 대도시에서 대규모 집회가 가능한 곳은 공원인데, 당국은 공원은 시민을 위한 휴식 공간이지 집회나 시위장소가 아니라는 이유로 공원에서 시위하는 것에 부정적이었다. 그러한 때 개혁연대가 그해 7월 23일 월요일 저녁에 하이드 파크에서 집회를 하겠다고 공표한다. 내무장관은 경찰청에 저녁시간에 공원의 문을 모두 폐쇄하라고 지시했고, 의회에서도 논란이 되어 당시 수상 디즈레일리(Benjamin Disraeli)가 여왕에게 보고하는 등 정치 이슈가 되기도 했다. 예정된 날에 약 6만 명의 노동자가 공원 쪽으로 모였으나 경찰은 미리 공원문을 잠그고 출입을 막았다. 행진의 지도자들이 입장하게 해달라고 요구했으나 거절되자, 대부분의 사람들은 트라팔가 스퀘어 쪽으로 이동했다. 그러나 한 무리가 남아서 공원의 철책을 무너뜨리기 시작했고, 여기에 주변의 군중이 일부 가세했다. 이들은 공원 안으로 쏟아져 들어가 다니지 못하게 하던 잔디와 화단을 짓밟고 주변의 대저택에 돌을 던지기도 했다. 군대가 출동했으나, 그때는 벌써 군중이 해산한 뒤였다. 이것이 그날 일어난 사건의 전말이다. 그 뒤 개혁연대 쪽에서는 내무장관을 면담하고 그 다음 월요일에 하이드 파크에서 집회할 수 있게 허락해달라고 요구했다. 내무장관은 '울면서' 동의했다고 하나, 그 의견은 내각에서 기각되었다. 그 결과 충돌이 예상되었으나 의회 내의 개혁파라고 할 수 있는 밀의 적극적인 중재로 개혁연대가 실내집회를 하는 것으로 방침을 바꿈으로써 문제가 해결되었다. 그러나 실내집회장은 수많은 군중을 소화하지 못해서 소란이 일었고, 결국 이런 집회는 공원에서 해야 한다는 것이 명백했으나, 신임 내무장관은 도리어 공원에서 벌이는 집회를 불법으로 규정하는 법안을 상정했다. 그러나 밀의 주도로 이 법은 기각되었다.

「교양과 그 적들」과 논쟁의 시작

『교양과 무질서』의 집필은 하이드 파크 사건에 크게 영향을 받았다고 할 수 있지만, 당대의 사회 현실에 대한 아널드의 이 같은 대응은 이전부터 이미 예기되었다. 아널드는 1644년 주목할 만한 평론「현시기 비평의 기능」을 발표하는데, 이 글에 피력한 견해에 대해서 당시 언론과 몇몇 중심적인 논자들이 혹독한 비판을 가했다.『교양과 무질서』에 묶인 글 가운데 첫 번째 글「교양과 그 적들」(단행본으로 묶이면서「단맛과 빛」으로 개칭)은 특히 이 비판들에 대한 아널드의 반박이기도 하다.「현시기 비평의 기능」은 그의 비평에 대한 기본적인 태도를 명쾌하게 드러낸 글로 그 다음 해 출간된 첫 번째『비평집』맨 앞머리에 실린다. 그의 비평관을 밝힌 대표적인 문헌인 이 평론은 문학에 대한 논의로 시작했지만 문학에 한정되는 것이 아니라 사회 일반의 문제에 대해서 '비평'이 어떤 의미가 있으며 어떻게 기능하는지를 개진했다. 이 글에서 아널드는 비평이란 "세상에서 알려지고 생각된 최상의 것을 배우고 퍼뜨리려는 사심 없는 노력"이라는 유명한 정의를 내린다. 이 비평 정의에 따르면 비평은 문학작품에 대한 평가뿐만 아니라 당면한 사회적·정치적 문제를 해결하기 위해서도 중요하다. 아널드는 당대 영국에서 실제에 대한 관심이 높은 반면 정신에 대한 자유로운 활동인 '비평'에 대한 관심은 부족하다고 판단하고, 비평은 실제적 목적에 봉사하는 것이 아니라 목전의 목표나 유리하고 불리함을 떠나서 '사심 없이 사물을 있는 그대로 보는' 태도를 기본으로 한다는 점을 역설했다. 이런 관점에서 아널드는 당대 자유주의 주창자들이 내세우는 주장과 실천의 논리를 야유하고, 그 주장이 결국 자유주의자들의 파당적 이해관계를 대변한다는 것을 통박했다.

아널드의 이 같은 비평관에 쏟아진 주된 비판은 그가 '엘리트주의자'며 '초월주의자'라는 것이었다. 엘리트주의라고 한 것은 아널드가 비평이란 '최상의 것'을 기준으로 한다고 한 점을, '초월주의자'라고 한 것은 실제에는 무관한 채 명상을 일삼는 탁상공론을 한다는 점을 각각 염두에 둔 것이다. 이 비판자들 가운데 특히 두드러지는 두 인물이 순수한 공리주의 옹호파라고 할 수 있는 스티븐(J. F. Stephen)과 콩트주의자 해리슨(Frederic Harrison)이다. 스티븐은 아널드가 비판한 영국인의 '실제성'을 옹호하면서 아널드의 '초월주의 철학이론'이 추상원칙을 구체적인 행동으로 옮길 줄 아는 영국인의 속성을 이해하지 못했다고 비판했고, 해리슨은 '우유부단한 교양인'의 보수성에 대해서 분노와 조소를 퍼부었다. 아널드가 이 같은 비판에 응답할 준비를 하는 사이에 앞서 말한 하이드 파크 사태가 일어났다. 특히 그의 주된 논적 가운데 한 명인 해리슨이 노동계급을 예찬하고, 그 '최상의 부분'은 모든 계급 가운데 가장 정치권력에 능하고 '정의감', '성격의 개방성과 소박성', '비참한 사회상에 대한 실제적인 지식'을 갖추고 있는 '가장 뛰어난 공감력과 가장 즉각적인 행동력'이 있는 세력이라고 주장하면서 선거법 개혁 움직임을 강력하게 옹호하고 나서게 된다. 이렇게 되자 평소 중간계급의 파당성을 지적해온 아널드로서도 이 문제를 피해갈 수 없게 되었다.

아널드의 「교양과 그 적들」은 옥스퍼드 대학교에서 고별강연으로 행한 것으로, 나중에 원래 그대로 『콘힐』지에 발표했는데, 이 강연에서 아널드는 특히 해리슨의 '자코뱅주의'에 맞서서 '교양'을 대안으로 제시하면서 교양의 의미를 더 명료화하고 심화시켰다. 아널드는 교양이란 비판자들이 말하듯이 고전에 대한 겉핥기식의 지식을 말하는 것이 아니라, 더 깊은 뜻을 담고 있는 것으로, 한마디로 '완성에 관한 공부'라고 규정한다. 교양의 기원은 우선 "사물을 그 자체를 위해서 또 있는 그대로 보는 즐거움을 위해서 보려는 욕망"에 있으며, 나아가서 "세상을 지금보다 더 낫고 행복하게 하려는 숭고한 열망"에 있다고 주장한다. 그런 점에서 교양은 종교보다 더 우위의 목표가 있는 것이며, 인간성의 '내적이고 일반적이고 조화로운' 발전과 완성을 지향한다는 것이다. 교양의 속성이 완성에 있다면 그것은 아름다움과 지성이라는 두 가지 자질을 통합하는 것이며, 이것을 아널드는 스위프트의 비유를 빌려서 '단맛과 빛'(sweetness and light)이라고 이름 붙인다.

이 강연문은 나중에 더 손을 보아서 「단맛과 빛」이라는 장이 되는데 거기에 나오는 다음 구절은 '교양'의 의미를 전하는 핵심적인 대목 가운데 하나다.

만약 교양이 완성에 관한 공부라면, 그리고 조화로운 완성, 일반적인 완성에 관한 공부며 그 완성이 무언가를 가지는 것이 아니라 무언가가 되는 것에, 외적인 환경이 아니라 정신과 영혼의 내적인 조건에 존재하는 것이라면, 교양은 브라이트(John Bright) 씨와 해리슨 씨 그리고 여타 많은 자유주의자들이 말하는 것과는 달리 경박하고 쓸데없는 것이기는커녕 인류가 실현해야 할 매우 중요한 기능이다. 그리고 이 기능은 우리의 근대 세계에서 특히 중요한데, 그것은 이 세계의 전체 문명이 그리스와 로마의 문명보다 훨씬 더 기계적이고 외적이며, 앞으로 더욱 그런 경향을 띨 것이기 때문이다. 그러나 무엇보다 바로 이 나라에서 교양이 수행해야 할 몫은 매우 크다. 문명의 추세라고 할 수 있는 기계적인 성격이 이곳에서 가장 두드러지게 나타나는 까닭이다. 실상 이 나라에는 우리가 교양을 통해 알게 된 완성의 특징 거의 전부에 맞서고 그것을 위축시키는 강력한 경향이 엄연히 존재한다. 정신과 영혼의 내적인 상태라는 완성의 이념은 우리가 높이 치는, 그리고 앞서 말한 대로 우리가 그 어느 나라보다도 높이 평가하는 기계적이고 물질적인 문명과는 어긋난다. 인간 가족의 일반적인 팽창이라는 완성의 이념은 우리의 강력한 개인주의, 개개인의 인성을 속박없이 펼치는 것에 제한을 가하는 일체의 것에 대한 증오, '각자 자기 뜻대로'라는 금언과 어긋난다. 무엇보다도 인간 본성의 조화로운 팽창이라는 완성의 이념은 우리의 유연성 결여, 사물의 한 측면 이상을 보지 못하는 무능력, 우연히 좋게 된 특정한 추구에 열렬히 몰두하는 경향과 어긋난다.

여기서 아널드가 말하는 교양은 상식적인 의미를 넘어서 작게는 영국의 물질주의적이고 광신적인 경향에 대한 비판이면서 크게는 근대문명 전체의 흐름에 대한 저항임을 알 수 있다. 이 같은 아널드의 입지는 당대 영국을 이끌어가던 계급, 즉 중간계급과 그 계급이 표방하는 자유주의 이념의 문제점을 근본에서부터 짚은 셈이다. 즉 자유주의로 나타난 중간계급의 정치이념이나 비국교주의로 나타난 중간계급의 종교이념은 모두 결국 계급적 이해관계를 기본으로 하고 있고, '사심 없는' 사색의 검증을 거치지 못한 점에서 교양에 반하는 것이며, 그런 까닭에 실천에 대한 외침조차 공허한 것이 된다는 것이다.

어떤 점에서 아널드의 교양이념은 근대문제에 대처하는 본질적인 문제제기이기도 하지만, 당시의 대응에서 여기에 주목한 경우는 거의 없다고 해야 할 것이다. 그것은 당대에 제기된 현안이 그만큼 급박했기 때문에 실제적인 문제에서 멀찍이 떨어져 다시 한 번 자유롭게 생각해볼 필요가 있다는 아널드의 주장은 다소 한가한 책상물림의 주장처럼 여겨졌기 때문이다. 하여간 「교양과 그 적들」은 언론이나 평단의 주목을 끌었으나 반응은 대단히 적대적이었다. 『모닝스타』는 아널드의 강연이 "처음부터 끝까지 말도 안 되는 명백한 오해에 근거하고 있다"고 하면서 아널드가 '현학자' 나부랭이들과 교류하다 보니 "아무런 가치가 없는 조롱조의 비평 스타일"로 썼다고 비난했다.『데일리 텔레그래프』는 아널드를 '상인의 아들들'이 아니라 '영국의 신사들'을 가르친다고 자랑하는 속물이고, 오랫동안 교육을 확산하기 위해 싸워온 정당을 비난하고 거기에 맞서온 대학을 찬양하는 몽매주의자며, '꽃으로 장식한 드레싱 가운'을 입고 있어서 전투하기에는 너무나 연약하고 '팔다리가 물렁한 선병질적인 맵시꾼'이라고 몰아붙였다. 더욱 지독한 비난을 퍼부은 것은『런던 리뷰』로, '단조로운 난센스'와 '교양 있는 히스테리'의 폭발이라고 맹공했다. "아널드는 새된 소리를 지르는 것이 아니라 쥐처럼 찍찍거린다. 새된 소리를 지를 만큼 비신사적인 짓은 못했던 것이다"라는 식의 냉소를 던지면서, 아널드를 "자유주의자라고 뽐내지만 실은 늘 가장 비자유주의적인 인간이며 〔……〕 흰 아이용 장갑을 끼고 글을 쓰며, 그가 말하는 단맛은 오드콜로뉴(향수)의 그것이다. 강력한 지성을 그는 천한 지성이라고 부른다"는 식으로 묘사하면서 그를 '지적 맵시꾼'이라고 규정했다.

이상이 진보적인 신문들이 그의 정치적 입지를 두고 퍼부은 비난이라면, 종교적 분파들의 반발도 이에 못지않았다.『일러스트레이티드 타임스』는 아널드를 '종교에서나 정치에서' 중앙화를 지지하는 요주의 인물로 묘사했다.『비국교도』지의 편집자인 마이얼(Edward Miall)은 좀더 논리적으로, "비국교도들이 인간적 이상의 면에서 편협하고 부적합하다면, 옥스퍼드 대학교 교수가 그들의 부족함을 두고 비판하는 것은 어울리지 않는다"면서 지난 200년 동안 비국교도가 국교회 때문에 옥스퍼드에서 거부되어온 점을 들어, "아널드 씨가 교양과 시의 인간이라 할지라도, 자신이 관련을 맺고 훈련받았던 그 체계의 악에서 자신이 과연 자유로운지는 보여주지 않았다. 그의 동감은 피억압자가 아니라 억압자에게 있다"고 비판했다. 또 다른 비국교도 신문인 리즈에서 출간되는『머큐리』는 더 사정없이 아널드를 비난했는데, 분에 찬 사설에서 '사회적 소화불량'의, '가식과 자만'의 희생자라고 지칭했다. 이밖에도, 『스펙테이터』와 애버딘에서 출간되는 『프리 프레스』는 아널드가 교양을 종교보다 우위에 놓은 점을 비판했다.

언론들의 이러한 반응이 대개 판에 박은 듯한 피상적인 비판이며 심지어 감정적이고 즉흥적인 면이 많다면, 좀더 지적인 반응은 시지윅(Henry Sidgwick)이라는 젊은 학자에게서 나왔다. 그는 『맥밀런스 매거진』에 발표한 「교양의 예언자」라는 논평에서 아널드의 강연이 너무 야심만 앞서 있고, 모호하며, 왜곡되어 있다고 비판했다. 즉 "개인적·사회적 삶의 가장 깊고 어려운 문제를 그 깊이와 어려움을 무시하는 허공의 교조주의로 취급하기 때문에" 야심이 앞서 있고, "때로는 이상적 교양에 대해서, 때로는 실제의 교양에 대해서 말하고 있고, 어느 쪽인지를 늘 알고 있지는 못하기 때문에" 모호하며, 교양이 요구하는 자기 발전과 종교가 요구하는 자기희생의 적대관계를 무시하기 때문에 왜곡되어 있다는 것이다. 시지윅은 아널드의 논리를 거꾸로 그의 비판에 활용해, 아널드가 '교양'이 있었다면 현재 상태의 교양에 문제를 초래하는 잘못이 열정의 결핍, 평범한 민중과의 동감의 부재, 행동에서의 무능력이라는 것을 알았을 것이며, 결국 아널드는 "조악한 열정의 악취나는 발산에서 멀찍이서 몸을 떨면서, 바람과 그의 고상함 사이에 교양의 향수병을 쳐들고 있는" '즐거운 현대의 자유주의자'라는 것이다.

3개월 뒤에 아널드의 논적 가운데 한 사람인 해리슨의 능란한 풍자문이 발표되었다. 해리슨은 「교양: 하나의 대화」라는 글에서 아널드가 『우정의 화환』이라는 평론에서 창안한 인물인 아르미니우스를 등장시켜 아널드의 교양이념에 신랄한 풍자를 가한다. 해리슨은 자신을 아널드의 어리숙한 제자로 설정하고 아르미니우스와 대화를 나누게끔 하는데, 이 풍자문의 논지는 시지윅의 것과 유사하다. 즉 해리슨은 아널드의 논리가 비체계적이고 교양에 대한 묘사는 모호해서 전체적으로 무의미한 추상에 지나지 않게 되었다고 비판한다. 또한 '순전한 세련성'만을 강조하는 나머지 사회, 정치, 종교 영역에 오히려 해를 끼친다는 것이다. 한마디로 해리슨의 공격의 요점은 도대체 교양이란 것이 '좌절에 빠진 가련한 인간'에게 무슨 복음이 되겠느냐는 것이다. 자유주의 언론 일반의 주장과 마찬가지로 이런 반문은 아널드를 엘리트주의자로 지칭하고 아널드식의 대응은 "미래의 교양을 내세워 현재의 개혁을 거부하는" 일종의 사기라는 결론으로 연결된다.

'무질서와 권위' 시리즈 발표와 논쟁의 경과

해리슨의 이러한 효과적인 풍자문이 나오면서 일반의 반응은 더욱 아널드에게 불리하게 돌아갔다. 대체적인 반응은 『토요평론』지에서 정리한 것처럼, 해리슨 같은 개혁론자들은 "제거해야 할 명백한 잘못이 있다"고 믿었는데, "아널드 씨는 그것을 뿌리뽑는 겸허한 조치에 손을 빌려주지 않을 것이기 때문에, 이들은 그에 대해서 점점 참을 수 없게 되어 온갖 명상으로 그가 도대체 무얼 하자는 것인지 알려고 한다"는 것이다. 아널드는 원래 「교양과 그 적들」에 대한 속편을 '무질서와 권위'라는 제목으로 계획했으나, 반응이 이처럼 쏟아지자 "모든 웅성대는 소리를 하나로 모으고 그것들이 어떻게 되는지" 보기 위해서, 그것을 몇 개월 연기한다. 물론 이렇게 연기해도, 그가 이어서 쓰는 글에 대해 차례로 반박이 추가되었기 때문에 새로운 난점이 생기기는 했다. 하여간 아널드는 1867년 겨울부터 다음 해 여름에 이르기까지 한 편이 아니라 다섯 편의 에세이를 집필하게 된다.

아널드는 그가 계획한 속편 가운데 첫 글을 쓰던 시기에, 자신의 교양

개념에 대한 반응이 통상적인 이해에서 벗어나지 못했다는 것을 알았는데, 전체적으로 그에게 쏟아진 비판의 내용은 다음 네 가지 정도로 정리할 수 있다. 첫째, 아널드의 교양개념이 비실제적이어서, 행동의 미비로 이어질 수 있다는 불만, 둘째, 아널드가 평범한 사람을 경멸하는, 그리고 인류의 급박한 필요보다도 개인적인 세련에 관심을 둔, 교양있고 특권이 있으며 지나치게 까다로운 인물의 관점에서 발언한다는 점, 셋째, 특히 종교 저널들에서 그러한데, 아널드가 도덕성의 좀더 엄격한 면에 대해서 무관심하며 그리하여 청교주의를 부당하게 대한다는 점, 넷째, 그의 교양에 대한 주장이 혼란스럽고 논리적·체계적 사고가 부재한다는 점이다. 따라서 아널드가 '무질서와 권위'의 제목으로 시도할 반박에서 다룰 주제는 명백해진다. 즉 아널드는 먼저 교양은 사심 없는 태도를 요구하지만 그럼에도 크고 실제적인 가치가 있다는 점을 설명해야 했다. 교양이란 것은 개인적인 완성이 아니라 전체의 완성이며 후자가 없으면 전자도 없음을 말해야 했으며, 교양이 종교의 적대자가 아니라 오히려 친구임을 말함으로써 비국교도의 상한 감정을 누그러뜨리고, 자신의 사고가 보기보다는 더 요령이 있고 체계적인 철학자의 엄격함보다는 자신의 유연성이 교양에는 더 필요하다는 점을 주장해야 했다.

나중에 출간된 책의 「내키는 대로 하기」라는 제목이 붙은 첫 번째 글에서 아널드는 우선 교양개념이 비실제적이고 '비행동'을 지향한다는 비판에 응답했다. 아널드가 교양의 실천성을 말하는 것은 당시의 주된 흐름에 대한 판단과 맺어져 있다. 즉 그가 보기에 당대 빅토리아 사회는 저마다 '내키는 대로' 행하는 개인주의 경향에 깊게 물들어 있으며, 긴박한 목전의 목표를 향해 깊은 생각 없이 행동으로 치달리려는 조급함에 사로잡혀 있다. 이런 시기일수록 사물을 있는 그대로 바라보고 어떤 높은 기준에 따라 사심없이 판단하는 태도가 긴요하며, 여기에 교양의 기능이 존재한다는 것이다. 그렇다면 그 기준은 어디서 확보할 수 있는가? 그것은 각자의 또는 각 계급의 이해관계에 얽매여 있는 '일상적 자아'를 벗어나 존재하는 '최상의 자아'를 통해서 드러난다. 아널드는 나아가서 궁극적으로 이 같은 권위의 중심을 '국가'에 두는데, 이는 당시뿐 아니라 그 후 문화론에서도 계속되는 논란거리로 남는다.

아널드가 이처럼 시대 상황과 관련지어 교양의 실천성을 주장했지만, 역시 이 같은 주장이 잘 먹혀들었던 것은 아니다. 『일러스트레이티드 런던 뉴스』는 아널드가 여전히 "일부 특정한 남용을 제거하는 것을 목적으로 하는 소박하고 실제적이고 상식적인 개혁에 대해서 진정으로 나약한 공포"를 가지고 있다고 통박한다. 또 『데일리 텔레그래프』는 그의 주장은 전부 교묘한 허구에 의존할 뿐이라고 몰아붙였다. 교양, 단맛, 빛이라는 삼위일체가 "우리의 중간·노동계급과 있지도 않은 적대관계에 있는 것처럼" 말한다는 것이다. 몇몇 다른 신문들은 아널드의 국가관을 비판하면서, 결국 한마디로 "다수의 독재와 소수의 억압이 교양 원칙의 최종적인 주장"(『데일리 뉴스』)이라고 한다.

아널드의 두 번째 글 「야만인, 속물, 우중」은 당시의 계급적 상황과 국가의 문제 그리고 자유와 올바른 이성의 문제를 더 논의한다. 아널드는 계급적 이해관계를 벗어난 '최상의 자아'를 거론한 이전의 글을 더 보충해서 당대 사회의 계급구성에 대한 나름의 분석을 진행한다. 그에 따르면 당시의 주된 계급은 귀족계급, 중간계급, 노동계급으로, 이 가운데 귀족계급의 시대는 이제 물러나고 현재는 중간계급의 시대며, 노동계급은 미래를 담당할 계급이라고 한다. 그러나 각 계급은 어느 쪽이나 현재로는 통치할 만한 자격을 갖추고 있지 않으니, 이처럼 '일상적 자아' 상태에 있는 계급들은 각각 야만인, 속물, 우중이라는 별명을 붙여 마땅하다는 것이다. 이 가운데 현재 사회의 주도계급인 중간계급이 교양을 획득해야 할 필요성은 가장 절박하며, 그렇지 못하면 결국 사회는 혼란에 빠지고 떠오르는 노동계급에게도 필요한 기준을 제공하지 못하게 된다. 한편 진행되던 논쟁의 국면에서 보면, 이 장에서 아널드가 계급분석을 하면서 염두에 둔 것은, 특히 해리슨이 자신을 비체계적인 사상가라고 몰아붙인 것에 대한 대응이기도 하다.

「야만인, 속물, 우중」에 대한 언론의 반응은 전의 글들에 비해서 약한 편이었는데, 아널드는 4개월 뒤 「헤브라이즘과 헬레니즘」을, 그리고 이어서 「그러나 한 가지만이라도 족하니라」를 발표한다. 두 글은 기본적으로 동일한 주제를 다루고 있는 셈인데, 즉 인간사를 양분해온 두 가지 기본 경향이 헤브라이즘과 헬레니즘이라면 인간과 사회의 올바른 발전과 완성에는 어느 하나가 아니라 이 두 가지가 총체적으로 필요하다. 그런데 영국 사회는 유럽의 대세와는 달리 헤브라이즘이 득세하는 경향을 보여왔고 이것이 위기와 혼란을 초래한다는 것이다. 따라서 영국 사회에는 좀더 많은 헬레니즘이 필요하며, 그 같은 요청이 다름아닌 교양의 일반화에 대한 요구로 이어진다는 것이다. 아널드의 이 같은 논지는 좀더 직접적으로는 자신의 종교관이 편협하고 교양과 종교의 관계가 왜곡되어 이해되고 있다는 시지윅의 비판에 대한 응답이다. 즉 시지윅이 아널드가 종교를 폄하한다고 문제삼는 것에 맞서, 아널드는 오히려 종교의 과잉이 이 시기 영국 사회의 난점을 초래하였다고 맞받아친 것이다. 즉 영국에서 청교도의 득세는 르네상스 이후의 유럽 사회의 주된 경향을 거스르는 것이다. 아널드가 헤브라이즘의 의미를 통째 부정한 것은 아니지만, 현시기가 헤브라이즘이 강조하는 '바르게 행하기'보다도 헬레니즘이 목표로 하는 '있는 그대로 보기'를 더 요구하고 있다는 그의 판단은, 지금으로서는 헬레니즘의 이상이 곧바로 교양의 그것임을 말하는 것이다.

그렇지만 이처럼 '정신의 자유로운 활동'에 높은 가치를 두는 아널드의 일관된 주장에 대해서 부정적인 평가가 잇따랐다. 예를 들어 『글로브』지는 아널드가 '따분해지고' '속물처럼 글을 쓰기 시작한다'고 평가 절하하고 나섰고, 『일러스트레이티드 런던 뉴스』는 그의 주장이 "현재 상황에서는 무슨 일을 한다는 것 자체가 효율적이지 못"한 꼴이라고 꼬집었다. 『스펙테이터』도 "아널드 씨의 가르침의 경향은, 우리가 분명하고 올바른 목전의 진로뿐 아니라 주위에 넓은 들판이 명확하게 관찰될 때까지는 모든 행동을 연기하자는 것"이라고 지적하면서, '의식의 자유로운 활동'을 동원하느니 차라리 "단 한 가지라도 실제적인 걸음"을 행하는 것이 낫다고 주장한다.

물론 아널드는 자신이 말하는 '의식의 자유로운 활동'에 대한 주장을 전혀 철회하지 않았을 뿐 아니라, 그것이야말로 어떤 '실제적인 한 걸음'보다 더 의미있는 실천임을 구체적인 사례를 들어 입증하려 했다. 그것이 그가 기획한 다섯 편의 글 가운데 마지막 글인 「우리의 자유주의 실천가들」의 중심내용을 이룬다. 아널드는 당시에 정치적 쟁점이 된 사안 네 가지, 즉 아일랜드 교회의 비국교화 문제, 부동산 무유언법, 죽은 아내의 자매와의 결혼을 합법화하는 문제, 자유무역 정책 등을 구체적으로 거론하면서, 개혁을 앞세우고 나선 자유주의 실행가들이 이런 문제에 대해 취하자고 주장하는 실제적인 조치들이 실상 얼마나 사회의 진정한 자유와 평등에 역행하는지를 조목조목 짚는다. 이를 통해서 아널드는 최종적으로 교양이 이 국면에서 가지는 의미를 부각시킨다.

아널드는 위의 다섯 편의 글에 결론을 붙이고 나서, 1868년 10월 이 시리즈와 애초의 강연문인 「교양과 그 적들」을 묶어서 한 권의 책으로 출판하기로 한다. 이 작업은 아들이 죽는 등 개인적인 일로 연기되다가 이후 서문을 붙여서 마침내 이듬해인 1869년 1월에 『교양과 무질서』라는 제목으로 출간된다.

『교양과 무질서』의 현재적 의미

왜 『교양과 무질서』가 문제되는가

아널드는 19세기 후반 영국을 대표하는 문학비평가로 널리 알려져 있고, 문학 논의나 비평 영역에서는 지금까지도 적지않은 영향력을 행사하고 있다. 그러나 문학 영역에 대한 아널드의 영향력이 무엇인지는 논란의 여지가 크고, 실제로 문학에 대한 이론적이고 심지어 과학적인 접근이 다양하고도 복잡하게 전개된 지난 세기 후반 이후로, 구체적으로는 구조주의의 발흥과 탈구조주의적인 접근이 문학에 도입된 이후로, 비평이론에서 아널드의 위상(또는 주가)이 계속 추락해온 것은 사실이다. 푸코(Michel Foucault), 데리다(Jacques Derrida), 라캉(Jacques Lacan), 들뢰즈(Gilles Deleuze), 바르트(Roland Barthes), 알튀세(Louis Althusser), 제임슨(Fredric Jameson), 사이드(Edward W. Said), 이글턴(Terry Eagleton) 그리고 최근에 와서는 지젝(Slavoj Zizeck) 등의 매력적인 이론가들의 눈부신 광채 앞에서 비평가 아널드를 들먹이는 일 자체가 고루한 일처럼 여겨지기도 한다. 그런데도 문학비평가로서 아널드는 20세기에 들어와서 특히 리비스(Frank Raymond Leavis)를 비롯한 중요 비평가들의 인정을 받았고, 구조주의 이후 이론중심 비평에 억압당하고 있는 비평적 욕망을 끊임없이 환기한다는 점에서는 오히려 더 주목할 필요가 있다.

그러나 아널드의 정치비평이나 그의 정치적 사상은 문학비평가로서의 생명에 비해 훨씬 더 짧다고 할 것이다. 지금 와서, 어떤 정치학자도 정치분야의 전문가도 아닌 아널드의 정치평론서 『교양과 무질서』에 주목하지 않을 법하다. 그럼에도 이 저서는 지금까지도 중요한 의미가 있다. 앞으로 상술하겠지만, 미리 두어 가지 그 이유를 제시하면 다음과 같다. 첫째, 『교양과 무질서』는 당시 상황에 대한 정치적 논쟁의 일부지만, 현재의 국면에서도 제기되는 좀더 본질적인 대립에 대한 사색을 담고 있는 글이라는 점, 둘째, 『교양과 무질서』는 전문적인 정치학 분야의 저서는 아니지만, 탁월한 '문학비평가'가 썼기 때문에 오히려 여느 정치평론서와는 다른 무엇이 담겨 있을 수 있다는 점이다.

『교양과 무질서』의 중심 주장을 단순화해서 말하면, 사회적인 또는 도덕적인 '무질서'에 맞선 처방으로 '교양'을 제시하는 것이다. '교양과 무질서'의 관계를 평범하게 기술하는 것이 아니라 '교양이냐 무질서냐'라는 선택의 문제를 들이대는, 그런 점에서 대단히 논쟁적인 글이다. 두루 알다시피, 이 글이 씌어진 1860년대 후반의 영국 사회는 개혁 요구가 절정에 달하던 시기, 개혁을 위해 실천하라는 요구가 팽배하던 시기, 그러하기에 사회적 모순이 역동적으로 분출하던 시기였다. 이런 시기인지라 사회구성원 사이의 갈등과 도덕적인 혼란이 일어나는 것은 필연이었다. 그런데 아널드는 『교양과 무질서』를 통해서 이 피할 수 없는 변화의 국면을 '무질서'로 지칭하고 그 해결책으로 '교양'을 제시했으니, 앞에서 상세히 기술한 것처럼 도대체 저의가 무엇인가라는 의혹과 비난의 대상이 된 것도 당연하다. 이 책은 당시에도 실제로 문제의 책이었고, 어떤 점에서는 개혁과 그를 위한 움직임이 대세를 이루던 사회적 국면에서는, 언제 어디서나, 문제의 책으로 부각될 소지가 있었다고도 할 수 있다.

짚고 넘어가야 할 것은 『교양과 무질서』에 쏟아진 일반적인 반론과 그 뒤 아널드를 둘러싸고 이루어진 부정적인 담론에는 과연 문제가 없는가 하는 것이다. 아널드의 주장을 전적으로 받아들인다거나 당시 구체적 국면에서의 이런저런 정치적 판단에 동의하지 않는 처지에서도, 이 책에서 제기한 쟁점에는 쉽게 물리치거나 해결할 수 없는 사안이 포함되어 있기 때문이다. 즉 흔히 이 책에 가해지는 비판에서 간과되었거나 억압하는 어떤 중요한 요소가 존재한다는 것이며, 이 요소가 당시에나 지금의 국면에서나 좀더 본질적인 삶과 사회의 문제를 사고하게 만드는 끈질긴 생명력을 가지고 있다는 것이다. 그것은 교양 또는 문화(culture)라는 근대 이후의 핵심어를 어떻게 이해할 것인가 하는 문제와도 이어져 있다. 개혁과 실천이 시대의 대세가 되어 있는 현실에서, 교양이 가진 내면성의 공간은 어떤 의미가 있는 것인가? 『교양과 무질서』는 근대사회가 부딪치고 있는 이 같은 인간과 사회의 본원적인 문제와 대면하게 만든다.

100년 뒤의 물음: 윌리엄스와 1960년대

『교양과 무질서』는 당시에도 개혁에 동참할 것을 외치는 강력한 자유주의 세력에게 집중적인 성토의 대상이 되었지만, 20세기에 들어와 그것이 가진 지속적인 '문제성'을 다시 들추어낸 대표적인 인물 가운데 한 사람이 윌리엄스(Raymond Williams)다. 윌리엄스는 1958년 출판된 『문화와 사회』(Culture and Society)라는 대표적인 초기저서에서도 『교양과 무질서』의 장단점을 두루 살핀 바 있고, 약 10년 뒤인 1969년 4월 맨체스터에서 "교양과 무질서의 100년"(A Hundred Years of Culture and Anarchy)이라는 강연에서, 아널드 시대부터 100년이 지난 1960년대 후반의 상황에 비추어 아널드의 발언과 입지가 의미하는 바를 함축적으로 제시했다. 윌리엄스가 19세기 이래의 '인본주의적인' 문화비평의 관점과 마르크스주의를 결합하려 한 비평가라는 점에서 이 언급은 특별한 의미가 있다고 할 수 있다.

윌리엄스의 강연에서 초점이 된 것은 역시 당대의 정치적인 국면에서 아널드가 취한 태도의 문제성이다. 『교양과 무질서』라는 논쟁서는 1867년의 제2차 선거법 개정을 둘러싼 사회적·정치적 동요와 갈등 국면에서 제출된 것이다. 이 시기는 이 격동에 대한 다양한 반응과 문화적 성과물들이 산출된 때로, 윌리엄스도 열거하다시피, 조지 엘리엇(George Eliot)의 『미들마치』(*Middlemarch*), 마르크스(Karl Marx)의 『자본론』(*Das Kapital*) 제1권, 칼라일의 「나이애가라 타고 내리기」 같은 비중있는 저작들이 나왔으며 『교양과 무질서』도 그 가운데 하나였다. 마르크스가 이 선거법 개정 문제에 직접 개입하여 그것에 대해 거론한 것은 아니므로 제외한다면, 영국의 당시 사회비평가 가운데서 칼라일은 명백하게 귀족계급적인 처지에서 선거법 개정 파동과 그 통과를 위험스럽기 짝이 없는 파국이자 모험이라고 비난했다. 그 반대편에 서서 이 개정에 적극적으로 찬성하고 추진한 대표적인 인물로는 당시 자유주의적인 진보정당의 의원이기도 했던 밀(Mill)을 들 수 있다. 윌리엄스가 보기에, 이처럼 명백히 엇갈리는 정치적 견해 속에서 아널드처럼 개혁에 동조적이면서도 전통적 가치에 대한 신념을 견지하는 인물의 반응은 남다른 중요성을 띠게 된다. 역시 아널드는 당시 상황을 막아야 할 '무질서'로 규정하면서도 자신을 칼라일 같은 '반동적인'(reactionary) 입지에서가 아니라 '탁월함과 가치의 수호자'(a guardian of excellence and of values)로 내세움으로써 그 나름의 강력한 호소력을 발휘했다는 것이다.

제2차 선거법 개정은 도시 남성 노동자들에게까지 선거권을 부여하는 것을 주된 내용으로 하는데, 지금 보면 너무나 제한적인 개혁이지만 당시에는 언론에서 '어둠 속으로 뛰어들기'(a leap into the dark)라고 표현했을 정도로 기득권 세력의 거부감이 컸고 개혁운동가들과의 갈등도 첨예했다. 한편 농민이나 노동자 등 기타 피지배층에게는 그것으로 세상이 완전히 바뀌게 되리라는 고양된 기대감을 준 일대 사건이었다. 윌리엄스는 아널드가 이 사태에 대한 직접적인 정치적 논란보다는 '부와 생산에 대한 국민적 몰두'를 비판하고, '민중의 삶에서 더 중요한 다른 것들'이 있음을 환기시키며, 정치가나 언론이 대중을 대변하는 방식의 문제점과 대중교육을 확산할 필요성에 대해서 말하면서, 그것을 '교양'의 고취로 설명해내고 있다고 했다. 이것은 그가 아널드의 기획을 일괄적으로 부정하지는 않는다는 것을 말해준다. 윌리엄스가 문제삼는 것은, 아널드가 직접적으로 거론하기도 했고 또 「교양과 그 적들」이라는 첫 글의 계기가 되기도 한 사건, 즉 하이드 파크에서 일어난 소요사태에 대해 아널드가 나타낸 반응의 어떤 전형성이다. 하이드 파크 사건은 앞에서 상세히 설명한 것처럼 선거법 개정을 관철하려고 결성된 개혁연대가 집회장소를 하이드 파크로 정했다가 이를 허용하지 않은 정부당국의 제지를 받는 과정에서 공원의 철책을 무너뜨리고 화단을 짓밟고 투석을 약간 한 사건을 말한다. 윌리엄스는 아널드가 발언의 수위를 점점 높여가며 "우리에게는 사회의 골격, 이 장엄한 드라마가 펼쳐져야 하는 무대는 신성하며", 비록 행정을 담당한 자들을 우리가 쫓아내려고 할지라도, "그들이 운영을 맡고 있는 한 우리는 변함없고 일사불란한 마음으로 그들이 무질서와 혼란을 억누르는 것을 지지한다"고 주장하고, "질서가 없이는 사회가 있을 수 없고, 사회가 없으면 인간의 완성도 있을 수 없다"고 단언한다는 점에 주목한다. 윌리엄스가 보기에 이것이야말로 요즘에도 흔히 보는 익숙한 논리, 즉 시위나 농성 등을 '무질서'니 '카오스'니 하면서 보이는 적대적인 반응과 일맥상통하는 태도라는 것이다. 즉 아널드는 '탁월함과 가치의 수호자'임을 내세우면서도, 그 이면에는 '필수적인 억압'이라는 다른 카드를 가지고 있는, 그런 무리의 원조가 아닌가 하는 것이다.

윌리엄스의 이 같은 지적은 혁명의 시대라고도 할 수 있는 1960대 후반에 일어난 범유럽적인 민주화 운동을 염두에 두고 있다. 즉 '교양과 무질서'에 대한 아널드의 태도는 변화에 대한 욕구가 강하게 발현되는 그런 시기에는 늘 있게 마련인 일반인의 거부반응과 단순화된 논리를 대변할 수 있다는 것이다. 물론 윌리엄스 자신이 아널드를 이렇게만 단순화한 것은 아니고 아널드에게는 대중교육의 확산 등 사회적인 대안이 있었음을 말했지만, 데모에 무조건 적대적인 무리를 '작은 아널드들'(little Arnolds)이라고 지칭하는 등, 아널드의 반응에 있는 근본문제를 외면한 것은 아니다. 이 사건에 관한 한, 윌리엄스는 확실히 밀의 손을 들어주면서, 같은 자유주의자일지라도 아널드적인 태도는 '그릇된 종류의 자유주의의 극치'고 위험한 입지며, 밀은 '가장 정직한 종류의 자유주의의 극치'라고 정리한다.

교양의 이데올로기와 실천성

윌리엄스는 유물론적 문화론의 길을 연 비평가지만, 한편으로 19세기 이래의 인본주의적인 문화비평의 전통에 깊은 영향을 받기도 했고, 그만큼 이 전통의 역사적·실천적 의미에 주목해오기도 했다. 대개의 마르크스주의 비평이 인본주의적 문화론을 손쉽게 지배계급의 이데올로기로 재단하고 도외시하는 데 비해서 윌리엄스의 이 같은 입지는 이론상으로도 의미가 작지 않다. 역시 아널드의 태도를 문제삼은 위의 글에서조차 윌리엄스는 아널드가 보인 반응에 문제점이 있는데도 그가 이후의 '작은 아널드'들과는 달리 '새롭고 친숙하지 않은 관계'들에 열려 있었고 '기존의 습관과 편견으로 떨어진' 것이 아니었다는 점을 인정하면서, 실은 '작은 아널드'들이 진짜 아널드를 제대로 읽지 않았음을 암시하기도 했다. 그러나 그럼에도 밀과 대비해 아널드의 자유주의를 부정적으로 평가하는 것은 여전하며, 이것은 아널드 자신이 밀을 비롯한 당대의 자유주의자들을 비판하고 자신을 '미래의 자유주의자'라고 선언한 것과는 선명한 대조를 이룬다. 하이드 파크 사태에 대해서 아널드가 취한 태도가 워낙 명백하게 체제옹호적으로 보이기 때문에 윌리엄스가 지적한 것은 어떤 상식의 힘조차 느껴지는 강한 설득력이 있는 것이 사실이다. 여러 정황으로 보아 아널드가 한 문제의 발언을 두고 윌리엄스가 다른 곳(『문화와 사회』)에서 그것은 '아널드의 최상의 자아'가 아니었다고 한 것이 아널드의 잘못된 반응에 대한 최대치의 변호라고 볼 여지도 있다.

그런데도 하이드 파크 사태를 둘러싼 당시의 논쟁이 윌리엄스의 판단처럼 정리될 수만은 없는 면이 있다. 밀이 의회에서 하이드 파크 문제에 대해서 애초부터 집회 허용을 주장했고, 나중에는 개혁연대와 정부당국 간의 타협을 주선하는 등 적극적으로 개입했으며, 전체적으로 진보적 자유주의자의 편에서 개정 선거법을 통과시키는 데 주도적인 노력을 한 것은 사실이다. 그런 점에서 당대의 개혁의 대세를 따르면서 '법에 따른 개혁'을 실현해낸, 개혁적 진보주의자의 모범을 보였다고도 하겠다. 그러나 당시의 개혁 선거법은 진보적인 자유주의 정당이 아니라, 디즈레일리의 보수당 정권이 주도해 관철시켰다는 역사적 사실은 많은 것을 시사한다. 영국의 전통적인 기득권층인 보수당이 선거법 개정에 적극적으로 나설 수밖에 없었던 것은 그만큼 노동계급 쪽의 압력이 강했고 개혁의 대세를 돌이킬 수 없었다는 정황도 있었지만, 한편으로 이것은 영국 자본주의가 이 같은 양보를 수용할 만큼 안정적이고 강고한 단계에 들어서 있었다는 점을 입증하는 것이다. 더구나 여기에는 역사학자 홉스봄(Eric Hobsbawm)도 지적하다시피, 실상 진보적인 자유주의자와 함께 개혁을 밀고 나간 노동계급의 지도층이 타협적이고 조합주의적인 경향을 강하게 보였다는 점도 감안해야 할 것이다.

물론 이 같은 정황을 내세워서 의회를 통과한 밀의 노력을 폄하해서는 안 될 것이다. 그러나 여기서 분명해지는 것은, 이 같은 획기적인 개혁조치라는 것이 결국 당대의 지배 세력의 용인과 급진주의적인 중간계급 일부 그리고 노동계급 상층의 온건한 요구가 결합된 것이라는 점이며, 어떤 점에서는 사회의 본질적인 모순을 호도하는 미봉책이라고 볼 수도 있다는 것이다. 선거법 개혁은 한편으로는 기득권의 계급적 이해관계와 중간·노동계급 일부의 이해관계가 결탁한 결과며, 이로써 영국 자본주의 체제는 와해되기는커녕 더욱 공고해지는 역설에 처한다. 윌리엄스도 말하다시피, 아널드는 교양을 처방으로 내세우는 과정에서 정치선동가들의 의견조작을 '교양의 적' 가운데 하나로 꼽았다. 이른바 자유주의자들이 개혁을 구두선처럼 뇌면서 그것으로 우리 사회의 모순이 해결될 것이라고 주장해왔다는 것인데, 아널드가 보기에 개혁에 대한 그 같은 미화는 계급적인 이해관계(interests)를 감추고 있는 것이기에 거짓이며 사기다.

아널드가 말하는 교양이란 무엇보다 이해관계에서 벗어나는 사심 없음(disinterestedness)의 경지에서 발현되는 것이다. 아널드가 직접적으로는 '무질서'를 겨냥했지만, 더욱 깊이 보면 그것은 이 같은 파당성의 허위를 겨냥한 것이다. 또한 '무질서'를 초래한 직접적인 계급은 새로 등장하는 노동계급이지만, 노동계급이 교양 차원에서가 아니라 파당적인 이해관계에 바탕해 자기주장을 하게 되는 근본 원인도 다름 아닌 중간계급, 자신이 속한 중간계급의 파당성에 있다는 것이다. 아널드가 노동계급의 '무질서'적인 경향을 비난하고 거기에 노골적인 거부감을 보이는 것에는, 윌리엄스의 지적처럼 기득권층이 일반적으로 보이게 마련인 정서적 보수성도 작용했겠으되, 근본에서는 자기 이익 챙기기에는 조금도 양보가 없는 지배세력으로서 중간계급에 대한 혐오와 경고가 깔려 있다. 아널드는 파당성에 사로잡힌 중간계급을 '속물'(Philistine)이라는 경멸적인 별명으로 부르고, 자신을 '속물'이라고 자처하기도 하는데, 이 같은 자기 조롱과 반어가 가능한 것이 '문학비평가'로서 아널드의 강점이면서, 아무리 건전할지라도 자유주의자 밀이 미치지 못하는 영역이기도 하다. 즉 밀까지 포함한 대다수의 자유주의자들이 자기 계급의 정당성에 대한 행복한 믿음에 젖어서 개혁의 꿈과 이상을 선전하는 자기만족에서 벗어나지 못하고 있다면, 아널드의 인식은 문득 이 자유주의의 신화, 즉 그 이데올로기를 넘어설 전망을 열고 있다는 점을 볼 필요도 있다. 그렇다고 아널드가 중간계급의 역사적 소임을 인정하고 민주주의의 대세를 믿지 않은 것은 아니며 그런 점에서 엄연한 자유주의자지만, 계급적 분리와 파당성이 아니라 그런 이해관계를 벗어난 교양의 일반화를 통해서만 진정한 평등이 도래할 수 있음을 주장하는 점에서 자신의 말대로 아직 도래하지 않은 '미래의 자유주의'를 지향한다고 할 수 있다.

그러나 아널드의 이 같은 의도를 인정하더라도 문제는 여전히 남는다. 그것은 바로 실천의 문제다. 과연 그렇다면 이 같은 변화의 국면에서 할 수 있는 일이 무엇이란 말인가라는 반문이 나올 수 있기 때문이다. 하이드 파크의 소요도 어떻게 보면 사회적인 실천의 힘을 모으는 과정에서 생겨난 피할 수 없는 과정이며, 밀이 지지하고 추진한 선거법 개혁도 필수적인 실천의 한 방법인데, '미래의 자유주의'를 내세워 그 같은 행동의 속물성을 말하는 것은 결국 아무것도 하지 말자는 것이 될 수도 있다. 그런 점에서 당시에 아널드가 받았던 대로 '교양있는 비행동'(cultured inaction)이라는 비난을 살 여지도 있다. 이 같은 비판은 일리 있을 뿐 아니라 강력한 항변이기도 하다. 또한 앞에서 기술한 것처럼 당대의 논쟁 국면에서 강하게 제기되기도 했다. 윌리엄스는 이 점에 대해서 아널드를 변호하는데, '교양있는 비행동'이라는 비난은 부적당하다면서 교육문제 등에 기울인 아널드의 실천적인 관심을 거론한다. 이것은 사실이기는 하지만, 비판의 초점을 빗나간 옹호인 점이 없지 않다. 즉 이것은 아널드의 실제 삶에서의 행동이 실천적이라는 말일 뿐 그의 핵심개념인 교양의 이념 자체가 실천성을 담지하고 있다는 말은 아니기 때문이다.

그렇다면 아널드의 교양의 실천성은 어디에 있는가? '최상의 것'을 기준으로 해 '사심 없는 판단'을 내리는 것을 그 기능으로 하는 교양의 실천성은 어디에 있는가? 쉽지 않은 물음이지만, 어떤 점에서는 아널드 자신이 그 답안을 마련해두고 있다고 볼 수 있다. 무엇보다 교양의 정의 속에 아널드 나름의 해답이 들어 있다. 즉 그 같은 판단을 내리는 일 자체가 아널드에게는 가장 강력하고 필요한 실천이라는 것이다.『교양과 무질서』에서 아널드는 교양이란 "우리의 고정관념과 습관에 신선하고 자유로운 생각의 줄기를 갖다 대는 것"이라고 말하기도 하고, 그 결과가 "때로는 이쪽에 유리할 수도 있고 때로는 저쪽에 유리할 수도 있지만" 굳은 사고와 행동 습관을 떠 있게 만들어 굳지 않게 하는 것이 교양의 기능이라고 말하기도 한다. 밀의 실천이 당시의 국면에서 최대한 현실적이고 건전한 것이었다 해도, 그것이 결국 자유주의의 파당성에서 벗어나지 못했음을 보아야 한다는 점에 대한 끊임없는 환기, 그것이야말로 아널드적인 교양의 '실천'이라고 할 수 있을 것이다.

억압된 아널드와 교양의 문제

하이드 파크 사태와 관련해 아널드의 태도를 비판적으로 평하면서 윌리엄스가 주목한 바는 앞에서 언급한 것처럼 '탁월함과 가치'를 수호한다는 이름으로 아널드가 공권력의 동원을 옹호했다는 점이다. 여기에는 꼭 이 문제만이 아니라 어찌 보면 문화에 대한 담론의 역사에서 본질적인 물음이라고 할 만한 문제가 숨어 있다. 그것은 바로 'Culture'라는 용어의 의미변화와 관계가 있다. 즉 교양으로서의 'Culture'와 문화로서의 'Culture' 사이의 분기라는 사건이 그것이다. 아널드에게는 '탁월함과 가치'를 배우고 퍼뜨리는 것이 다름 아닌 교양인데, 이런 의미에서 교양이란 익숙한 기성의 것에 대한 옹호로 귀결될 위험성이 있다는 것이 윌리엄스의 비판 속에 담겨 있는 뜻이라고 하겠다. 나아가서 이것은 '알려지고 생각된 최상의 것'으로서 교양이 엘리트적일 뿐 아니라 지배적이고 배타적인, 일종의 중심으로 기능하고 있다는 비판으로 이어질 수 있기도 하다. 예를 들어 사이드가 대표적이듯이 아널드적인 교양은 경우에 따라서는 권위와 동일시되고, 나아가서 국가와 동일시되기도 한다. 위의 비판에서 직접 거론한 것은 아니지만, 실제로 윌리엄스 자신이 '문화의 일상성 또는 범상성'을 말하게 된 것 자체가 최상의 것으로서의 아널드적인 교양 개념에 담긴 지배이념과 엘리트주의를 비판하려는 의도이거나 설사 의도하지 않았다 해도 그런 결과를 낳은 것이다.

영어의 'Culture'가 우리말로 '교양'이라는 의미보다 좀더 중립적인 '문화'라는 의미로 바뀌게 된 것은 대개 아널드 이후, 특히 '삶의 전체적인 방식'이라는 인류학적인 의미가 점차 자리 잡으면서다. 이러한 의미 변환의 과정에는 가속되는 근대성의 강화라는 역사적 배경이 깔려 있다. 즉 윌리엄스가 그러한 것처럼, 'Culture'가 더는 특권계급이나 지식인의 전유물이 아니라 노동계급이나 하층계급의 것이기도 하다는 문화의 민주화에 대한 요구와 인식이 생겨났다. 또한 근대적인 국가들의 형성과정에서 다양한 나라의 서로 다른 '문화'에 대한 민족적인 의미가 부과되기 시작했으며, 대중매체의 발전과 더불어 대중이 사회의 중요 변수로 등장하면서 대중문화의 성격과 기능에 대한 관심이 고조되었던 것이다. 이와 같은 사정은 문화를 소수의 전유물이자 특권이 아니라, 크게는 다수에게로 확장해나가는 민주주의의 경향을 대변하며, 이것이 윌리엄스가 말하는 '장구한 혁명'(the long revolution)으로서의 문화혁명의 한 축을 이룬다.

이렇게 교양에서 문화로 옮겨간 것은 아널드의 이념에 대한 비판이자 그 시효상실에 대한 증언이기도 하지만, 이 같은 일반화된 지적이 꼭 정확한지는 더 따져볼 필요가 있다. 『교양과 무질서』에서 아널드가 교양을 '사회적 이념'이라고 정의하면서 "교양인은 평등의 진정한 사도들이다. 위대한 교양인이란 당대 최상의 지식과 최상의 이념을 확산하고 보급하며 사회의 한쪽 끝에서 다른 쪽 끝까지 전파하려는 열정을 지닌 사람들"이라고 한 대목에서도 알 수 있듯이, 아널드에게 교양의 궁극적인 성취는 문화의 민주화라는 이념이나 실천과 떨어져 있을 수 없다. 그런 점에서 아널드는 그 나름대로 일종의 교양확산으로서 '장구한 혁명'을 기획하고 있었던 셈이다. 그러나 윌리엄스의 문화혁명과 아널드의 교양확산은 겉보기에는 비슷하지만 실제로는 어떤 본질적인 분기를 야기하고 있으니, 그것은 전자가 점증하는 대중문화에 대폭 열려 있고 그것을 문화확산의 일부로 편입시키는 데 비해서, 아널드에게 문화란 규범적인 것이자 질적인 수월성을 전제하는 것이며 따라서 대중문화에 적대적인 면을 분명히 간직하고 있다는 것이다. 아널드의 교양 이념은 현재의 추세로서의 문화확산에 대한 비판이다.

이 차이와 대치는 문화를 둘러싼 담론에서 아널드적인 교양을 주축으로 하는 '문화비평'(Cultural Criticism, Kulturkritik)이 쇠퇴하고, '문화연구'(Cultural Studies)가 중심담론으로 떠오른 현상을 상기시킨다. 그 자신이 문화연구 그룹은 아니지만 문화비평의 전통에 대한 비판에서 더 나아가 문화적 유물론(Cultural Materialism)을 지향하면서부터 윌리엄스는 질과 가치의 물음을 동반하는 아널드적인 교양의 이념, 또는 리비스적인 문화론에 맞서서 문화의 생산과 소비라는 물적인 현상을 주된 연구분야로 택하고, 어느새 문화연구의 선구적인 인물로 부각된다. 즉 윌리엄스가 '문화는 일상적이다'(Culture is ordinary)라는 명제를 내세우면서 특권적인 문화만이 아닌 '공동의 문화' 또는 '평범한 문화'(common culture)를 주장한 것은, 노동계급의 문화를 비롯한 민중문화의 의미에 대한 새로운 인식을 보여주는 것이며, 고급문화도 살아 있는 민중문화를 기반으로 해서 진정성을 획득한다는 리비스적인 관점과도 이어지는 것이다. 그러나 결국 모든 문화가 물적이며 실천이라고 규정하고 나오면서, 초기의 저서들에 살아 있던 문화비평의 요소도 문화연구적인 추세 속에 묻혀버리게 된다.

아널드적인 교양 또는 문화의 이념은 문화연구의 추세에서 혹독한 비판의 대상이 되어왔다. 그것은 엘리트주의며, 본질주의며, 지배이데올로기며, 자민족중심주의며, 나아가서 심지어 권위 또는 권력 그 자체다. 그러나 이 같은 아널드에 대한 일반화된 비판은 거꾸로 담론적인 억압을 동반한다고 할 수 있다. 그 억압은, 앞에서 말한 것처럼, 교양 이념이 지닌 질과 가치문제에 대한 환기력 그 자체로 향해 있다. 근대문명의 추세가 바로 이 같은 질의 문제에 대한 무관심 또는 방기를 동반한다면, 질의 문제에 대한 환기는 그 같은 추세에 대한 항의며 전복에 대한 욕망이다. 아널드라는 중심을 설정하고 이를 해체하는 관행에 따를 것이 아니라, 거꾸로 이 관행에 따라 주변화되고 억압되어 있는 아널드라는 욕망을 환기하고 복원하는 것이 문화논의에서 새삼 중요해지는 것은 이 때문이다.

문화연구에서 일반화된 전제는, 문화는 언어를 포함하는 상징체계의 다른 이름이라는 것이다. 문화는 이제 특정한 어떤 것이 아니라 모든 것 속에 스며 있는 기성질서의 다른 이름이고, 그런 점에서 문화에 물들지 않은 사물은 존재하지 않는다. 이로써 안과 밖의 경계는 소멸되었고, 모든 특권과 구별도 소멸되었으며, 따라서 가치와 질의 영역을 상정하고 그것을 저항의 근거로 설정하는 기획 자체가 무의미해진다. 그러나 '모든 것이 문화'라는 이 같은 해체주의적인 관점이 '문화의 민주화'라는 기획과 맞아떨어지는지는 의문이다. 모든 질적인 구별이 철폐되었지만, 어떤 기준도 존재하지 않는 만큼, 말하자면 하향평준화라는 민주화의 폐해를 재생하거나 사이드가 전망하듯이 담론 사이의 투쟁, 즉 헤게모니의 싸움터가 될 소지가 큰 것이다. '모든 것이 문화'라는 관념이 어느새 문화에 관한 담론에서 하나의 고정관념이 되었다면, 이제는 'Culture'라는 단어에서 거의 망각되어 보이지 않는 '교양'이라는 개념에 함축된 질과 가치에 대한 질문을 통해서 그러한 고정관념을 혁파 또는 해체하려는 노력이 특히 유의미한 담론적 개입이 되고 있는 시점에 우리는 서 있다. 이러한 개입이야말로 다름 아닌 아널드가 말하는 "우리의 고정관념에 신선하고 자유로운 생각의 줄기"를 가져다대는 교양의 활동 그 자체이기도 하다. 『교양과 무질서』가 지금 우리에게 새로운 의미로 다가오는 까닭도 여기에 있다.

그러므로 너희도 온전하라!*

---

* 「마태복음」, 5장 48절. 전체 구절은 "그러므로 하늘에 계신 너희 아버지의 온전하심과 같이 너희도 온전하라"다.

들어가는 말

저 훌륭한 연설가이자 유명한 자유주의자이신 브라이트 씨는 바로 얼마 전 연설[1]에서 교양을 옹호하고 설교하는 사람들에게 한방 먹일 기회를 잡았다. "언필칭 교양이라는 말을 떠드는 사람들 말입니다만!" 하고 그는 경멸조로 말했다. "그 사람들이 말하는 교양이란 것은 그리스어와 라틴어라는 두 죽은 언어에 대한 겉핥기식 지식을 말하는 것이지요." 이어서 그는 현대의 연설가와 저자들이 애용하는 탓에 우리한테 무척 익숙해진 그런 가락으로, 이 교양이란 것이 얼마나 신통치 않으며, 세상에 기여하는 바가 정말 얼마나 없으며, 교양의 소유자들이 그 교양이란 것을 중시한다는 일이 얼마나 터무니없는 짓인지 지적했다. 그리고 또 언젠가는 브라이트 씨보다 더 젊은 자유주의자며, 초기 자유주의자들이 서투르게 다루었던 저 진리의 몸체에 질서와 체계를 부여하는 것을 그 사명으로 삼는 학파의 일원이자 옥스퍼드 대학교의 성원이고 매우 총명한 저자인 해리슨 씨[2]는 브라이트 씨가 단지 일반적인 말로 제출한 논제를

---

1) 1866년 5월 30일 선거법 법안에 대한 토론에서 브라이트(John Bright, 1811~89)가 한 발언을 말한다. 브라이트는 당대의 대표적인 자유주의자고 개혁적인 정치가로, 자유무역 옹호와 저곡가운동, 의회 개혁운동에 활발히 참여했다.

자기 학파에 특유한 체계적이고 엄격한 방식으로 발전시켰다. "아마도 오늘날 유행하는 헛소리 가운데 가장 어리석은 것은 교양에 관한 헛소리"라고 해리슨 씨는 말했다. "교양은 신간서적의 서평자에게 바람직한 자질이며 순문학 교수가 걸치기에는 안성맞춤으로 어울린다. 그러나 정치에 적용하게 되면, 사소한 흠집을 잡는다거나 이기적인 안락을 애호한다거나 행동에서는 우유부단하다거나 하는 성향을 뜻할 따름이다. 교양인은 정치에서는 가장 딱한 인간 가운데 하나다. 단순한 현학취미나 양식(良識)의 결핍으로 말하면 타의 추종을 불허한다. 교양인에게는 어떤 주장이라도 지나치게 비현실적인 것은 없고, 어떤 목적이라도 지나치게 비실제적인 것은 없다. 이른바 교양인은 자기의 예민한 비평적인 후각에 거슬린다고 상식과 공감, 신뢰, 결단, 열정 등의 뿌리를 꼼꼼하게 뽑아버렸는데, 그러나 현재 돌아가고 있는 정치에서는 바로 그런 자질이 필요하다. 아마도 교양인이야말로 사회의 책임 있는 사람들 가운데서는 안심하고 권력을 맡길 수 없는 유일한 계층일 것이다."

그런데 나로서는 교양인이 권력을 맡겨달라고 나서는 꼴은 보고 싶지 않고, 사실 서슴없이 말해왔다시피 내 의견으로는 자기를 위원회가 열리는 방으로 끌어들인 동료 동포들한테 교양인이 할 발언으로 지금으로서 가장 적절한 것은 소크라테스의 "너 자신을 알라!"[3]라는 것인데, 이것은 권력을 맡고 싶어하는 사람들이 할 그런 발언은 아니다. 직접적인 정

---

2) 해리슨(Frederic Harrison, 1831~1923): 옥스퍼드 출신으로 와드햄 칼리지의 연구원을 역임했으며, 여기서 콩그리브(Richard Congreve, 1818~99)의 영향으로 콩트주의자가 되어 콩그리브와 함께 콩트의 실증주의를 대중화하는 데 기여했다.
3) 델포이의 아폴론 신전에는 "너 자신을 알라"와 "극단을 피하라"라는 격언이 새겨져 있다. 전자는 디오게네스(Diogenes Laertios)에 의해 탈레스(Thales of Miletus)가 한 말이라고 알려졌는데, 플라톤(Platon)은 소크라테스(Socrates)가 이 두 속담에 대해 논의했다고 했다.

치 행위에 이처럼 무관심하다는 이유로 나는 『데일리 텔레그래프』(*Daily Telegraph*)지의 질타를 받았고, 얄궂은 운명의 장난인지 헤브라이의 예언자들 가운데도 내가 가장 좋아하지 않는 스타일인 바로 그 사람[4]과 짝이 되어 '우아한 예레미야'라고 불리게 된 것이다.[5] 내가 (『데일리 텔레그래프』가 내가 했다고 주장한 말을 그대로 쓰면) "여러분은 투표권이 없다고 해서 소란을 부려서는 안 됩니다. 그건 천해요. 여러분은 선거법 개정을 선동하고 곡물법을 폐지하기 위해 대규모 집회를 열어서는 안 됩니다. 그것은 천함의 극치예요"라고 말하기 때문이다. 그래서 나는 때로는 우아한 예레미야라고 불리지만 때로는 가짜 예레미야라고도 불리니, 『데일리 텔레그래프』의 기자 역시 이 예레미야의 사명이 있기나 한 것인지 나름대로 의심해온 모양이다. 그러니 내가 해리슨 씨가 휘두르는 비난의 예봉에 언제라도 얻어맞을 수 있는 그런 노선을 취해오지 않았다는 것은 분명하다. 그렇지만 자주 교양을 찬양하는 말을 해온 것은 사실이고 내가 꾸려나가는 작업들이 교양을 위한 것이 되게끔 애써왔다. 나는 교양을 해리슨 씨 등이 규정하는 '신간서적 서평자에게 바람직한 자

---

4) 즉 예레미야를 말한다.

5) 『데일리 텔레그래프』 1866년 9월 8일자. 1870년 7월 14일 젊은 기자 맥도넬 (James Macdonell)이 자기 약혼녀에게 아널드의 『성 바울로와 프로테스탄티즘』 (*St. Paul and Protestantism*)을 한 부 보내면서 쓴 편지에는 이런 대목이 있다. "아널드가 비국교도에 대해서 말하면서 취한 강고한 어조가 참 재미있을 겁니다. 저 자신은 둔한 사자인지라 포효하지는 않지만 『데일리 텔레그래프』의 젊은 사자들의 우렁찬 포효'에 대한 아널드의 비판을 사정없이 비꼬는 기사에서 나는 그를 '우아한 예레미야'라고 불렀어요. 그는 그 표현을 좋아하지 않았지만, 아무리 그래도 그것은 사실이고, 그가 우아한 예레미야라는 점이 이 책에서만큼 분명히 나타난 곳도 없을 겁니다. 그렇지만 아널드는 살아 있는 영국 비평가들 가운데 가장 섬세한 사람입니다. 그는 프랑스인 같은 격조있는 그런 비평을 쓰고 있어요. 그리고 그의 문체는 남성적 힘이 모자라기는 하지만 하여간 아름다움으로 가득 차 있습니다."

질'보다는 훨씬 더 대단한 무엇이라고 생각한다. 아니, 교양인이 사회의 책임 있는 사람들 가운데 권력을 맡기는 것이 현재로서는 적절하지 않은 유일한 계층이라는 해리슨 씨의 말에 나 역시 어느 정도 동의할 마음까지 있지만, 나로서는 이것이 꼭 교양인의 잘못인지, 오히려 우리 사회의 잘못이 아닌지 생각하는 편이다. 한마디로, 비록 브라이트 씨와 해리슨 씨, 그리고 『데일리 텔레그래프』의 편집인처럼, 그리고 수많은 나의 소중한 친구들처럼, 나 자신도 자유주의자지만, 그럼에도 나는 경험과 사색과 단념을 통해 단련받아 순화된 자유주의자며, 무엇보다도 교양의 신봉자다. 따라서 나는 이제 나의 취향과 능력 모두에 가장 어울리는 단순하고 비체계적인 방식으로 교양이 실제로 무엇이며 그것이 어떤 좋은 일을 할 수 있는지 그리고 왜 우리에게는 그것이 특히 필요한지 등을 생각해보려 한다. 그리고 교양에 대한 믿음──나 자신의 믿음과 다른 사람들의 믿음──이 확고하게 자리 잡을 수 있을 어떤 확실한 근거를 찾으려고 노력할 것이다.

1 단맛과 빛

교양을 헐뜯는 사람들은 교양의 동기가 호기심이라고 한다. 심지어는 그 동기가 배타심과 허영심이라고까지 한다. 그리스어와 라틴어를 겉핥기로 조금 안다고 뽐내는 것이 교양 아니냐는 투로 이해하는 식의 교양이란 호기심 같은 그런 지적인 것에서 나오는 것이 아니다. 그런 교양은 순전한 허영심과 무지함 때문에 존중되거나, 그것이 아니면 무슨 견장이나 직함처럼 그것을 가지고 있는 사람을 그렇지 못한 다른 사람들과 구별하는 사회적·계급적 차별의 도구로 존중된다. 진지한 사람이라면 이런 것을 교양이라고 부르지도 않겠거니와 거기에 교양으로서 어떤 가치도 부여하지 않을 것이다. 진지한 사람들은 교양에 관해 이와는 판이한 평가를 내릴 것이고 그런 평가의 진정한 근거를 찾기 위해서는 교양의 동기를 찾아내야 하는데, 실상 이 동기를 어떻게 볼 것이냐가 진짜 애매한 대목인지도 모른다. 우리에게 그런 동기를 제공하는 것이 바로 **호기심**이라는 단어다.

얼마 전에 나는 우리 영국인이 외국인과 달리 이 단어를 나쁜 뜻만이 아니라 좋은 뜻으로도 사용하지 않음을 지적한 적이 있다.[1] 우리는 이 단어를 언제나 얼마간 비난하는 의미로 사용한다. 외국인이 호기심이라는 말을 사용할 때는 정신적인 일에 대한 자유롭고도 지적인 열의를 뜻할 수 있지만, 우리에게 이 단어는 언제나 어딘가 경박하고 쓸데없는 활동이라는 의미를 담고 있다. 『쿼털리 리뷰』지에서 얼마 전 프랑스의 유명한 비평가 생트 뵈브 씨[2]를 평한 적이 있는데, 내가 보기에는 아주 부적절한 평가였다.[3] 그것이 부적절한 이유는 다음에 있다. 즉 그 평에서는 우리 영국식으로 호기심이라는 단어에 엄연히 내재되어 있는 이중적 의미를 간과해버렸다. 생트 뵈브 씨가 비평가로서 작업할 때 호기심에 이끌렸다고 하면 그에게 비난의 낙인을 찍기에 충분하다고 여겼던 것이고, 또 그러다보니 생트 뵈브 씨 자신을 비롯해 다른 많은 사람이 그런 점이 비난이 아니라 칭찬받을 만한 것이라고 생각할 수도 있음을 간파하지 못했거나 아니면 왜 그 점이 칭찬이 아니라 비난을 받아 마땅한지를 지적하지 못하고 만 것이다. 왜냐하면 지적인 문제에 관한 호기심 가운데도 쓸데없고 질병에 지나지 않는 그런 호기심이 있는 것처럼, 지적인 인간으로서는 당연하며 상찬받을 만한 그런 호기심도 있기 때문이다.

---

1) 아널드의 대표 평론 「현시기 비평의 기능」(The Function of Criticism at the Present Time)의 다음 대목이 그 예가 된다. "호기심이라는 단어만 해도 다른 언어에서 좋은 의미로 쓰여서 인간본성의 높고 훌륭한 특성으로서 모든 주제에 대한 정신의 자유로운 활동 그 자체에 대한 사심 없는 사랑을 지칭하는데, 우리 언어에서는 그런 의미가 없고 다만 어딘지 나쁘고 비난조의 의미로밖에 쓰이지 않는다는 것은 주목할 일이다. 그러나 비평, 진정한 비평은 본질적으로 바로 이러한 특성의 발휘다."
2) 생트 뵈브(Charles-Augustin Sainte-Beuve, 1804~69): 프랑스의 문학사가이자 비평가. 프랑스 비평 초기의 중요 비평가로, 심리적·전기적 방법을 발전시켰다.
3) 『쿼털리 리뷰』(미국판, 1866년 1월호). 이 기사에서 '호기심'이라는 단어 자체는 큰 구실을 하지 않지만, 서평자는 생트 뵈브가 "자기 일을 반만 수행했다. 그는 비평의 첫 번째 의무인 이해는 했으나, 그에 못지않게 필수적인 의무인 판단은 하지 않았다"라고 하면서 아널드가 생트 뵈브의 제자라고 불릴 만하다고 덧붙였다.

즉 사물을 단지 그 자체를 위해서 추구하고 또 있는 그대로 보려는 즐거움을 위해서 추구하려는 어떤 정신적 욕망이 그것이다. 아니, 사물을 있는 그대로 보려는 욕망부터가 실질적인 노력 없이는 대개 얻을 수 없는 정신의 균형과 절도를 내포하고 있고, 그 같은 균형과 절도는 우리가 호기심을 비난하는 의미로 사용할 때 뜻하는 것처럼 맹목적이고 병든 정신적 충동과는 정반대의 것이다. 몽테스키외[4]는 말하기를, "우리의 공부를 이끌어 마땅한 첫 번째 동기는 우리 본성의 탁월함을 증대시키려는, 그리고 총명한 사람을 더욱더 총명하게 만들려는 욕망이다." 이것이 발현되는 방식이 무엇이든 순전한 과학적 정열에, 그리고 이 정열의 열매라고 보아야 할 교양에 진정한 근거를 제공한다. 그리고 그것이 비록 호기심이라는 용어로 설명된다 하더라도 훌륭한 근거다.

그러나 교양에 관한 또 하나의 관점이 있다. 이 관점에서는 지적인 인간에게 당연하고 적절한 그런 과학적 정열, 즉 사물을 있는 그대로 보려는 순전한 욕망만이 교양의 근거가 되지는 않는다. 우리의 이웃에 대한 사랑, 행동과 도움 그리고 베풂을 향한 충동, 인간의 과오를 없애고 인간의 혼란을 일소하고 인간의 비참을 줄이려는 욕망, 세상을 더욱 훌륭하고 행복한 곳이 되게 하려는 숭고한 희구——사회적인 것이라고 해야 마땅할 그런 동기——가 교양의 근거의 일부를 이룬다는, 그것도 중심적이고 두드러진 일부를 이룬다는 관점이 그것이다. 따라서 교양은 그 기원이 호기심에 있는 것이 아니라 완성에 대한 사랑에 있다고 하는 것이 적절할 것이다. 교양은 완성에 대한 공부다. 교양은 순수한 지식을 향한 과학적 정열로만, 또는 주로 그런 정열로만 움직이는 것이 아니라, 선을 행하려는 도덕적·사회적 정열의 힘으로도 움직인다. 첫 번째 관점에서 우

---

4) 몽테스키외(Charles Montesquieu, 1689~1755): 프랑스의 정치사상가.

리가 몽테스키외가 한 말 "총명한 사람을 더욱 총명하게 만들기!"를 훌륭한 모토로 삼았다면, 두 번째 관점으로는 윌슨 주교[5]가 말한 "이성과 신의 뜻을 널리 퍼뜨리기!"보다 더 나은 모토는 없다.

다만 이런 점은 있다. 선을 행하려는 열정은 생각보다는 행동을 지향해 당장 행동에 돌입하려고 하기 때문에, 이성과 신의 뜻이 말하는 바가 무어라고 성급하게 단정짓기 쉽고 행동을 뒷받침하는 생각이란 것이 이 상태에서 나오다 보니 온갖 불완전하고 미숙한 점이 생기기 십상이다. 이에 반해 교양이 이것과 구별되는 점은 선을 행하려는 열정뿐 아니라 과학적 정열에도 장악되어 있고, 이성과 신의 뜻을 제대로 파악하려 하며 또 이처럼 제대로 된 이해를 자기 자신의 조악한 생각으로 좀처럼 대체하지 않는다는 것이다. 그리고 이성과 신의 뜻에 바탕을 두지 않은 행동이나 제도가 유익하고 안정적일 수 없다는 것을 알기 때문에, 교양은 사고할 때 인간의 과오와 비참을 경감한다는 위대한 목적을 항시 염두에 두는 경우조차도 행동과 제도화로 기울어버리지 않고, 우리가 무엇을 어떻게 행하고 제도화해야 하는지 알지 못한다면 행동하기와 제도화하는 일은 거의 쓸모가 없다는 점을 잊지 않는 것이다.

이런 교양은 다른 교양, 즉 순전히 앎을 향한 과학적 정열에만 기초하는 그런 교양보다 더 흥미롭고 더 광범하다. 그러나 교양은 그것이 번성할 수 있을 믿음과 열성의 시대, 지성의 지평이 우리 주위에 온통 열리고 넓어지는 그런 시대를 필요로 한다. 그런데 오랫동안 우리의 생활과

---

5) 윌슨(Bishop Thomas Wilson, 1663~1754/5): 아일 오브 만(Isle of Man)의 주교로 있으면서, 『사크라 프리바타』(*Sacra Privata*), 『경건과 도덕의 금언집』(*Maxims of Piety and Morality*) 등을 써서 국교회의 사상에 영향을 준 인물. 『사크라 프리바타』(1796)는 아널드 당대인 1838년 뉴먼(John Henry Newman)의 서문을 붙여 재출간되었다. 앞의 인용은 『사크라 프리바타』의 구절.

활동의 공간이 되어온 비좁고 한정된 지적 지평이 바야흐로 걷히고 있지 않은가? 그리고 새로운 빛이 이제 그 빛을 우리에게 비추어줄 자유로운 통로를 찾아내고 있지 않은가? 오랫동안 이 빛은 우리에게 도달할 통로가 없었고, 따라서 세상의 행동을 그 빛에 적응시키려고 생각하는 것은 아무 소용이 없었다. 이성과 신의 뜻을 사람들 사이에 퍼뜨리려는 희망이 어디에 있었던가? 사람들은 자신들이 이성과 신의 뜻이라고 명명했던 굳은 습관에 꼼짝없이 얽매여 있었고 그 너머를 볼 힘이 없었던 것이 아닌가? 그러나 이제 낡은 관습──사회적·정치적·종교적인──에 붙잡아두려는 강철 같은 힘은 놀랍게도 물러났다. 새로운 것이면 무엇이건 배제하려던 강철 같은 힘은 놀랍게도 물러났다. 이제 위험은, 사람들이 고집스럽게 자신의 낡은 관습 외에는 아무것도 이성과 신의 뜻으로 보지 않으려 한다는 것이 아니라, 너무 쉽게 무언가 새로운 것이면 이성과 신의 뜻으로 보아버리거나 아니면 이성과 신의 뜻을 그다지 중시하지 않고서 그것을 널리 퍼뜨리려는 그런 생각조차 없이 행동 자체를 위한 행동을 따르는 것으로 족하다고 생각해버리는 경우다. 그렇다면 지금이야말로 교양이 기여해야 하는 시점이다. 이때의 교양이란 이성과 신의 뜻을 널리 퍼뜨리는 일을 믿으며, 완성을 믿는다. 그것은 완성에 대한 공부이자 추구 자체다. 그리고 무엇이든 새로운 것이면 완고하고 완강하게 배제해버림으로써 새로운 것의 사상을 새롭다는 그 한 가지 이유만으로 받아들이지 않는 식의 것이 더 이상 아니다.

교양에 대한 이러한 시각이 확보되는 순간, 교양이 사물을 있는 그대로 보려는 노력으로서뿐 아니라──이 세상에 의도되고 목표된 듯 보이는 보편적인 질서, 인간이 그와 함께 있으면 행복하지만 그에 맞서면 비참하게 되는 그런 질서에 대한 지식으로 이끌리려는 노력으로서뿐 아니라──한마디로 신의 뜻을 배우려는 노력, 즉 교양이 단지 이 뜻을 보고 배우려는 노력으로만이 아니라, 그것을 퍼뜨리려는 노력으로 보이게 되는 순간, 교양의 도덕적·사회적·선행(善行)적 성격은 분명해지게 된다. 단순히 자신의 개인적인 만족을 위해 진실을 보고 배우려는 그런 노력은 사실 그 진실을 퍼뜨리기 위한 하나의 시작인 셈이며, 이런 퍼뜨림을 위한 길을 예비하는 것이다. 그런 노력은 항시 이 퍼뜨림에 봉사하는 것이며 따라서 그런 노력을 희화하거나 타락시키는 짓은 물론이지만 그 자체에 문제가 있다고 비난의 낙인을 찍는 것은 잘못된 일이다. 그러나 신의 뜻을 퍼뜨린다는, 쓰임새가 아주 크고 분명한 그런 한층 광범한 노력에 비하면, 이 같은 노력은 이기적이고 사소하고 득이 없는 것처럼 보이기 때문에, 거기에 비난의 낙인이 찍혀왔고 또 호기심이라는 수상쩍은 명패로 폄하되어오지 않았나 한다.

그리고 자기 완성을 향한 인류의 충동을 표현해온 노력 가운데 가장 위대하고 중요한 노력이라 할 종교, 가장 심원한 인간 경험의 목소리인 종교는, 교양의 위대한 목표이기도 한 그런 목표—즉 우리에게 완성이 무엇인지 확인시키고 그것을 퍼뜨리게끔 하려는 목표—에 신성한 의미를 부여할 뿐 아니라, 인간의 완성이 어디에 있는지 정하려 할 때는 교양이 도달하는 바와 동일한 결론에 도달한다. 교양은 이 질문에 대한 답변을 더욱 완전하고 확실하게 하기 위해 지금까지 거기에 기여해온 인간 경험, 즉 종교뿐 아니라 예술·과학·시·철학·역사 등 모든 목소리를 통해서 질문에 대한 해답을 모색한다. 종교는 말하기를, "하느님의 나라는 너의 안에 있느니라"[6]라고 한다. 마찬가지로 교양은 인간의 완성을 내적 조건에, 우리의 동물성과는 구별되는 본래적인 인간성의 성장과 지배에 둔다. 교양이 말하는 인간의 완성이란 인간 본성의 특이한 품격

---

6) 「누가복음」, 17장 21절.

과 부와 행복을 형성하는 사고와 감정이라는 저 천품(天稟)이 날로 더욱 많이 활용되고 또 일반적이고 조화로운 팽창을 하는 것이다. 전에 어디선가 내가 말한 것처럼, "인류의 정신이 그 이상(理想)을 찾게 되는 것은 바로 그 정신에 끝없이 보태나가는 과정에서, 그 정신의 힘을 끝없이 팽창시키는 과정에서, 지혜와 아름다움을 끝없이 성장시키는 과정에서다. 이 이상에 도달하기 위해서 교양은 없어서는 안 될 조력자며, 그것이 교양의 진정한 가치다."[7] 지니고 머무는 것이 아니라 자라고 되어가는 것, 그것이 교양이 생각하는 완성의 성격이며, 이 점에서 또한 교양은 종교와 일치한다.

그리고 인간은 모두 거대한 전체의 구성원이고 인간 본성 안에 동감이 존재해 그것이 한 구성원이 나머지 구성원에게 무관심하거나 나머지와 무관하게 완전한 복리를 얻을 수 없게 하기 때문에, 우리 인간성의 팽창을 완성의 이념에 맞추려면 일반적 팽창이지 않으면 안 된다. 교양이 생각하는 그런 완성은 개인이 고립되어 있는 상태에서는 불가능하다. 각 개인은 다른 사람과 더불어 완성을 향해 행진해야 하며, 완성을 향한 인간의 세찬 물살을 더 불어나게 하기 위해서 최선을 다할 것을 요구받는다. 만약 이에 불복한다면 자신의 발전도 위축되고 약화되는 고통을 겪어야 한다. 다시 한 번 바로 이 점에서 교양은 우리에게 종교와 동일한 의무를 지운다. 윌슨 주교의 경탄스러운 말 그대로 "신의 왕국을 증진하는 것은 자기 자신의 행복을 증가시키고 촉진하는 것"[8]이라고 종교는 말하므로.

그러나 마지막으로, 완성─인간 본성과 인간 경험에 대한 철저하고

---

7)「프랑스의 이튼」(A French Eton)이라는 글.
8)『사크라 프리바타』.

사심 없는 공부에서부터 교양이 지니기를 배우게 되는 그런 완성— 은 인간 본성의 아름다움과 가치를 형성하는 모든 힘의 조화로운 팽창이며, 나머지를 희생하고 한 가지 힘만을 너무 크게 발전시키는 것과는 상치한다. 이 점에서 교양은 우리가 일반적으로 생각하는 의미에서의 종교를 넘어선다.

만약 교양이 완성에 관한 공부라면, 그리고 조화로운 완성, 일반적인 완성에 관한 공부며 그 완성이 무언가를 가지는 것이 아니라 무언가가 되는 것에, 외적인 환경이 아니라 정신과 영혼의 내적인 조건에 존재하는 것이라면, 교양은 브라이트 씨와 해리슨 씨 그리고 여타 많은 자유주의자들이 말하는 것과는 달리 경박하고 쓸데없는 것이기는커녕 인류가 실현해야 할 매우 중요한 기능이다. 그리고 이 기능은 우리의 근대 세계에서 특히 중요한데, 그것은 이 세계의 전체 문명이 그리스와 로마의 문명보다 훨씬 더 기계적이고 외적이며, 앞으로 더욱 그런 경향을 띨 것이기 때문이다. 그러나 무엇보다 바로 이 나라에서 교양이 수행해야 할 몫은 매우 크다. 문명의 추세라고 할 수 있는 기계적인 성격이 이곳에서 가장 두드러지게 나타나는 까닭이다. 실상 이 나라에는 우리가 교양을 통해 배워 알게 된 완성의 특징 거의 전부에 맞서고 그것을 위축시키는 강력한 경향이 엄연히 존재한다. 정신과 영혼의 내적인 상태라는 완성의 이념은 우리가 높이 치는, 그리고 앞서 말한 대로 우리가 그 어느 나라보다도 높이 평가하는 기계적이고 물질적인 문명과는 어긋난다. 인간 가족의 일반적인 팽창이라는 완성의 이념은 우리의 강력한 개인주의, 개개인의 인성을 속박없이 펼치는 것에 제한을 가하는 일체의 것에 대한 증오, '각자 자기 뜻대로'라는 금언과 어긋난다. 무엇보다도 인간 본성의 조화로운 팽창이라는 완성의 이념은 우리의 유연성 결여, 사물의 한 측면 이상을 보지 못하는 무능력, 우연히 좋게 된 특정한 추구에 열렬히 몰두하는 경향과 어긋난다. 따라서 교양은 이 나라에서 과업을 성취하기가 아주 어렵게 되어 있다. 교양의 설교자들은 어려운 시기를 겪고 있고 또 오랫동안 그래야 할 듯하며, 앞으로 오랜 기간 친구와 시혜자로보다는 우아하거나 가짜인 예레미야로 간주되는 일이 훨씬 더 잦을 것이다. 그렇지만 이들이 뜻을 굽히지 않는다면 이런 사정이 있나 해서 결국 좋은 일을 못하지는 않을 것이다. 그리고 한편으로, 그들이 추구해야 하는 행동양식과 그들이 맞서 싸워야만 할 습관은 이 문제를 주의깊고 침착하게 바라보려는 어느 누구에게나 명백하게 밝혀져야 할 것이다.

기계 장치(machinery)에 대한 신봉은 내가 말한 것처럼 우리에게 절박한 위험이다. 더구나 그 기계 장치는, 혹 거기에 무슨 유익이라도 있다면 기여하게끔 되어 있는 목적과 아주 불합리할 정도로 맞지 않는 경우에도 신봉되기 일쑤지만, 기계 장치 자체에 무슨 가치가 있기나 한 것처럼 신봉하는 경우가 늘 있다. 자유란 기계 장치 아니고 무엇인가? 인구는 기계 장치 아니고 무엇인가? 철도는 기계 장치 아니고 무엇인가? 부(富)는 기계 장치 아니고 무엇인가? 심지어 종교조직들은 기계 장치 아니고 무엇인가? 그런데 영국의 거의 모든 목소리는 이것들에 본디 소중한 목적이 있기나 한 것처럼, 따라서 결코 사라지지 않을 완성의 특징이 있기나 한 것처럼 말하는 데 익숙해 있다. 전에 나는 현재대로 영국의 위대함과 행복을 입증하려는, 그리고 모든 비판자들의 입을 아주 막아버리려는 로벅 씨의 진부한 주장을 지적한 적이 있다.[9] 로벅 씨는 이러한 자기

---

9) 「현시기 비평의 기능」에서 로벅 씨의 발언에 대해 신랄하게 비판한 바 있다. 로벅(John Arthur Roebuck, 1801~78)은 당시의 유명한 개혁론자로 다음과 같은 발언을 한 적이 있다. "나는 주위를 둘러보면서 영국의 상태가 무엇인가 라고 질문해봅니다. 재산이 안전하지 않습니까? 누구라도 자기가 하고 싶은 말을 못합니까? 털끝 하나 다치지 않고서 영국의 이쪽 끝에서 저쪽 끝까지 걸어갈 수 없습니까? 나는 여러분에게 세계를 통틀어서나 과거 어느 때라도 이런 곳이 있

주장을 지치고 않고 되풀이하기 때문에 나도 그것을 지적하는 데 지쳐야 할 이유가 없는 셈이다. "영국에서 어느 누구라도 자기 마음대로 말하지 못하는 사람이 있는가?"라고 로벅 씨는 늘 묻는다. 그의 생각으로는, 그것으로 아주 충분하고, 누구나 자기 뜻대로 말할 수 있으면 우리의 염원은 틀림없이 충족되었다는 것이다. 그러나 인간이 하고 싶은 말을 한다 할지라도 그 내용에 그만한 가치가 있지—좋은 점이 있되 그것이 나쁜 점보다 더 많지—않다면 완성의 공부인 교양이 추구하는 바는 충족되지 않는다. 마찬가지로, 『타임스』는 외국에 나가 있는 영국 사람들의 복장, 표정, 행위에 대한 외국인의 혹평[10]에 답하면서, 영국적인 이상은 누구나 자유롭게 자기 내키는 대로 행동하고 자기를 내보이는 것이라고 주장한다. 그러나 교양은 생긴 대로인 각 개인이 좋아하는 것이라 해서 그것을 개인을 꾸미는 규칙으로 삼는 것이 아니라, 진정으로 아름답고 우아하고 어울리는 것에 대한 감각에 항상 더 가까이 다가가고 생긴 대로인 개인이 그것을 좋아하게끔 지칠 줄 모르고 노력하는 것이다.

그리고 이는 철도와 석탄에 대해서도 마찬가지다. 근자에 석탄 공급이 차질을 빚을지도 모른다는 논의가 있는 상황에서[11] 이상한 말이 나도는

는지 묻고 싶습니다. 없어요. 나는 우리의 이 비할 데 없는 행복이 영원하기를 기원합니다." 아널드는 이 발언을 중간계급의 속물적인 자부심의 예로 들어 비판한다.

10) 예를 들어 당시 프랑스의 『피가로』는 "요즘 들어 오케스트라 일등석에서 우그러진 더러운 모자와 붉은색 모직상의를 보게 되면 '저거 영국인이네'라고 외쳐도 실수할 염려가 전혀 없을 것이다. 〔……〕 영국인은 외국을 여행 다니면 자기네의 낡은 옷을 닳을 때까지 입는다"라고 썼다.

11) 1865년 4월, 젊은 경제학자 제번스(William Stanley Jevons)가 『석탄 문제: 국가의 진보와 우리 탄광의 거의 분명한 소진에 관한 질문』을 출판했다. 다음 해에 밀이 하원에서 제번스가 내놓은 근거에 의거해서 국채를 체계적으로 줄이자고 주장했고, 두 주 뒤에 글래드스턴은 실제로 이런 축소를 하기 위한 계획을 내놓았다.

것을 모르는 사람이 없을 것이라고 생각한다. 수천의 사람들이 말하길, 우리 석탄은 국가적인 위대함의 진정한 기초이므로, 만약 석탄이 부족하면 영국의 위대함은 끝장이라고 한다. 그러나 위대함이란 무엇인가?라는 물음을 교양은 던지게 만든다. 위대함은 애정과 관심과 찬탄을 불러일으킬 만한 가치가 있는 정신적 상태다. 그리고 위대함을 지니고 있다는 외적인 증거는 우리가 애정과 관심과 찬탄을 불러일으킨다는 것이다. 만약 영국이 내일 당장 바다 속으로 가라앉는다고 해보자. 한 100년 뒤에 최근 20년 동안의 영국과 엘리자베스 시대의 영국——정신적인 노력이 장대하게 펼쳐진 시대였지만 우리의 석탄과 석탄에 의존하는 산업활동에서는 까마득히 뒤떨어지는 시대인——가운데 어느 쪽이 사랑과 관심과 찬탄을 불러일으키고 따라서 위대함을 지녔다는 증거를 잘 보여줄 것인가? 그러니 석탄이나 강철 같은 사물이 영국의 위대함을 구성한다고 말하게 만드는 그런 정신 습관은 얼마나 불건전한 것이며, 이에 반해 사물을 있는 그대로 보고 그러함으로써 이런 종류의 착각을 깨고 진정한 완성의 표준을 세워나가려는 교양이야말로 얼마나 존중할 만한 친구인가!

부(富)는 물질적인 이득을 위해 우리가 엄청난 노력을 기울여 얻으려는 목적인데, 이 부에 대해 말해보자. 너무나 평범하기 짝이 없는 말이지만 인간은 언제나 부를 본디 소중한 목적이라고 보기가 쉽다고 한다. 그리고 분명 현시기에 영국에 사는 인간만큼 그렇게 여긴 적도 없을 것이다. 현재 영국인 중 열에 아홉이 우리의 위대함과 복리가 우리가 무척 부자라는 데서 입증된다고 믿는다는 사실보다 더 사람들의 단단한 확신을 얻었던 것은 없다. 그런데 교양의 용도는 완성에 대한 정신적인 기준을 통해서 부가 기계 장치에 지나지 않다고 보게 해준다는 데, 그리고 그냥 말로만 우리가 부를 기계 장치로 본다는 것이 아니라 진정으로 그렇다고 인식하고 느끼게 해준다는 데 있다. 교양이 우리의 정신에 부과하는 이러한 정화 효과가 없다면, 모든 세계는 현재뿐 아니라 미래까지 속물들(the Philistines)의 것이 되는 것을 피할 수 없을 터이다. 우리의 위대함과 복리가 부유하다는 것으로 입증된다고 믿는 사람들은 우리가 속물이라고 부르는 바로 그 사람들이다. 교양이 말하기를, "이 사람들을 한번 생각해보라. 말하자면 그들의 생활방식, 그들의 습관, 그들의 태도, 목소리의 어조 자체를 생각해보라. 또 주의를 기울여 그들을 바라보라. 그들이 읽는 문학, 그들에게 즐거움을 주는 사물들, 그들의 입에서 나오는 말, 그들의 머리에 든 것을 이루는 사고, 이런 것을 지켜보라. 설혹 억만금을 얻는다 해도 이 사람들과 똑같이 되어야 한다는 조건이 붙는다면 과연 그럴 가치가 있겠는가?" 그리하여 교양은 하나의 불만을 배태하니, 이 불만은 부유하고 산업적인 공동체에서 인간 사고의 일반적인 흐름을 저지하는 데 최고의 가치를 발휘하는 것이며, 비록 현재를 구하지는 못할지라도 (희망사항이겠지만) 미래가 속악(俗惡)하게 되지 않게 구해주는 것이다.

이번에는 인구와 육체적 건강과 활력에 대해 말하자면, 영국에서만큼 이것들을 지혜롭지 못하고 그르치고 과장된 방식으로 취급하는 곳도 없다. 둘 다 어김없이 기계 장치지만, 우리 주위에 수없이 많은 사람이 이것들에 안주하여 그 너머를 바라보지 못한다는 것이 눈에 훤히 보이지 않는가! 아니, 통계청이 낸 이 나라의 결혼과 출산 수치에 대한 『타임스』의 기사[12]를 막 읽고서 우리의 영국 대가족을 두고 마치 그것이 본디 아름답고 대단하고 큰 점수나 딸 일이나 되는 것처럼 자못 엄숙한 대화를

---

12) 1865년 통계청의 4/4분기 보고서 "결혼은 눈에 띄게 늘어나고 출생은 전에 없이 많아졌다"에 대해서 『타임스』는 다음과 같이 논평했다. "결혼이 많고 사망이 적을 때, 그 민족은 아주 잘하는 것이다"(1986년 2월 3일자).

주고받곤 하는 사람들이 있는 것이다. 마치 영국 속물은 대심판관[13] 앞에 열두 명의 자식만 데리고 나타나면 당연한 권리인 양 양떼의 일원으로 받아들여질 수 있기나 한 것처럼 말이다!

그러나 육체의 건강과 활력은 부와 인구처럼 단순히 기계 장치로만 분류될 수는 없다고 할 수도 있다. 그것은 좀더 진정하고 본질적인 가치를 가지고 있다. 사실이다. 그러나 다만 부나 인구보다도 그것이 더 밀접하게 어떤 완전한 정신적 조건과 결합되어 있을 경우에 한해서다. 우리가 그것을 완전한 정신적 조건의 이념과 분리하고 지금 그러고 있다시피 그것을 위해서 그리고 그대로 하나의 목적으로 추구하는 순간, 그것에 대한 우리의 숭배는 부나 인구에 대한 숭배처럼 기계 장치에 대한 숭배에 지나지 않게 되고, 지혜롭지 못하고 속악하게 만드는 그런 숭배가 되고 만다. 인간 완성의 적절한 이념이라 할 만한 것을 갖춘 사람은 누구나 육체의 활력과 활동을 기르는 일을 좀더 높고 정신적인 목적에 확실하게 종속시켜왔다. "육체의 연습은 약간의 유익이 있으나 경건은 범사에 유익하다"[14]고 디모데서의 필자는 말한다. 그리고 공리주의자 프랭클린은 그에 못지않게 명확하게 말한다. "정신의 활동을 고려해서 그대 체격에 어울리는 딱 그만큼의 양을 먹고 마시라."[15] 그러나 교양의 관점은 단순하고도 폭넓게 인간의 완성의 표지를 살펴보지, 종교나 공리주의와는 달리 이러한 완성에 어떤 특수하고 한정된 성격을 부여하지는 않는다. 이러한 교양의 관점은 에픽테투스(Epictetus)의 다음과 같은 말에

---

13) 신을 말한다.

14) 「디모데 전서」, 4장 8절.

15) 프랭클린(Benjamin Franklin, 1706~90)의 『가난한 리처드, 연감』(*Poor Richard, An Almanack*, 1742)의 마지막 부분, '건강과 장수를 위한 규칙들'의 첫 번째 규칙.

서 가장 잘 대변된다. "육체에 연관된 것들에 매달리는 것, 예를 들어 운동에 야단법석을 떨고, 먹기에 야단법석을 떨고, 마시기에 야단법석을 떨고, 걷기에 야단법석을 떨고, 말타기에 야단법석을 떠는 것은, 길들지 않은 자연의 표시다. 이 모든 것은 과정으로만 수행되어야 한다. 즉 정신과 성격의 형성이 우리의 진정한 관심사가 되어야만 한다."16) 아주 훌륭한 말이다. 그리스 말인 '길든 자연'은 실로 교양이란 말이 우리에게 떠올리게 하는 완성의 개념을 아주 정확하게 전해준다. 즉 조화로운 완성이 그것으로, 여기서는 아름다움과 지성의 특성이 둘 다 존재하고, '가장 고귀한 두 가지'— 여하간 이 둘 가운데 하나를 자신은 별로 가지지 못했지만 자신의 책 『책들의 전투』(*The Battle of the Books*)에서 '단맛과 빛(sweetness and light)이라는 두 가지 고귀한 것'이라고 멋지게 부른 사람은 바로 스위프트인데— 가 결합된다.17) 길든 자연은 단맛과 빛을 향하는 경향이 있는 사람이며, 길들지 않은 자연은 그 반면 우리의 속물이다. 그리스인이 정신의 면에서 막대한 의미를 띠는 것은 이러한 핵심적이고 절묘한 이념, 인간의 완성의 본질적인 성격을 이루는 이러한 이념을 속속들이 흡수하고 있기 때문이다. 알고 보면 브라이트 씨가 그리스어와 라틴어를 대충 아는 것으로 교양을 오해한 것도 결국 그리스인의 이러한 놀라운 의의가 우리 교육의 기계 장치에 영향을 미친 데서 비롯되었으니, 그것대로 교양에 바치는 일종의 경의인 셈이다.

이처럼 단맛과 빛이 완성의 요건이 됨으로써, 교양은 시와 흡사한 정

---

16) 『엔케이리디온』(*Encheiridion*)에 나오는 말. 아널드가 다소 수정했다.
17) 이 책에서 스위프트(Jonathan Swift)는 이솝이 꿀벌과 거미의 다툼에 이 같은 도덕적인 교훈을 부여한다고 한다. "흙먼지와 독 대신에 우리(고대인)는 우리의 벌통을 꿀과 밀랍으로 채우고, 그렇게 하여 인간에게 두 가지 고귀한 것, 즉 단맛과 빛을 제공한다."

신을 가지고 시와 동일한 법칙을 따른다. 우리의 자유, 우리의 인구, 우리의 산업주의에 의존하는 것보다 훨씬 더 많이, 우리 가운데 많은 이들이 우리를 구원해주는 종교조직에 의존한다. 나는 종교가 시보다는 역시 인간 본성을 표현하는 좀더 중요한 방식이라고 말해왔는데, 이는 종교가 완성을 위해 좀더 광범한 범위에서 활동해왔고, 너 많은 다수 대중과 더불어 활동해왔기 때문이다. 그러나 시의 지배적인 이념인, 모든 방면에서 완전한 인간 본성과 아름다움이라는 이념은 진실하고 더할 나위 없이 소중한 이념이다. 비록 그것이 종교의 지배적 이념, 즉 우리의 동물성의 명백한 결함을 정복하자는, 그리고 도덕적인 면에서 인간 본성을 완벽하게 하자는 이념만큼의 성공을 아직은 거두지 못하긴 했지만 말이다. 그리고 이 시의 이념은 헌신의 에너지라는 종교적 이념을 자신에게 덧보탬으로써 그것을 변형하고 지배하게끔 운명지어져 있다.

그리스인의 최상의 예술과 시는 이 때문에 우리에게 이토록 빼어난, 타의 주종을 불허하는 흥미와 교훈을 주는 것이다. 그 최상의 예술과 시에서는 종교와 시는 하나가 되고, 아름다움의 이념과 모든 방면에서 완벽한 인간 본성이라는 이념에 종교적이고 헌신적인 에너지가 보태져 힘을 얻게 된다. 비록 그것이—인류 일반에 비추어, 그리고 사실상 그리스인 자신에 비추어보아서도 우리가 인정할 수밖에 없는 일인데—시 기상조의 시도여서, 성공하기 위해서는 인간성 속의 도덕적·종교적 기질이 그 당시보다는 더 힘을 받고 개발되어야 했지만. 그러나 그리스는 어김없이 아름다움, 조화 그리고 완벽한 인간적 완성의 이념을 그토록 생생하고 탁월하게 지니고 있었다. 이 이념은 아무리 생생하고 탁월하게 가지고 있다고 해도 지나칠 리 없다. 다만 도덕적 기질 또한 힘을 받아야 마땅하다. 물론 아름다움, 조화, 완벽한 인간 완성의 이념이 우리 사이에 부족하거나 잘못 이해되고 있다면, 우리가 도덕적 기질에 힘을 실어왔으므로 올바른 길을 가고 있다고 말할 수는 없는 일이다. 그리고 분명 현재 그것은 부족하거나 잘못 이해되고 있는 것이다. 우리가 본디 이 이념을 주지도 않고 줄 수도 없는 종교 조직에 지금처럼 의존하고, 그런 조직을 널리 확산시키는 것으로 할 일을 다했다고 생각한다면, 우리는 기계 장치를 지나치게 중시하는 흔한 과오에 빠지게 된다.

우리의 동물성의 명백한 과오들을 굴복시키는 데서 나오는 내적인 평화와 만족과 내가 말하는 궁극적인 내적인 평화와 만족, 즉 단순히 도덕적인 완성—또는 상대적인 도덕적 완성이라고 할까—뿐 아니라 완벽한 정신적 완성을 향해 다가갈 때 도달하는 그런 평화와 만족을 사람들은 너무나 흔하게 혼동한다. 이 세상 어느 민족도 우리 영국인보다 더 이 상대적인 도덕적 완성을 얻기 위해 많은 일을 하고 애써온 민족은 없었다. 이 세상 어느 민족도, "마귀를 대적하라, 악한 자를 이겨라"[18]라는 명령이, 그야말로 그 말뜻을 곧이곧대로 따라서 압도적인 힘과 현실감을 가지고 다가온 경우는 없다. 그리고 우리는 보상을 받은 셈이니, 이 명령에 복종함으로써 커다란 세속적 번영을 얻었을 뿐 아니라, 더욱 크게는 커다란 내적인 평화와 만족감을 얻게 된 것이다. 그러나 사람들이 완성을 향한 그런 기본적인 노력을 통해 내적인 평화와 만족을 얻었다고 해서 그들의 불완전한 완성에 대해서, 또 그런 불완전한 완성을 이루게 해준 종교 조직에 대해서, 완벽한 완성에 대해서나 적용하는 것이 적합한 그런 언어를 사용한다는 것보다 더 서글픈 일은 없어 보인다. 그런 언어는 완벽한 완성을 예언하는 인간 영혼의 먼 반향인 것이다. 말할 필요도 없이 종교 자체가 그들에게 이런 거창한 언어를 흠뻑 제공한다. 그리고 그들은 이것을 아주 멋대로 사용한다. 그런데 이것이야말로 종교조직만

---

18) 「야고보서」, 4장 7절; 「요한복음 1서」, 2장 13, 14절.

을 통해서 우리가 정녕 도달한 그런 불완전한 완성에 대해 가하는 가장 가혹한 비판이다.

도덕적 발전과 극기를 향한 영국 민족의 충동이 청교주의에서보다 더 강력하게 발현된 곳은 없다. 또 청교주의가 독립교파(Independents)들의 종교 조직에서보다 더 적절하게 구현된 곳도 없다. 현대의 독립교파들은 무척이나 진지하고 능란하게 기술된,『비국교도』(Nonconformist)라는 신문을 가지고 있다. 그들의 이 기구가 내세우고 다니는 신앙의 모토, 기준, 선언은 "비국교도의 비국교성과 프로테스탄트 종교의 프로테스탄티즘"(The Dissidence of Dissent and the Protestantism of the Protestant Religion)이란 것이다.[19] 단맛과 빛이, 그리고 완전한 조화로운 인간 완성의 이상이 여기에 있도다! 그 이상을 평가할 언어를 찾기 위해 교양과 시에게 갈 필요도 없다. 완성에 대한 본능이 있는 종교 자체가 그런 평가를 내릴 언어를, 매일 우리의 입 안에 맴돌기도 하는 그런 언어를 제공한다. "마지막으로 말하노니 너희가 다 마음을 같이 하"[20]라는 성 베드로의 말씀이다. 그런데 여기 청교도의 이상(理想)을 평가하는 이상 하나가 있나니, '비국교도의 비국교성과 프로테스탄트 종교의 프로테스탄티즘!'인 것이다. 그리고 이와 같은 종교 조직이 사람들이 믿고, 의지하고 또 그것을 위해 자신의 목숨조차 바치려고 하는 바로 그것이다! 완성의 기초를 닦고 우리의 동물성의 명백한 과오를 정복하는 것부터가 무척이나 훌륭한 미덕이기에, 이 일을 하게끔 우리를 도와온 종교 조직이 이처

---

19) 독립교파는 교회 경영에서 각 회중의 자율성을 주장한 칼뱅주의자들로, 찰스 1세(Charles I)에 맞선 퓨리턴 혁명의 중요한 세력이었다. 아널드의 시대에, 이들은 일반적으로 회중주의자(Congregationalists)로 더 알려져 있었다. 마이얼(Edward Miall)이 편집하는『비국교도』의 모토는 버크(Edmund Burke)의『식민지들과의 화해에 관하여』(On Conciliation with the Colonies)에서 따온 것이다.

20)「베드로서 상」, 3장 8절.

럼 이마에 불완전의 낙인을 달고 있는 때조차도 무언가 소중하고, 존중받을 만하고, 선전되어야 마땅한 것처럼 보일 수도 있다. 그리고 사람들은 종교의 언어를 특수하게 적용하는, 즉 그것을 단순한 상투어구로 만들어버리는 버릇이 있기 때문에, 정작 종교가 자기들의 종교 조직의 결함에 대해 꾸짖는 말을 들을 귀가 없다. 그들은 분명 자신을 기만하고 있고, 이 비난에서부터 교묘하게 발뺌을 해버린다. 시가 그렇듯이, 억지를 쓰지 않는 그런 언어로 말하고 모든 면에서 완벽한 인간의 완성이라는 이상에 따라 이 조직을 단호하게 검증하는 교양이 내리는 비판이라야만 그들의 귀에 닿을 수 있는 것이다.

그러나 교양과 시를 말하는 사람들은 조화로운 완성을 향한 필수적인 첫 단계, 즉 우리의 동물성의 매우 명백한 과오를 억누르는 데—이 점에서 우리를 도와온 것이 바로 종교 조직의 영광인데, 거듭거듭 실패하고 있으며 그 실패가 엄청나다는 말이 나온다. 사실이다. 그들은 자주 그렇게 실패한다. 그들은 청교도의 과오뿐 아니라 미덕도 가지고 있지 않은 적이 허다하다. 청교도의 과오를 너무 많이 느끼다보니 그의 미덕의 실행조차 너무 무시해버린 것이 그들의 위험 가운데 하나다. 그렇지만 나는 청교도를 제물로 삼아 그들의 무죄를 주장하지 않을 것이다. 그들은 자주 도덕성에서 실패했는데, 도덕성은 없어서는 안 될 것이다. 그리고 그들은 이 실패 때문에 벌을 받아왔고, 반면에 청교도는 그의 실천에 대한 보상을 받아왔던 것이다. 그들은 잘못을 저지른 대목에서 벌을 받아왔으나, 아름다움의, 단맛과 빛의 그리고 모든 방면에서 완벽한 인간 본성이라는 그들의 이상은 여전히 완성의 진정한 이상으로 존재한다. 이는 청교도가 자신의 선행 덕분에 풍성하게 보답 받아왔는데도 그의 완성의 이상이 편협하고 부적절한 것으로 존재하는 것과 꼭 같다. 필그림 파더스(Pilgrim Fathers)[21]의 항해가 낳은 엄청난 결과를 인정하면서도,

그들과 완성에 대한 그들의 기준을 제대로 평가하자면 우리는 셰익스피어(William Shakespeare)나 베르길리우스(Publius Vergilius Maro, 영어로는 버질Virgil)——단맛과 빛이, 그리고 인간 본성에 있는 가장 인간적인 모든 것이 두드러졌던 영혼들——가 이 항해에 동행하는 광경을 그려보고서 이들과 함께하는 것이 이 두 인물에게 얼마나 참아내기 어려운 시련일 것인지를 생각해보면 될 것이다! 이와 동일한 방식으로, 우리 주변에 널려 있는 종교 조직을 평가해보자. 그것들이 성취해온 선과 행복을 부정하지는 말자. 그러나 인간의 완성에 대한 그들의 이념이 편협하고 부적절하다는 점, 그리고 비국교도의 비국교성과 프로테스탄트 종교의 프로테스탄티즘이 인간을 진정한 목적지에 결코 데려다주지 않을 것이라는 점을 어김없이 보자. 내가 부에 대해 말하면서 그 안에서 그리고 그것을 위해서 사는 사람들의 인생을 바라보자고 한 것과 마찬가지의 말을 종교 조직에 대해서도 하고 싶다. 『비국교도』 같은 신문에서 그려지는 인생을 보라——국교도에 대한 질시, 논쟁, 차 모임들, 예배당 개소식들, 설교들로 이루어진 그런 인생을. 그러고 나서 그런 인생이, 모든 면에서 완성되는 인간의 삶의 이상이라고, 단맛, 빛 그리고 완성을 온몸으로 희구하는 인간의 삶의 이상이라고 생각해보라!

『비국교도』처럼 이 나라의 종교 조직 가운데 하나를 대변하는 또 다른 신문은 바로 얼마 전 더비 날에 엡섬에 모인 군중[22]에 대해, 그리고 그 군중에게서 볼 수 있었던 온갖 나쁘고 끔찍스러운 점에 대해 설명했다. 그러고 나서 기자는 갑자기 헉슬리 교수[23] 한테로 화살을 돌려, 이 모든

---

21) 1620년 메이플라워 호를 타고 미국으로 건너가 플리머스(Plymouth)에 정착한 일군의 청교도들을 지칭한다.
22) 더비 날은 경마일을 말하며 엡섬은 유명한 경마장이 있는 곳.
23) 헉슬리(Thomas Henry Huxley, 1825~95): 영국의 동물학자로, 화석연구 등을 했

나쁘고 끔찍스러운 점을 종교 없이 어떻게 치유하겠다는 것이냐고 다그쳤다. 나로서는 그 질문자에게 이렇게 반문하고 싶었음을 고백한다. 그런데 당신 것과 같은 그런 종교로 그것을 어떻게 치유하겠다는 말인가? 당신 자신을 그대로 비추고 있는 당신의 종교 조직의 삶과 같이 그렇게 아름답지 못하고 매력적이지 못하고 완전하지 못하고 편협하고 인간 완성의 진정하고 만족스런 이상과는 멀리 떨어져 있는 그런 삶의 이상으로 어떻게 이 모든 나쁘고 끔찍스러운 점을 물리치고 변화시킬 수 있겠는가? 사실 교양이 추구하는 완성에 대한 공부에 가장 강하게 호소하는 것은, 종교 조직체——앞에서도 말했다시피, 이것들은 인류가 지금까지 완성을 좇아 기울였던 가장 광범한 노력을 표현하는데——가 견지하는 완성의 이념의 실제적인 부적절함을 가장 분명하게 증명하는 것은, 우리 삶과 사회 상태를 이 종교 조직이 장악하고 있다는 점, 몇백 년인지도 모르는 기간을 장악해왔다는 바로 그 점이다. 우리는 모두 이런저런 종교 조직에 소속되어 있다. 우리는 자신을 내가 앞서 언급한 숭고하고 고양된 종교 언어로 신의 자식들[24]이라고 부른다. 신의 자식들이라——대단한 참칭이로다! 그렇다면 어떻게 우리가 그것을 정당화할 수 있겠는가? 우리가 하는 일들, 우리가 하는 말로 그렇게 할 수 있을 것이다. 그리고 집단적인 신의 자식들이 하는 일, 우리 삶의 위대한 중심, 우리가 살려고 지어놓은 우리 도시는 바로 런던이다! 밖으로는 이루 형언할 수 없이 끔찍스럽고, 안으로는 공적 궁핍, 사적 풍요(publicè egestas, privatim opulentia)——살루스티우스가 로마를 두고 카토(Cato)의 입을 빌려 토

으며, 다윈의 진화론을 적극 옹호하여 종교인을 비롯한 비판자들과 논쟁을 벌였고, 영국에 진화론을 보급하는 데 크게 공헌했다.

24) "너희가 다 믿음으로 말미암아 그리스도 예수 안에서 하나님의 아들이 되었으니"(「갈라디아서」, 3장 26절).

해놓은 말을 빌리면[25] ── 로 썩어가는, 세계에서 비길 데 없는 런던 말이다! 또 우리 신의 자식들이 하는 말을, 우리의 집단적인 생각을 가장 잘 때려주는 목소리, 영국에서 아니 전 세계에서 가장 많은 발매부수를 자랑하는 신문이 『데일리 텔레그래프』다![26] 우리의 종교 조직 ── 완성을 위해서 우리 인류가 여태 경주해온 대단한 노력의 표현이라는 것을 나는 인정하는데 ── 이 우리를 이것보다 더 나을 것 없는 곳으로 데려간다면, 지금이야말로 그들의 완성에 대한 이념을 주의 깊게 검토할 때라고, 우리가 크게 활용할 수도 있을 인간 본성의 여러 면과 힘을 그 이념이 제외하고 있지 않은지, 그 이념이 더 완벽하다면 더욱 효과적이 아닐지 살펴볼 때라고 나는 말하겠다. 그리고 영국인이 우리의 종교 조직과 그 조직이 현재 견지하는 것과 같은 인간 완성에 대한 이념에 의존하는 것은 우리가 자유, 강건 기독교(muscular Christianity),[27] 인구, 석탄, 부에 의존하는 것과 같다. 즉 기계 장치를 마냥 믿기만 하는 것과 마찬가지고 아무 열매도 맺지 못하는 것이라고 말하겠다. 또 교양으로, 즉 사물을 있는 그대로 보려고 하고 인류를 좀더 완벽하고 조화로운 완성을 향해 이끌어가는 경향이 있는 교양으로 이것에 반격을 가하는 것이 건전하다는 점을 말하겠다.

그렇지만 교양은 이 모든 기계 장치가 실제로 기계 장치일 뿐이라고

---

25) 살루스티우스(Sallustius, 기원전 86~34): 로마의 역사가. 『벨룸 카틸리나』(*Bellum Catilinae*)에 나오는 말.

26) 『데일리 텔레그래프』는 최초의 저가 일간지로, 1855년 6월 29일 창간되었다. 그 이듬해 4월 경쟁지로 『모닝스타』, 『이브닝 스타』가 나왔다.

27) 이 표현은 킹슬리(Charles Kingsley, 1819~75): 영국의 성직자, 시인, 소설가)와 그 추종자들의 교리에 적용되는 것으로, 『에든버러 리뷰』(1858년 1월호)에 이렇게 설명되어 있다. "모든 일상적인 관계와 인생의 모든 평범한 의무의 신성함을 깊이 인식하고 동물적인 정신, 육체적 강함 그리고 그것들과 관계된 모든 추구와 성취에 큰 중요성과 가치를 부여한다.

주장하면서도 그것을 대할 때는 완성에 대한 한마음의 사랑을, 오로지 이성과 신의 뜻을 퍼뜨리려는 욕구를, 광신주의에서 해방되려는 태도를 보여준다. 광신자들은 사람들이 그것이 무엇이든 어떤 기계 장치——부와 산업주의든 정치 조직이든, 아니면 종교 조직이든——를 맹목적으로 믿음으로써 자신에게 끼치는 해악을 보고서, 온 힘을 다해 이런저런 정치적·종교적 조직 또는 경기와 운동연습 또는 부와 산업주의로 기울어지는 경향에 반대하고, 그것을 중지시키려고 맹렬히 노력한다. 그러나 단맛과 빛이 주는 유연성, 훌륭한 믿음으로 추구되는 교양에 주어지는 보상 가운데 하나인 유연성을 가지게 되면, 어떤 경향이라는 것은 필요할 수도 있으며 미래의 무언가를 위한 하나의 준비로서 심지어는 존중할 만하다는 것을 알 수 있게 된다. 그렇지만 또한 이 경향에 복종하는 세대나 개인은 거기에 희생된다는 것, 즉 그것을 따르는 것만으로는 완성을 바라기가 어렵게 된다는 것 그리고 그 경향이 너무 지배적이어서 목적을 다한 뒤에까지 지속되지는 않도록 그것이 주는 해악은 비판받아야 한다는 것도 알 수 있게 된다.

글래드스턴 씨는 파리에서 한 연설[28]에서 미래 사회를 위한 물질적 복지의 광범한 토대를 세우기 위해서는 부와 산업주의를 향한 현재의 거대한 움직임이 얼마나 필요한지를 잘 지적했고, 다른 사람들도 같은 지적을 해왔다. 이러한 주장에서 가장 곤란한 것은, 대개 이런 말이 이 거대한 운동에 자신의 몸과 마음을 모두 바치고 있는 바로 그 사람들을 대상으로 나왔다는 점이고, 또 아무튼 이런 사람들에게는 이 말이 더할

---

28) 1867년 1월 31일 파리에서 열린 정치경제학 학회 만찬에서 한 연설. 글래드스턴(William Ewart Gladstone, 1809~98)은 빅토리아 시대 자유주의 정파의 대표적인 정치가로, 총리를 네 차례 역임하면서 아일랜드 국교회 폐지, 무기명 투표 실시, 제3차 선거법 개정 등 여러 가지 개혁을 추진했다.

나위 없이 귀에 솔깃하여 자기들의 삶을 매우 정당화해주는 말로 받아들인다는 점이다. 또 그럼으로써 그들의 죄를 더욱더 정당화하는 경향이 있다는 점이다. 그런데 교양은 재산형성과 과장된 산업주의를 향한 움직임이 꼭 필요하다는 점을 인정하고, 미래가 그것에서부터 이득을 끌어낼 수도 있다는 점을 기꺼이 인정한다. 그러나 동시에, 현세대의 산업주의자들——대부분 속물주의의 강건한 중심 몸체를 이루는——이 그 움직임의 희생물이 되고 있다는 점에 대해서도 양보하지 않는다. 이와 마찬가지로, 현재의 청소년 세대를 사로잡고 있는 모든 경기와 스포츠도 장차 일을 하기에 좀더 우월하고 건전한 체형을 수립하는 효과를 낳을 수도 있다. 교양은 이 경기와 스포츠를 반대하는 것이 아니라, 미래를 축하하고 미래가 개선된 육체적 토대를 잘 이용할 것을 희망한다. 그러나 그사이에 현재 우리 청소년 세대가 희생물이 된다는 점을 지적하는 바다. 아마도 청교주의는 영국 민족의 도덕적 기질을 발전시키는 데 필수적이었고, 비국교는 인간의 정신을 지배해온 교회의 굴레를 깨고 먼 미래의 사고의 자유를 향한 길을 준비하는 데 필수적이었을 것이다. 그렇지만 교양은 청교도와 비국교도 세대가 가져 마땅한 조화로운 완성은 그 결과 희생되어왔음을 지적한다. 언론의 자유는 미래 사회를 위해 필요할 수도 있으나, 그사이에 『데일리 텔레그래프』의 젊은 사자들은 희생된다. 자기 나라 정부 사람을 옹호하는 목소리는 미래 사회를 위해 필요할 수는 있으나, 그사이에 빌스 씨와 브래들로 씨는 희생된다.[29]

---

29) 빌스(Edmund Beales, 1803~81): 선거법 개혁연대가 번성하던 짧은 시절 (1865~69) 동안 그 연대의 회장이었으며, 1866년 7월 개혁을 위한 시위들을 주도했다. 브래드래프(Charles Bradlaugh, 1833~91): 연대의 회원이었는데, 경찰이 금지하는데도 하이드 파크 모임을 열자고 가장 극렬하게 고집한 인물이다. 그는 왕성한 길거리 연사였고, 당대의 한 표현에 의하면 "주로 노동자로 구성되어 있고 종교에서의 자유사상과 정치에서의 공화주의가 결합된 이 나라의

옥스퍼드, 아니 과거의 옥스퍼드는 결함이 많다. 그리고 그 결함 때문에 옥스퍼드는 근대 사회가 도래하자 패배하고 고립되고 장악력이 부족하게 되는 심한 대가를 치른 것이다. 그러나 옥스퍼드에서, 저 아름다운 곳의 아름다움과 단맛 가운데서 자라난 우리는 한 가지 진실은 포착해 낼 수 있었다. 즉 아름다움과 단맛은 완전한 인간적 완성의 본질적인 특성이라는 진실이다. 이런 주장을 한다는 것은 내가 옥스퍼드의 신념과 전통을 오롯이 견지한다는 뜻이다. 나는 아름다움과 단맛에 대한 우리의 이러한 정서, 끔찍스러움과 거침을 배격하는 우리의 정서가 밑바탕이 되어, 그토록 많은 좌절된 명분에 대한 애정을 유지할 수 있었고, 그토록 많은 의기양양한 움직임에 맞설 수 있었다고 감히 말하는 바다. 그리고 그러한 정서는 진정한 것이고, 완전히 두 손을 든 적이 없으며, 지면서조차 그 힘을 보여왔던 것이다. 우리는 정치적 싸움에서 이겨본 적이 없고, 우리의 중심적인 주장을 지켜나가지도 못했고, 적들의 진군을 막지도 못했다. 그러나 우리는 이 나라의 정신에 무언의 영향을 미쳐왔고, 적들이 이겨서 전진한 것처럼 보일 때도 그 밑을 파서 적의 입지를 약화시키는 감정의 물결을 준비해왔고, 미래와의 소통을 우리 나름으로 유지해왔다. 약 30년 전에 옥스퍼드의 중심부를 뒤흔들었던 거대한 운동[30]의 경과를 보라! 그것은 뉴먼 박사의 『옹호』(*Apology*)를 읽은 사람이라면 알겠지만

극단적인 정당의 대중적 지도자"라고 한다.

30) 옥스퍼드 운동(Oxford Movement)을 가리킨다. 영국 국교회 내의 프로테스탄트적 경향을 반대하고 '가톨릭', 즉 로마 가톨릭의 사상과 전례의식을 새롭게 하기 위해 옥스퍼드 대학교를 중심으로 일어난 운동으로, 1828~32년 사이에 뉴먼(John Henry Newman, 1809~90) 등이 주도했다. 초대 교회의 가르침에 충실하려는 이 운동이 확산된 결과 빅토리아 시대에 일종의 종교적 부흥현상이 생겨났다. 뉴먼은 『옹호』에서 자유주의가 무엇이며 그의 운동이 어떻게 그것에 반대되는지를 설명했다.

한마디로 '자유주의'라고 불리는 것에 맞선 것이었다. 자유주의는 지배적이 되었다. 그것은 바로 이 시기의 과업을 수행하게끔 약정된 힘이었다. 그것은 반드시 필요했고 그것이 지배하는 것은 피할 수 없었다. 옥스퍼드 운동은 깨졌고 실패했다. 그리하여 우리의 잔해는 해안마다 흩어져 있다.

우리의 불행으로 차 있지 않은 곳이 이 지상에 어디 있겠는가?[31]

그러나 뉴먼 박사가 본 자유주의라는 것, 옥스퍼드 운동을 실제로 깨뜨렸던 이 자유주의라는 것, 그것은 무엇인가? 그것은 거대한 중간계급 자유주의로, 정치에서는 1832년의 선거법 개정과 지방자치를, 사회 영역에서는 자유무역, 제한 없는 경쟁, 거대한 산업재산의 형성을, 종교 영역에서는 비국교도의 비국교성과 프로테스탄트 종교의 프로테스탄티즘을 그 믿음의 핵심 주장으로 삼았다. 이와는 다른 더 지성적인 세력이 옥스퍼드 운동에 반대하지 않았다는 것은 아니다. 그러나 자유주의야말로 옥스퍼드 운동을 실제로 패배시킨 세력이며, 뉴먼 박사가 스스로 더불어 싸우고 있다고 느낀 세력이며, 얼마 전까지만 해도 이 나라에서 최고의 세력이자 미래를 소유한 것처럼 보인 세력이며, 그것의 성취를 보고 로 씨의 가슴은 형언할 수 없는 찬양으로 가득해지고 그것의 지배가 위협받는 것을 보고 그토록 공포에 사로잡히게 한 그런 세력이다.[32] 그

---

31) 베르길리우스, 『아이네이스』의 구절.
32) 로(Robert Lowe, 1811~92): 열렬한 자유주의 주창자이자 자유당 정치가로, 여기서는 1865년 5월에 하원에서 한 연설을 염두에 두었는데, 이 연설에서 로는 칼라일식의 고양된 어투로 더 이상의 선거법 개정운동에 극렬히 반대하고, 중간계급 의회가 이룩한 대업을 극찬한다.

리고 지금 이 거대한 속물주의 세력은 어디에 있는가? 그것은 두 번째 등급으로 떨어졌고, 어제의 힘이 되었고, 미래를 잃어버렸다. 새로운 힘이 갑자기 나타났으니, 이 힘은 아직은 완전히 판단하기 불가능하나 중간계급 자유주의와는 전혀 다른 세력이다.[33] 그 믿음의 핵심적인 주장에서 다르고, 모든 영역에서 그 경향이 다르다. 그것은 중간계급 의회의 법률도, 중간계급 교구회의 지방자치도, 중간계급 산업주의자들의 제한 없는 경쟁도, 중간계급 비국교도의 비국교성과 중간계급 프로테스탄트 종교의 프로테스탄티즘도 좋아하고 찬양하지 않는다. 나는 지금 이 새로운 세력을 칭찬한다거나, 그것의 이상이 더 낫다고 말하는 것은 아니다. 다만 이 둘이 서로 전혀 다르다는 것이다. 그리고 뉴먼 박사의 운동에 따라 생겨난 감정의 물결, 그 운동이 키운 아름다움과 단맛을 향한 예리한 욕망, 중간계급의 고집불통과 천박함에 대해 그 운동이 나타낸 깊은 혐오, 중간계급 프로테스탄티즘의 끔찍스럽고 그로테스크한 환상에 그것이 비춘 강렬한 빛 등 이 모든 것이, 지난 30년 동안의 자만심에 가득 찬 자유주의의 땅 밑을 파왔고 또 그것의 갑작스런 붕괴와 폐기를 위한 길을 준비해온 감추어진 불만의 파도가 더욱 높아지는 데 얼마나 많이 기여했는지 누가 평가할 것인가? 바로 이런 방식으로 아름다움과 단맛에 대한 옥스퍼드의 감성은 승리하며, 또 이런 방식으로 계속 승리해나갈 지어다!

이런 방식으로 옥스퍼드의 감성은 교양과 동일한 목적에 봉사하고, 또한 그것이 할 일은 아직도 많이 남아 있다. 우리의 낡은 중간계급 자유주의를 현재 대체하는 새롭고 더 민주적인 세력에 대해서 아직은 제대로 판단할 수 없다고 앞에서 말한 바 있다. 이 세력의 주요 경향은 아

---

33) 즉 민중 또는 노동계급 세력의 등장을 말한다.

직은 제대로 형성되어 있지 않다. 우리는 이 세력이 우리에게 행정적 개혁, 법 개혁, 교육 개혁 그리고 기타 등등을 약속하는 것을 듣는다. 그러나 이 약속은 이 세력에 크게 호소하고 싶어하고 또 이 세력이 중간계급 자유주의를 대체하는 것을 정당화하고 싶어하는 옹호자들이 하는 것이지, 이 세력 자체가 스스로 발전시켜온 명백한 경향에서 그런 약속이 나오는 것은 아니다. 그러나 그런 한편 이 세력은 많은 선의의 친구들을 가지고 있는데, 이들에게 교양이 인간 완성에 대한 이상을 꾸준히 내세우면 크게 유익할 수도 있다. 즉 증가된 단맛, 증가된 빛, 증가된 삶, 증가된 동감을 그 특성으로 하는 어떤 내면적인 정신활동이라는 이상이다. 두 세계, 즉 중간계급 자유주의 세계와 민주주의 세계라는 두 세계에 발을 붙이고 있는, 그러나 자기 생각의 대부분을 자기가 자라난 중간계급 자유주의 세계에서 가져오는 브라이트 씨는 우리가 앞에서 보았다시피 영국인들이 크게 기울어 있고 또 중간계급 자유주의 해악이 되어온 기계 장치에 대한 저 신앙을 늘 되풀이해서 가르치려고 든다. 그는 '참정권의 가치를 적절히 평가해주지 않는 듯 보이는' 사람들에 대해서 울분에 찬 불만을 터뜨린다. 그는 자기를 따르는 사람들에게, 선거권을 가진다는 것은 본래 대가족을 가진다거나 대기업 또는 대근육을 가지는 것처럼 인간 본성을 교화하고 완전하게 하는 어떤 효과가 있다고 믿게 한다. 하기는 영국인은 늘 기꺼이 이를 믿을 준비가 되어 있기도 하지만. 또는 그는 민중(democracy)을 향해 이렇게 소리친다. "영국의 위대함을 두 어깨에 짊어지고 있는 사람들이여. 그대들이 해온 일을 보라! 나는 이 나라를 살펴보고 그대가 건설한 도시들을, 그대가 놓은 철로를, 그대가 생산한 공산품들을, 이 세계에서 가장 위대한 상단의 배에 하역되는 짐들을 본다! 나는 그대들이 피땀을 흘려 한때 황무지였던 이 섬들[34]을 열매 가득한 정원으로 바꾸어왔음을 본다. 나는 그대들이 이 부를 창조해왔고, 온 세상을 통틀어 그 이름이 권력의 이름이라고 해도 좋을 그런 민족임을 안다"라고. 자, 이것이 바로 로벅 씨나 로 씨가 중간계급의 마음을 타락시켜서 아주 속물로 만들어버리는 찬양 투 바로 그것이다. 이것은 자기 자신을 평가할 때 본래의 자기에 의존해서가 아니라, 즉 단맛과 빛의 발전에 의거해서가 아니라, 자기가 건설한 철로의 수효나 지은 예배당의 크기[35]에 의거해서 하라고 가르치는 격이다. 차이가 있다면 중간계급이 정력, 자신, 자본으로 그 모든 것을 해냈다는 말을 듣는 데 비해, 민중은 그 모든 것을 손과 근육으로 해냈다는 소리를 듣는다는 것뿐이다. 그러나 민중더러 이런 유의 성취에 의존하라고 가르치는 것은 그들이 대체하는 속물 대신에 자신이 속물이 되라고 가르치는 것일 뿐이다. 그리고 그들 또한 중간계급처럼 예복도 입지 않고 미래의 잔치에 참석하라는[36] 청을 받을 것이고, 거기서 아무런 탁월한 것도 나올 수 없게 된다. 그들이 늘 저지르기 쉬운 과오를 아는 사람들, 그들을 지켜보았고 또 그들에게 귀를 기울여왔던 사람들, 또는 최근 그들 가운데 하나가 내놓은 유익한 설명, 『숙련공』(Journeyman Engineer)[37]을 읽을 사람들은 새로운 민중에 훨씬 더 필요한 이념은 참정권이 복이라거나 그 자신의 산업적인 실행이 놀랍다거나 하는 그런 것이 아니라, 교양이 우리 앞에 제시하는

---

34) 영국, 즉 잉글랜드와 아일랜드를 지칭한다.
35) 스퍼전(C. H. Spurgeon, 1834~92)의 거대한 메트로폴리탄 예배당을 염두에 둔 말이다. 스퍼전은 영국 침례교 선교사다.
36) 「마태복음」, 22장 11~14절을 참조할 것. "임금이 손을 보러 들어올 새 거기서 예복을 입지 않은 한 사람을 보고 가로되 친구여 어찌하여 예복을 입지 않고 여기 들어왔느냐 하니 저가 유구무언이거늘 임금이 사환들에게 말하되 그 수족을 결박하여 바깥 어두움에 내어 던지라 거기서 슬피 울며 이를 갊이 있으리라 하니라 청함을 받은 자는 많되 택함을 입은 자는 적으니라."
37) 라이트(Thomas Wright, 1810~77)의 『노동계급의 습관과 관습』(Some Habits and Customs of the Working Classes, 1867).

완성의 이념―증가된 단맛, 증가된 빛, 증가된 삶, 증가된 동감을 성격으로 하는 증가된 정신활동―이라는 점에 동의할 것이다.

다른 선의의 친구들은 중간계급 속물주의의 낡은 관행을 통해서가 아니라 이 나라에서는 새롭고 아직 시험해보지 않은 것이지만 자연스럽게 민중의 발길이 쏠리게 되는 방향으로 이 새 세력을 이끌려고 한다. 그것을 나는 자코뱅주의(Jacobinism)의 방식이라고 부르겠다. 과거에 대한 격렬한 분노, 대규모로 적용된 추상적 혁신체계, 미래를 위한 하나의 합리적인 사회의 형태를 세밀하게 그린 새로운 원리,[38] 이것들이 자코뱅주의의 방식이다. 해리슨 씨를 위시한 콩트의 다른 제자들―그 가운데 한 사람인 콩그리브 씨[39]는 내 오랜 친구며 그의 재능과 성격에 대한 나의 존경을 공개적으로 표현할 기회를 얻게 되어 기쁘다―은 민중의 친구로서 이 유형의 길을 따라 민중을 인도하려고 한다. 해리슨 씨는 교양에 매우 적대적인데 그럴 만한 충분히 자연스런 동기가 있다. 교양은 자코뱅주의를 나타내는 표식이라고 할 두 가지, 즉 격렬함과 추상적 체계에 대한 탐닉을 언제까지나 반대하기 때문이다. 교양은 인간 운명의 방향을 정할 때 체계와 그런 체계를 만드는 자들의 몫이란 그 지지자들의 기대와는 달리 그다지 크지 않다고 본다. 인민의 마음속의 흐름(current)[40]은 새로운 이념을 향한다. 인민은 자기 앞에 던져진 낡고 편협한 속물적 이념, 앵글로색슨 이념 따위에 만족하지 못한다. 그리고 이 전체적인 흐름의 주도자로서 흐름을 법제화하라는 위임을 받아

---

38) 버크의 『프랑스 혁명에 대한 고찰』에서 발췌·인용한 것이다.
39) 콩그리브는 옥스퍼드 와드햄 칼리지의 연구원이었는데, 파리에서 1848년 콩트(Auguste Comte)와 만나고 나서 실증주의로 돌아섰다. 와드햄에서 해리슨의 지도교수였으며 이후 이들은 거의 30년 동안 긴밀한 관계였다.
40) 여기서 말하는 '흐름'이란 다른 곳에서 '시대정신'(Zeitgeist)이라고 지칭하는 것이다.

인류를 이끌어나갈 자격을 얻게 되는 사람들은, 이를테면 벤담(Jeremy Bentham)이나 콩트 같은 이들로, 이들은 새로운 흐름을 일찌감치 그리고 강하게 느끼고 그것을 도우려고 하는 것까지는 좋으나 그렇게 느끼고 돕는다고 나서면서 거기에다 자신의 편협함과 실수를 숱하게 던져놓은 것이다.

로마 신화에 대한 탁월한 독일인 역사가인 프렐러[41]가 빛과 치유와 화해의 신인 아폴론을 숭배하던 타르퀴니우스 왕가 치하의 로마에 대해 개설한 것을 보면, 로마에 새로운 아폴론 숭배를 가져온 것은 타르퀴니우스 왕가라기보다 그 당시 라틴족과 사비니족[42]의 종교적 이념의 구습에서 벗어나 이러한 종류의 새로운 숭배를 강하게 지향하던 로마 인민의 마음의 흐름이었음을 알 수 있다. 이와 유사하게, 교양은 인간사 속에 존재하는 자연스런 흐름에, 그 계속적인 작용에 주목하게 하고, 우리의 믿음을 어떤 특정한 사람과 그가 한 일에 묶어두지 않게 해줄 것이다. 교양은 그의 좋은 면뿐 아니라 그가 얼마나 많은 부분에서 한계가 있고 또 일시적인 것에 지나지 않는지를 볼 수 있게 해준다. 아니, 교양은 그렇게 하는 일에서 즐거움마저 느낀다. 다시 말해 자유가 더욱 커졌고 미래가 더욱 넓어졌음을 느끼는 것이다.

내가 가장 큰 신세를 졌다고 느끼는 한 정신의 영향 아래 있을 때, 건전함과 명료한 의식의 화신이었고 내게는 미국이 낳은 가장 중요한 인물로 보이는 그 사람——즉 벤자민 프랭클린——의 정신의 영향 아래 있었을 때 일이다. 프랭클린의 차분한 상식의 지배를 오랫동안 느낀 뒤에,

---

41) 프렐러(Ludwig Preller, 1809~61): 『로마 신화』(Rümische Mythologie, 1881)의 저자다.

42) 라틴족은 고대 로마인이며, 사비니족은 로마 북동쪽에 주로 살던 고대 이탈리아인으로 기원전 290년경 로마에게 복속되었다.

그의 말로는 이제 낡아서 불편하게 된 구판 욥기 대신 신판을 내보겠다는 그의 계획[43]을 알게 되었을 때의 해방감을 나는 기억한다. 그는 이어서, "운문 몇 줄을 제시하겠는데, 내가 추천하고 싶은 판의 견본이 될 수 있을 것"이라고 한다. 우리는 모두 영역 성서에서의 유명한 운문 구절을 기억한다. 즉 "그때 사탄이 주께 대답하여 말했다. '욥이 하나님을 공연히 두려워하나이까?'" 프랭클린은 이것을 이렇게 바꾼다. "폐하께서는 욥의 바른 행실이 단순한 개인적인 애착과 애정의 결과라고 생각합니까?" 지금도 기억이 생생한데, 나는 처음 그것을 읽었을 때 깊은 안도의 숨을 내쉬며 이렇게 생각한 것이다. "결국 프랭클린의 의기양양한 양식(良識)이 미치지 못하는 저 너머에 인간성의 드넓은 영역이 펼쳐져 있지!"라고. 그래서 벤담을 근대 사회의 혁신자라 부르는 소리나 벤담의 정신과 이념이 우리 미래의 통치자라는 주장을 들을 때면, 나는 『의무론』(*Deontology*)을 펼친다.[44] 거기서 나는 읽는다. "크세노폰(Xenophon)이 역사를 쓰고 유클리드(Euclid)가 기하학을 가르치고 있을 때, 소크라테스와 플라톤은 지혜와 도덕을 가르친다는 미명 아래 말도 안 되는 소리를 하고 있었다. 그들이 말하는 도덕이란 말(words)에 있었으며, 그들이 말하는 지혜란 만인이 경험해 아는 바들에 대한 부정이었다." 그것을 읽은 순간부터 나는 벤담의 굴레에서 벗어나버린 것이다! 그의 지지

---

43) 바가텔(Bagatelles)을 지칭. 바가텔은 가벼운 소품이라는 뜻으로, 원래 프랭클린의 작품은 희극적인 것이지 진지한 것이 아닌데, 아널드의 독서는 문맥과는 다르다.

44) 벤담(1748~1832): 철학자·경제학자·법이론가로 공리주의의 시조라고 할 수 있다. '최대다수의 최대행복'을 모토로 하는 벤담의 공리주의는 과학 위주의 서구 문명의 토대가 된 이념이자 방법론으로, 빅토리아 시대 중간계급의 혁신을 뒷받침하는 논리가 되었다. J. S. 밀은 벤담을 콜리지(Samul Tayler Coleridge)와 더불어 '우리 시대의 두 토대를 이루는 사상가'라고 표현했다. 『의무론』의 부제는 '도덕학'이다.

자들의 열광도 이제 나에게 영향을 줄 수 없다. 나는 그의 정신과 이념이 인간 사회의 규칙을 제공하기에, 즉 완성에 적절하지 않다는 것을 느낀다.

교양은 체계나 제자들이나 학파 등을 이끄는 사람들, 이를테면 콩트나 고 버클 씨[45])나 밀 씨 같은 사람들을 늘 이렇게 취급하는 경향이 있다. 교양은 이러한 인물들 모두 또는 그들 가운데 몇몇에게 찬양할 만한 것이 있다 하더라도, 그런데도 다음과 같은 성구를 기억한다. "너희는 랍비라 칭함을 받지 마라!"[46]) 그리고 곧 어떤 랍비든 지나쳐 앞으로 나아간다. 그러나 자코뱅주의는 랍비를 사랑한다. 자코뱅주의는 미래와 아직 도달하지 못한 완성을 좇아 랍비를 지나 나아가기를 원하지 않는다. 그것은 랍비와 그의 이념이 완성을 대변하기를, 좀더 권위를 가지고 세상을 재조형하기를 원한다. 그렇기에 자코뱅주의에게는 영원히 앞으로 나아가고 찾아나가는 교양은 주제넘고 불쾌한 것이다. 그러나 교양은 세상과 자코뱅주의 자체에게도 진정으로 기여한다. 자코뱅주의가 진정한 이념의 기관이기도 하나 한계와 과오도 숱하게 지닌 그런 사람을 우리에게 강요하는 것에 저항하고 있다는 바로 그 이유 때문에 그러하다.

그래서 자코뱅주의는 또한 과거와 또 그 과거의 죄에 책임이 있다고 보는 사람들을 격렬하게 증오하는 가운데, 교양의 특성이라고 할 수 있는 끝없는 관용이라든지 상황을 고려하는 태도라든지 사람에 대한 판단은 자비롭되 행동에 대해서는 엄하게 판단하는 경향 같은 것을 참아내지 못한다. "교양인은 정치에서는 살아 있는 사람들 가운데 가장 딱한 존

45) 버클(Henry Thomas Buckle, 1821~62): 경험주의적 원칙에 입각해서 『영국 문명의 역사』(History of Civilisation in England, 1857~61)를 썼으며, 역사문제에 과학적 방법을 적용하고 일반화한 사람으로 당시에 큰 명성을 얻었다.
46) 「마태복음」, 23장 8절.

재다!"라고 해리슨 씨는 소리친다. 해야 할 일을 처리하려는데 교양인이 "괜히 흠을 잡는다거나, 자기만 편하면 그만이라고 여긴다거나, 행동의 결정을 늘 미적거린다거나" 하는 식으로 자기를 가로막는다고 투덜거린다. "신간서적을 평하는 비평가나 순문학 교수"에게가 아니라면, 교양이 무슨 소용인가라고 그는 질문한다.[47] 소용되고 말고니, 해리슨 씨가 그 질문을 던지는 작업을 하시는 동안 내내 뿜어내고 있는, 또는 다른 말을 쓰자면 식식거리고 있는 저 격렬한 분통 앞에서, 교양은 우리에게 인간 본성의 완성은 단맛과 빛이라는 것을 상기시켜주기 때문이다. 또한 소용이 있나니, 종교처럼—완성을 추구하는 또 다른 노력인—그것은 쓰라린 질시와 다툼이 있는 곳에는 요란과 모든 악업이 있다는 것[48]을 증언하기 때문이다.

따라서 완성의 추구는 단맛과 빛의 추구다. 단맛과 빛을 위해 일하는 사람은 이성과 신의 뜻을 퍼뜨리기 위해 일한다. 기계 장치를 위해 일하는 사람, 증오를 위해 일하는 사람은 단지 혼란을 위해 일할 뿐이다. 교양은 기계 장치 너머를 보고, 교양은 증오를 미워한다. 교양은 한 가지 위대한 열정을 가지고 있으니, 단맛과 빛을 향한 열정이다. 그것은 훨씬 더 위대한 것—즉 그것들을 퍼뜨리려는 열정이 있다. 그것은 우리 모두 완전한 인간이 될 때까지 만족하지 않는다. 그것은 소수의 단맛과 빛은 인류의 거칠고 빛을 보지 못한 다수가 단맛과 빛에 접촉하기까지는 불완전할 수밖에 없음을 안다. 만약 내가 서슴없이 우리가 단맛과 빛을 위해 일해야 한다고 말해왔다면, 우리는 광범한 토대를 가져야 하고 가능한 한 많은 사람을 위한 단맛과 빛을 가져야 한다는 말도 서슴없이 하겠

---

47) 이 부분에 대해서는 이 책 50쪽 주 2) 참조.
48) 「야고보서」, 3장 16절.

다. 나는 **국민적인 삶과 사유의 불꽃이 타오를** 때, 사회 전체가 아름다움에 민감하고 지혜롭고 살아 있는 사유에 가장 충만하게 젖어들 때, 그때야말로 인류가 행복한 순간이며, 한 민족의 삶의 획기적인 시기며, 문학과 예술과 모든 천재의 창조적인 힘이 꽃피는 시절임을 거듭 주장해왔다.[49] 다만 **진정한 사유**이자 **진정한 아름다움**이어야 하고, **진정한 단맛**이자 **진정한 빛**이어야 한다. 많은 사람이 그들이 대중이라고 부르는 사람들에게 대중의 실제적인 조건에 적합하다고 생각하는 방식으로 준비되고 적용된 지적 음식을 주려고 노력할 것이다. 통상적인 대중문학이 대중에 대한 이러한 식의 작업의 본보기다. 많은 사람이 그들 자신의 직업이나 정당의 신조를 형성하는 이념과 판단의 틀을 대중에게 주입하려고 노력할 것이다. 우리의 종교적·정치적 조직이 대중에 대한 이런 방식의 작업의 예를 보여준다. 나는 그 어느 방식도 비난하지 않으나, 교양은 달리 작업한다. 교양은 열등한 계급의 수준으로 내려가 가르치려 하지 않고 교양 자신의 이런저런 파당을 위해 기성의 판단과 구호로 그들을 획득하려고 노력하지도 않는다. 교양은 계급을 없애려고 하고, 이 세상에서 생각되고 알려진 최상의 것을 모든 곳에 통용시키려고 하고, 모든 인간을 단맛과 빛의 환경에서 살게 하려고 한다. 그 환경에서는 모든 인간이, 교양이 그러하듯이, 이념을 자유롭게 사용할 수 있으니, 그 이념에서 자양을 얻지만 거기에 종속되지는 않는 것이다.

이것은 **사회적인 이념**이며, 교양인은 평등의 진정한 사도들이다. 위대한 교양인이란 당대 최상의 지식과 최상의 이념을 확산하고, 보급하고, 사회의 한쪽 끝에서 다른 쪽 끝까지 전파하려는 열정을 지닌 사람들이

---

49) 이 대목은 아널드가 옥스퍼드 시학교수직 수락 연설에서 주장한 것으로 「문학에서의 근대적 요소에 관하여」라는 제목으로 평론집에 수록되었다.

다. 지식에서부터 모든 거칠고 어색하고 난삽하고 추상적이고 전문적이고 부차적인 것을 걸려내려고 애쓰며, 지식을 인간화하여 교양있고 학식 있는 사람들의 동아리 바깥에서도 그것이 효력을 미치되 그러면서도 여전히 당대 **최상의** 지식과 사상이며, 따라서 단맛과 빛의 진정한 원천으로 남아 있도록 애쓰는 사람들이다. 여러 가지 불완전한 점이 있지만 중세기의 아벨라르[50]가 바로 이런 사람이었고, 거기서 아벨라르가 불러일으켰던 무한한 정서와 열정이 나왔던 것이다. 지난 세기 말에 독일의 레싱과 헤르더[51]가 그런 사람이었으니, 독일에 대한 그들의 봉사는 이 점에서 귀하기 짝이 없는 것이었다. 세대는 지나가고 문학적 기념비들은 쌓일 것이며, 레싱과 헤르더의 작품보다 훨씬 더 완벽한 작품들도 독일에서 산출될 것이다. 그러나 이 두 사람의 이름이 독일인에게 불러일으킬 존경과 열정은 가장 재능 있는 대가일지라도 능가하지 못할 것이다. 왜 그러한가? 그들이 지식을 인간화했기 때문이며, 그들이 삶과 지성의 토대를 넓혔기 때문이며, 그들이 단맛과 빛을 퍼지게 하기 위해, 이성과 신의 뜻을 퍼뜨리기 위해 힘차게 일했기 때문이다. 성 아우구스투스와 더불어 그들은 말했다. "창공의 창조 이전에 그리하셨던 것처럼, 당신께서 혼자서 앎의 비밀을 지니시고 어둠에서부터 빛을 분리하도록 하지는 말게 하소서. 저마다 창공에 자리 잡은 당신 숨결의 아이들이 그들의 빛을 땅에 비추게 하시고, 밤과 낮을 분리하게 하시고, 시간의 회전을 선언하게 해주소서. 구질서는 지나갔고 새 질서가 일어나기에. 밤은 지나고 낮이 다가오기에. 그리고 당신이 일꾼들을 보내 그들과는 다른 손이

---

50) 아벨라르(Pierre Abélard, 1079~1142): 중세 프랑스의 스콜라 철학자. 엘로이즈와의 사랑으로 더 유명한 인물이다.
51) 레싱(Gotthold Ephraim Lessing, 1729~81): 독일의 비평가이자 극작가. 헤르더(Johann Gottfried von Herder, 1744~1803): 독일의 비평가이자 시인이다.

뿌린 당신의 수확을 거두게 하실 때, 새 일꾼들을 아직 수확이 나지 않는 새로운 파종기에 내보내실 때, 그해〔年〕를 당신의 축복으로 덮어주소서."[52]

---

52) 아우구스티누스(Augustinus)의 『참회록』에 나오는 말이다.

2 내키는 대로 하기

나는 교양이 완성에 대한 공부이자 추구며 또 그래야 한다는 것, 그리고 교양으로 추구하는 완성 가운데서 아름다움과 지성, 달리 말해서 단맛과 빛이 주된 성격이라는 것을 보여주기 위해 노력해왔다. 그러나 지금까지 나는 완성의 성격으로서 주로 아름다움 또는 단맛에 대해서 주장해온 셈이다. 나의 구도를 제대로 완료하기 위해서는 완성의 성격으로서 지성 또는 빛에 대해서도 할 말이 분명 남아 있는 것이다.

그렇지만 우선 이곳에서나 대서양의 저쪽에서나 '교양의 종교'에 맞서서 제기된 온갖 종류의 반대를 살펴보아야 할 것 같다. '교양의 종교'라는 말은 반대자들이 내가 퍼뜨리고 있다고 하면서 갖다붙인 조롱조의 표현이다.[1] 비참한 인간사를 치유하는 만병통치약이나 무슨 향신료 같은 것을 제시하는 그런 종교라는 것이다. 교양있는 비행동(cultivated inaction)의 정신을 속삭거리고 그 신도가 우리의 사방팔방에 비일비재

---

1) 아널드의 교양을 '종교'라고 처음 지적하고 나온 것은 『토요 평론』(*Saturday Review*, 1867년 7월 20일자)으로, 특히 해리슨의 풍자를 빌려 아널드가 교양을 일종의 만병통치약으로 내세운다거나, 교양이란 '달빛같이 허황한 소리'라고 요약했다.

한 명백한 악을 뿌리뽑는 데는 손 하나 빌려주지 못하게 만들며 그런 악을 제거하려고 애쓰는 개혁과 개혁자들에게 반감을 가지게 만드는 그런 종교라고 말이다. 요약해서 말하면 실제적이지 못하다는 것, 또는—몇몇 비판자들이 즐겨 쓰는 말을 빌리면—달빛 같은 허황한 소리(all moonshine)라는 것이다. 『모닝 스타』의 편집자인 저 알키비아데스는 나를 그 전파자로 지목하고서 세상과는 동떨어져 살고 있고 인생과 인간에 대해서는 아무것도 모른다고 비웃는다.2) 『데일리 텔레그래프』의 편집자인 저 위대한 철저노력파(austere toiler)는 자기가 플리트 가3)에 있는 병기창에서 종일토록 수고와 더위를 견디고 있는 사이에, 미학과 시적인 환상이나 만지작거리고 있다고 나를 비난한다. 말씀은 친절하시고, 분노하는 어투라기보다는 차라리 슬프다는 식이긴 하지만 말이다.4) 영리한 미국 신문 『네이션』지는 자기 서재에 앉아서 근대 사회의 경로를 트집잡는 것이야 아주 쉽겠지만 중요한 것은 그것을 위한 실제적인 개선책을 제안하는 일이라고 말한다.5) 마지막으로 해리슨 씨는 매우 기분

---

2) 『모닝 스타』는 아널드의 논적인 브라이트의 신문으로, 브라이트의 교양에 관한 논의를 아널드가 '말도 안 되게 오해'했다고 공격했다(1867년 6월 28일). 알키비아데스(Alcibiades)는 펠로폰네소스 전쟁 때 아테네의 총명하면서도 무책임한 지도자로, 국가를 전복하려고 했다는 의혹을 받았다. 편협하고 독선적인 청교도 편집인 브라이트를 오히려 풍성하고 코스모폴리탄하고 총명하고 교양있고 매력적이며 원칙 없는 알키비아데스로 지칭한 것은 아널드가 잘 구사하는 아이러니의 예라고 할 수 있다.

3) 신문사가 많이 있어서 신문사 거리라고도 불리는 런던의 중심가 이름이다.

4) "그는 자기보다 더 열심히 정치적 삶의 다소 더러운 영역으로 내려가는 모든 이를 비난하는 데 예리한 능력을 사용하고, 펜으로든 혀로든 진정한 교양을 권한다. [……] 그리고 나서 전투를 끝낸 핫스퍼(셰익스피어의 사극 『헨리 4세』에 나오는 용맹한 장군—옮긴이)처럼 '분노와 극도의 노고'로 열이 올라 있는 이에게 이 우아한 인간은 '깨끗하고 깍듯하게 차려입고' 들어와서 우리에게 냉정함이 결핍되어 있다는 것에 흠칫 놀라면서 우리의 말이 적어도 반음조 정도 높다고 생각한다"(『데일리 텔레그래프』, 1867년 7월 2일).

90

좋고 재치 있는 풍자문을 썼는데, 이것을 보니 그가 나의 젊은 프러시아 친구인 아르미니우스[6]를 분명히 정복하고 말았음을 알겠다. 하여간 이 풍자문에서 그는 가라사대 "죽음, 죄, 잔인함이 순수와 청춘을 게걸스럽게 먹어치우면서 우리 사이를 활보하는" 판에, 이처럼 시련이 도처에 깔려 있는 마당에 내가 향수병을 내밀고 있는 것을 보니, 도덕적인 인내의 한계에 다다르고 말았다는 것이다.[7]

이 모든 항의와 비난을 그냥 모른 체할 수는 없는 일이고, 나로서는 나의 구도를 완료하고 완성의 특성 가운데 하나인 빛에 대해 그리고 우리에게 빛을 주는 교양에 대해 말하면서, 내가 듣고 보았던 반대에서 무언가 도움을 얻기 위해, 그리고 내가 거듭 설파하는 원칙에서부터 실제적인 삶으로 나아가는 연결과 통로들을 보여줌으로써 힘닿는 데까지 실천으로 나아가기 위해 최선을 다할 작정이다.

내가 말하는 단맛과 빛 이론을 갖춘 사람은 자기 주변에서 진행되는 좀더 거칠거나 조악한 운동에 대한 적대감으로 가득 차 있으며, 그런 운동을 통해서 악을 뿌리 뽑으려는 누추한 작업에 손을 빌려주지 않을 것이고, 따라서 행동을 믿는 사람들이 그를 참을 수 없게 된다고들 말한다.

---

5) 『네이션』, 1867년 9월 12일자에 실린, 「단맛과 빛」이라는 기사다.
6) 아르미니우스는 아널드가 이 책과 비슷한 시기에 내놓은 『우정의 화환』 (*Friendship's Garland*)이라는 책에서 지어낸 가상의 독일인으로, 풍자적인 어투로 영국의 속물성을 공격하고 영국에 현재 필요한 것이 '정신'(Geist)임을 주장한다.
7) 해리슨의 「교양: 하나의 대화」(Culture: a Dialogue)라는 글로, 이 글은 필자와 아르미니우스 사이의 가상적인 대화로 이루어져 있다. 여기서 필자는 교양의 새로운 복음을 찬양하는 역을 맡았고, 아르미니우스는 아널드의 교리가 이 새로운 제자의 애정어린 설명에서 철학적인 결함이 분명해짐에 따라 점점 더 분노에 빠지게 되는 고집불통의 합리주의자로 나온다. 아널드는 한 사신에 이 글을 보고 너무 재미있어서 '눈물이 날 정도로 웃었다'고 쓴 적이 있다.

그러나 만약 거칠고 조악한 행동이, 그릇 계산된 행동이, 충분하지 않은 빛을 지닌 행동이 지금 우리의 해악이고 또 오랫동안 그래왔다면 어쩌겠는가? 지금 우리에게 시급하게 필요한 일이 어떤 대가를 치르더라도 행동부터 하고 보는 것이 아니라, 우리의 곤경을 위해 빛을 축적하는 것이라면 어쩌겠는가? 그런 경우에는, 우리 주위에서 진행되는 좀더 거칠고 조악한 운동에 손을 빌려주기를 거절하는 것, 우리 자신을 위해서나 다른 사람을 위해서나 우리가 내키는 대로 하는 행동을 덜하게끔 자신을 계몽하고 제한하는 것이 무엇보다도 먼저 필요한 일이 되게 하는 것, 그것이야말로 확실히 우리의 노력을 경주할 수 있는 최상의 그리고 진실로 가장 실질적인 노선이다. 그리하여 나의 반대자들이 거칠거나 조악한 행동이라고 부르지만 나로서는 차라리 제멋대로의 통제되지 않은 행동이라고 부르고 싶은 것—불충분한 빛을 지닌 행동, 무언가 하고 있되 우리 내키는 대로 하기를 원하고, 애써 생각을 해본다거나 어떤 규칙이든 하여간 규칙에 엄하게 구속되는 것을 좋아하지 않기 때문에 추구하는 그런 행동—이 지금 이 순간에는 실제적인 잘못이며 우리에게 위험하다는 것을 보여줄 수 있다면, 그때 나는 이런 사태를 교정하는 데서 빛의 실제적인 용도를 찾아낸 셈이니 누구나 다 목도하는 그런 경우에 어떻게 빛이 이런 사태를 다룰 수 있는지 예시하기만 하면 되겠다.

교양에 대한 논의를 시작하면서 나는 우리가 기계 장치에 얽매여 있다는 점, 기계 장치를 넘어서 본디 가치 있는 그런 목적까지는 보지 못하고서 기계 장치 자체를 목적으로 평가하는 경향이 있다는 점을 주장했다. 자유도 그것이 지향하는 목적에 대해 충분히 고려하지 않고서, 그 자체대로 그런 식으로 숭배되는 것 가운데 하나라고 나는 말한 바 있다. 자유에 대한 우리의 통상의 생각과 담화에서 기계 장치에 대한 우리의 우상 숭배는 두드러지게 나타난다. 우리의 지배적인 생각은—그리고 그것을 입증하기 위해 나는 수많은 보기를 인용했는데—무릇 인간에게는 자기 내키는 대로 행할 수 있는 것이 가장 행복하고 중요한 일이라는 것이다. 그렇게 자기 내키는 대로 자유롭게 행하면, 무엇을 하게 되는지에는 그다지 역점을 두지 않는다. 영국 헌법에 대해서 우리가 즐겨 하는 칭찬은 그것이 저지의 체계라는 점, 즉 개인의 자유로운 행동을 방해하는 힘이라면 무엇이든 중지시키고 마비시키는 그런 체계라는 것이다. 헌법의 낡은 방식에 따라 걷기를 좋아하는 브라이트 씨가 이런 취지의 주장을 강하게 펼친 바 있다. 자신의 대규모 연설 가운데 하나에서 영국적 삶과 정치의 중심 이념이 사적 자유의 확보라는 점을 역설한 것이다. 또 다른 많은 사람들도 이보다는 덜 강하지만 일상적으로 하는 말이기도 하다. 분명 이는 사실이다. 그러나 마찬가지로 분명한 것은, 복종의 이념과 습관을 지닌 채 많은 세기 동안 영국 헌법 뒤에 말없이 자리 잡고 있던 봉건주의가 사라져버렸고, 우리의 저지 체계밖에는 남은 것이 없고 또 가능한 한 자기 내키는 대로 하는 것이 영국인의 커다란 권리이자 행복이라는 그런 관념밖에는 남은 것이 없게 되면서, 우리는 무질서를 향해 표류할 위험에 처해 있는 것이다. 대륙에는 그리고 고대에는 그토록 친숙하던 국가 개념이 우리에게는 없다. 즉 일반적인 이익을 위한 유력한 힘을 위탁받고 개인의 이해관계보다 더 넓은 이해관계의 이름으로 개인적 의지를 조절하는, 집단적이고 통합적인 성격이 있는 나라(nation)라는 개념 말이다.[8] 우리는 이러한 개념이 종종 독재를 위한 수단이 된다고 말하고, 또 그것은 사실이기도 하다. 우리는 한 국가는 사실상 그것을 이루는 개인으로 구성되어 있고, 각 개인이 자기 자신의 이해관계의 최

---

8) 이 같은 국가 개념은 이후 되풀이해서 사용되는데, 대체로 버크에 의존하고 있다.

상의 판관이라고 말한다.[9] 우리의 선두 계급은 귀족계급이며, 어떤 귀족계급도 자기보다 더 커다란 국가-당국(State-authority), 전부 자기 자신의 수중에 있는 주지사 자리, 부지사 자리, 민병대 같은 장식적인 무용지물들[10]을 넘어서는 유력한 행정적 기계 장치가 있는 그런 국가-당국을 좋아하지 않는다. 상업과 비국교의 위대한 대변자이자, 사업에서도 각자가 알아서 하고 종교에서도 각자가 알아서 하면 된다는 원칙이 있는 중간계급은 여하간 자기를 방해할지도 모르는 강력한 행정부를 두려워한다. 게다가 중간계급은 귀족계급에게 주지사직과 교구청장직이 있는 것과 유사하게 교회위원직과 보호감독직이라는 그것대로 장식적 무용지물을 가지고 있으니, 혹 유력한 행정부가 들어서면 이러한 권한을 중간계급의 손에서 빼앗거나 지금처럼 자기한테 편한 독립적인 방식으로 그 권한을 행사하지 못하도록 할지도 모를 테니까.

그다음에는 우리의 노동계급에 대해서다. 그날그날 먹고살아야 한다는 요구에 늘 시달리는 이 계급이 우리의 국민적 이념, 즉 자기 내키는 대로 하는 것이 인간의 이상적인 권리이자 복이라는 이념의 바로 중심이며 그것을 굳게 보지(保持)하는 것은 자연스럽다. 나는 어디선가[11] 미슐레 씨가 프랑스의 인민에 대해서 나에게 한 말을 소개한 적이 있는데, '징병으로 문명화된 야만인의 나라'라고 했다는 것이다. 다른 점에서는 그토록 거칠고 교양 없는 대중의 정신에 군복무를 통해서 공적인 의무와 기율의 이념이 제공되었다는 것이다. 우리 대중도 프랑스 대중과 꼭

---

9) 이 표현은 자유주의 이념의 고전이라 할 밀의 『자유론』(*On Liberty*) 제4장에 나온다.

10) 이 직들은 지방관리들로 모두 국왕에게 임명권이 있다. 아주 오래된 관직이나 지금은 의례적인 자리다.

11) 『프랑스의 대중교육』(*The Popular Education of France*)을 말한다. 미슐레(Jules Michelet, 1798~1874): 프랑스의 역사학자로 『프랑스 혁명사』를 썼다.

마찬가지로 거칠고 교양이 없다. 그런데 우리 대중이 개인의 자기 의지보다 우위에 있는 공적인 의무와 훈련이라는 이념을 가질 리가 없다 보니— 그런데다가 징병이라는 이념 자체가 자기 내키는 대로 하는 것이 최고의 권리이자 복이라는 영국적인 생각과는 너무나 상충하다 보니—다음과 같은 일도 있게 된다. 더비셔의 클레이 크로스 작업장[12]의 매니저가 크림 전쟁 동안에 나한테 한 말이 생각난다. 그는 병사 부족이 절실해 일각에서 징병이 논의되던 그 당시에 자기 지역 사람들이라면 징병에 승복하느니 탄광으로 달아나서 지하에서 일종의 로빈 후드적인 생활을 영위할 것이라고 했다.

앞에서도 말한 것처럼, 오랫동안 복종과 존경이라는 강한 봉건적인 습관이 노동계급에게 계속 영향을 미쳤다. 근대정신은 이제 거의 완전히 그런 습관을 와해시켰고, 자유를 그것 자체로서 숭배하는, 기계 장치를 미신으로 믿는 무질서적인 경향이 매우 명백해지고 있다. 기계 장치에 대한 이 같은 우리의 맹목적인 믿음 때문에, 기계 장치를 넘어 거기에 가치를 부여하는 그런 목적까지 바라볼 수 있게 해주는 빛이 우리에게 부족하기 때문에, 온 나라에 걸쳐 이 사람 저 사람 그리고 이 집단 저 집단은 날이 갈수록 더욱더 자기 내키는 대로 한다는 영국인의 권리를 주장하고 실천하기 시작했다. 자기 내키는 대로 행진하고 내키는 곳에서 회합하고 내키는 곳으로 들어가고 내키는 대로 야유하고 내키는 대로 위협하고 내키는 대로 부수는 것이다.[13] 이 모든 것은 무질서를 향하고 있다고 나는 말하겠다. 비록 많은 훌륭한 사람들, 특히 자칭 자유주의 또는

---

12) 클레이 크로스(Clay Cross)는 체스터필드 7킬로미터 남쪽에 있는 탄광촌으로 석탄과 철의 대규모 생산 중심지이다.
13) 이 부분은 하이드 파크 사건을 언급한 것이다. 이 사건에 대해서는 이 책 18~21쪽을 참조할 것.

진보주의 당의 내 친구들은 친절하게도 우리를 거듭 안심시키며 말씀하시길, 이런 것은 사소한 일이라서 두어 번 정도 일과(一過)적으로 난폭한 행동이 돌출한 것에 별 의미를 둘 필요가 없으며, 우리의 자유 체제는 그것에서 생겨나는 모든 악폐를 치유하는 체제며, 교양과 지성을 갖춘 계급은 폭동이 일어나면 우리의 군대처럼 압도적인 힘과 당당한 침착함으로 통지가 오는 즉시 행동할 준비가 되어 있다고 한다. 그러나 자유주의 친구들이 이렇게 말하는 것은 대체로 자기들이 공익의 요구에 따라 직위와 권력에 복귀하게 될 때에, 자기 자신과 자기들의 묘책에 크나큰 믿음을 가지고 있기 때문이다.[14) 그러나 그들이 그토록 오랫동안 자리를 차고앉아서 묘책인지 뭔지를 실행해왔지만, 현재의 난처한 상황에 다다르는 것을 막지 못했음을 아는 처지에서는 그들의 이러한 믿음을 두말없이 함께 나눌 수는 없는 것이다. 그리고 또한 난폭한 행동의 돌출이 점점 더 사소한 일이 아닌 것으로 되고 있고, 잦아들기보다는 오히려 더욱 빈번해진다는 것 그리고 그사이에 우리의 교양과 지성을 갖춘 계급은 태연자약하게 버티고는 있되, 하여간에 무슨 일이 일어나더라도 폭동이 있을 때 우리의 군대가 그런 것처럼 그들의 압도적인 힘은 결코 행동으로 나서지는 않는다는 것이다.

불을 뿜는 듯한 연설을 하거나 공원 철책을 부수거나 국무장관의 집무실에 뛰어드는 사람은 자기 내키는 대로 한다는 영국인의 충동을 따르고 있을 따름인데,[15) 그리고 우리의 양심의 소리가 우리가 이 충동을 무

---

14) 이 글이 씌인 1867년은 보수당이 집권 중이었고, 그전 해까지는 1858년부터의 자유당 장기집권이 있었다.

15) 일부 페니언(Fenian)들이 맨체스터에서 두 죄수를 구출하다가 경찰을 죽여서 사형선고를 받자 영국인 동조자들이 떼거리로 내무부 사무실로 난입하여 사면을 요구한 사건을 지칭한다. 페니언은 1867년 11월 18일에 미국에서 결성된 아일랜드계의 급진적인 독립운동 단체다.

언가 일차적이고 신성한 것이라고 간주해왔다고 하는 판에, 도대체 어떻게 그들의 압도적인 힘은 행동할 수 있단 말인가? 머피 씨는 버밍엄에서 연설하며 그 도시의 가톨릭 대중에게, 내무장관의 말에 따르면 "도적떼나 살인자들에게나 하기에 적합한 말"을 소나기처럼 쏟아붓는다.[16] 그러고 나서는? 머피 씨에게는 자기 나름의 몇 가지 이유가 있다. 그는 로마 가톨릭 교회가 자기 아내를 고의적으로 음해한다고 의심하며, 시장이나 지사가 자기네의 부인과 딸들을 보살피지 않더라도 자기는 보살피겠다고 한다. 그러나 무엇보다도 그는 자기 내키는 대로 하고 있다. 또는 더 고상한 말로 하면 자기의 사적인 자유를 주장하고 있다. "나는 저들이 마치 시신인 것처럼 내 몸을 밟고 다녀도 강연을 계속하겠으며, 버밍엄의 시장에게 말하건대 시장은 내가 버밍엄에 있는 동안에는 나의 공복이며 나의 공복으로서 자기의 의무를 다해 나를 보호해야만 한다." 모든 영국인의 심금을 울리는 감동적이고 아름다운 말씀이시다! 한 인간이 자신의 사적인 자유를 주장한다는 것이 우리 앞에 명백하게 드러나는 순간, 우리는 반은 무장해제당한다. 왜냐하면 우리는 자유를 믿는 사람들이지 우리의 자유에 대한 주장이 종속되어야 마땅한 어떤 올바른 이성에 대한 꿈 따위는 믿지 않는 사람들이기 때문이다. 그에 따라 국무장관은 비록 그 연사의 언어가 '도적떼나 살인자들에게나 어울리는' 것이었다 해도, 이렇게 말할 수밖에 없었던 것이다. "본인은 그가 이런 강연을 하기 위해서 세운 장소에서 보호받을 권리를 박탈당해야 한다고는

---

16) 머피(William Murphy): 런던 프로테스탄트 선거조합의 직원인데, 1867년 6월 16일 일요일, 버밍엄에 있는 목조가옥인 한 '예배소'에서 일련의 반가톨릭 강연을 시작했다. 폭동이 일어날 조짐이 있어 경찰이 파견되고 기마대가 대기 중이었다. 강연은 계속되었고 소요는 점점 더 커졌지만, 머피는 자유언론의 권리를 주장했다.

생각하지 않고, 내가 한 말 가운데는 그런 박탈을 해야 한다는 추론을 불러일으킬 여지도 없었다고 생각합니다. 왜냐하면 그 언어는 기소사유가 될 만한 그런 언어는 아니기 때문입니다." 아무렴, 시장도, 내무장관도, 아니면 이 지상의 다른 어떤 행정당국도 침묵을 강요할 수 없지. 오로지 이들이 생각하는 신중하고 합리적인 것에만 의지하면 말이다! 이것은 우리의 여론과, 개인적 자유의 주장에 대한 우리의 국민적 사랑과 완벽한 조화를 이루고 있다.

이와는 전혀 업무가 다른 한 분야에서 경험 많고 탁월한 대법관 한 분이 머피 씨의 이번 경우와 아주 똑같이 귀결된 한 사건을 전한다.[17] 한 유언자가 문학에서 성공하지 못한 어떤 사람에게 연금으로 지불하도록 연 300파운드를 상속했는데, 피상속인의 의무는 글로 유언자의 출판물에 피력된 견해를 뒷받침하고 퍼뜨려야 한다는 것이었다. 유언자의 견해란 것은 그야말로 한푼의 가치도 없는 것이었고 따라서 그 유증은 불합리하다는 이유로 대법원에 항소되었다. 그러나 단지 불합리할 뿐인지라 그 유증은 유효한 것이라고 판결되었고, 그리하여 허울 좋은 그 자선은 성립되었다. 영국인의 마음 밑바닥에서 자유에 대한 믿음이 매우 강하고 올바른 이성에 대한 믿음은 매우 약해서, 우리는 어떤 사람이 자기 내키는 대로 할 지고(至高)의 권리를 청원하면 곧 입을 다물어버리는데, 그것이 우리 자신에게도 지고의 권리기 때문이다. 비록 우리는 가끔 이성에 대해 무어라고 중얼거리기는 해도 그것에 대해서 사실 너무 적게 생각해온 반면, 자유에 대해서는 너무 많이 생각해왔기 때문에 우리가 참견하는 우리 형제 속물이 당돌하게 우리를 향해 돌아서서 "당신은 빛이라

---

17) 대법관 우드 경(Sir William Page Wood)을 말하는데, 1859년의 책에 이 내용이 수록되어 있다. 유언자는 그레이(Simon Gray)란 사람으로 추정된다.

도 있단 말으오?"라고 물으면 양심상 머리를 구슬프게 저으며 결국 그가 하는 대로 내버려두지 않을 수 없게끔 생겨먹은 것이다.

자유에 대한 우리의 이 배타적인 관심, 그리고 거기서 생겨난 느슨한 통치 습관을 옹호하기 위해 할 말은 많다. 그 습관 때문에 우리가 처해 있는 무질서의 종류를 잘못 알거나 과장하는 것은 매우 쉽다. 아무리 격렬하고 야단스럽다 할지라도 페니언주의(Fenianism) 탓에 위험에 처해 있는 것은 아니다.[18] 왜냐하면 이것에 대항해서는 우리의 양심은 단호하게 행동하고 정말 그럴 필요가 있을 때는 즉시 우리의 압도적인 힘을 행사할 만큼 충분히 자유롭기 때문이다. 우선, 누구든 내키는 대로 해야 한다는 우리 신조라는 것이 영국인에게나 해당하는 것이지 아일랜드인이라든지 이 지상의 다른 누구에게도 적용되지는 않는다는 점이다. 그리고 우리는 영국인이 아닌 자가 주장하는 사적 자유에 대해서는, 꼭 그래야 한다면, 아무런 가책도 없이 생략해버릴 수 있다. 영국 헌법, 그 헌법의 규정들과 장점들은 영국인을 위한 것이다. 우리는 그것을 사랑과 친절로 다른 이들에게까지 확장할 수도 있으나, 우리의 가슴속에 있는 어떤 신성한 법칙에도 우리가 그런 확장을 반드시 해야 한다고 적혀 있지는 않다. 그래서 아일랜드인 페니언과 영국인 불한당 사이의 차이는 너무나 엄청나고, 페니언들을 다룰 때는 사건은 훨씬 더 명백해지는 것이다! 페니언들이 필사적이고 위험하다는 것은 명명백백하다. 그들은 정복된 민족의 일원이자 가톨릭 교도로서, 오랜 세월 학대를 당해 우리에 대한 분노로 타오르고 있다. 우리 때문에 자기들을 희생하

---

18) 이 당시 페니언들의 격렬한 활동으로는, 1867년 이 단체 회원 2명이 9월 18일에 경찰차에 가한 격렬한 공격으로 풀려났고, 12월 13일 런던의 클러컨웰 감옥의 담장을 폭파하고 다른 두 사람을 구출하려고 시도하다 12명이 죽고 100여 명이 부상당했던 사건을 들 수 있다.

고 이방인의 종교를 수립할 수밖에 없었으며, 우리 기구들에 대한 아무런 찬미도, 우리 미덕에 대한 아무런 사랑도, 우리 사업에 대한 아무런 재능도, 우리 안락에 대한 아무런 찬사도 없는 것이다! 그에게 유럽에서 가장 훌륭한 터에 자리 잡은 우리의 상징적인 트러스 매뉴팩토리(Truss Manufactory)[19]를 보여주고서 영국의 산업주의와 개인주의가 그곳으로 데려다줄 수 있다고 말해보라. 그는 냉담할 것이다! 만약 우리가 이 같은 감상주의자[20]를 따뜻하게 다룬다면, 그것은 분명 순전한 박애에서 그런 것이다.

그러나 하이드 파크 난동자는 얼마나 다른가! 그는 우리 자신의 혈육이며, 신교도며, 본성부터 우리가 행하는 대로 행하고 우리가 미워하는 것을 미워하고 사랑하는 것을 사랑하게끔 되어 있었다. 트러스 매뉴팩토리의 상징적인 힘을 느낄 능력도 있다. 그에게 가장 문제가 되는 것은 임금이다. 구치 경이 스윈던 노동자들에게 인용한 저 아름다운 문장, 내가 구치 부인의 황금률이라고 또는 "너희도 온전하라"[21]는 신성명령을 영국말로 옮긴 것이라고 금과옥조처럼 아끼는 저 문장, 구치 경[22]의 어머니가 그가 어린 시절 일하러 갈 때마다 매일 아침 일러주었다는 그 문장―"다니엘아, 네가 언젠가는 저 기업의 관리자가 될 것이라는 점을 명심하거라!"―이 유익한 좌우명은 하이드 파크 불한당의 마음속에도 빛을 던지기에, 그리고 일생을 통해 그의 지침이 되기에 빈틈없이 어

---

19) 런던의 트라팔가 광장에 있는 건축물.

20) 아일랜드 페니언을 말한다.

21) 「마태복음」, 5장 48절. "그러므로 하늘에 계신 너희 아버지의 온전하심과 같이 너희도 온전하라." 아널드가 이 책의 에피그라프로 사용한 구절이다.

22) 구치 경(Sir Daniel Gooch, 1816~89): 철도사업을 훌륭하게 수행한 공으로 1866년 준남작으로 봉해진 당시 유명인사로, 스윈던은 그의 기관차 공장이 있던 곳이다.

울리는 것이다. 그는 혁명과 변혁의 어떤 환상적인 기획도 가지고 있지 않다. 물론 귀족계급은 귀족계급대로, 중간계급은 또 그들대로 자기 계급이 다스리기를 바라듯, 그도 자기 계급이 다스리게 되기를 원하겠지만 말이다. 그렇지만 현재 우리의 사회기구는 약간 무질서해져 있다. 우리의 산업주의와 개인주의의 낙원과도 같은 중심지에는 서로 남의 입에 든 빵을 빼앗는 사람들이 꽤 많다. 이 불한당은 아직 자신의 적소를 찾아내어 일에 착수하지 못했으며, 그래서 가고 싶은 곳에 가며, 모이고 싶은 곳에 모이고, 내키는 대로 고함치고, 내키는 대로 밀쳐대는 등, 그저 자신의 개인적인 자유를 약간 주장하고 있을 뿐이다. 우리의 나머지 부분들, 즉 귀족계급의 향사들, 중간계급의 정치적 비국교도들과 꼭 마찬가지로, 그에게도 국가라는 개념이 없다. 즉 타인과 자기를 포괄하는 구성원 모두의 더 높은 이성의 이름으로 각 구성원의 제멋대로인 행동을 행정부로서 통제하는, 집합적이고도 조합적인 성격의 나라라는 개념이 없다. 그는 부유한 귀족 계급이 행정을 집행한다는 것을 알고, 그래서 하이드 파크를 난장판이나 통행금지된 길로 만드는 것을 제지받으면, 자기가 귀족계급에게 도살당하고 있다고 말한다.

이 불한당의 등장은 다소 당혹스럽다. 왜냐하면 사공이 많으면 배가 산으로 올라가기 때문이다. 귀족계급과 중간계급이 오랫동안 원기왕성하게 자기 내키는 대로 해오는 동안 그는 지금까지는 제대로 자라지도 않았고 순종적이어서 그 판에 끼지 못해온 셈인데, 이제 일단 형체를 드러내게 되자 엄청난 숫자로 밀려오며, 약간은 거칠고 난폭하기 때문이다. 그러나 그는 법을 많이, 아니 한번에 많이는 위반하지 않는다. 그리고 우리의 법은 현재와는 매우 다른 환경을 위해 만들어졌기 때문에(그렇지만 자기 내키는 대로 하는 영국인을 늘 염두에 두고서 만든 것인데), 또 법과 공공정책의 정신뿐 아니라 자기 내키는 대로 하는 영국인과 명문화된 법이 맞서야 하기 때문에, 그리고 정부에게 무슨 자유로운 재량권도 없거니와 누가 이의라도 제기하면 그 법을 나름대로 해석해서 단호하게 행동해서도 안 되기 때문에 법은 자기 내키는 대로 행동하는 우리의 장난스런 거인[23])에게 꽤 유리함이 분명하다. 게다가 설혹 그가 자기 내키는 대로 하면서 어떤 불법을 저질렀다는 것이 분명히 입증될 수 있다 할지라도, 법을 집행하지 않거나 아예 폐기해버릴 만한 근거는 늘 있게 마련이다. 그래서 그는 제멋대로 하는 것이고 제멋대로 하고는 금방 얼마 동안 만족한다. 그렇지만 그는 점점 자주 제멋대로 하는 습관에 빠지게 되고, 마침내 그런 활동을 통해서 혼란을 야기하기 시작한다. 그러면 이런 혼란을 이용해먹는 못된 인간도 나오는 것이다. 이런 혼란은 나라 전체에서 통상적인 일의 과정을 흔들어놓음으로써 여하간에 문제를 일으키고 그럼으로써 전에 이미 시작된 그런 무질서와 사회적 와해를 증가시키게 된다. 우리 사회 같은 사회가 존속하고 자라나려면 꼭 필요한 것이 안정된 질서와 안전에 대한 저 깊은 의식인데, 이러한 의식이 떠나가는 것이 아닌가 하는 위기감을 때때로 느끼는 것이다.

자 그렇다면, 자신을 완전하게 하려고, 또 자신의 일부인 정신을 완전하게 하려고 노력하는 것을 뜻한다고 정리해도 좋을 교양이 우리에게 빛을 준다면, 그리고 그 빛을 통해서 우리가 단지 자기 내키는 대로 하는 것은 그리 복 받을 일이 아니고 자기 내키는 대로 하는 그런 식의 자유를 숭배하는 것은 기계 장치에 대한 숭배며 참으로 복된 것은 올바른 이성이 명하는 바를 좋아하고 그 권위에 따르는 것임을 알게 된다면, 그때 우리는 교양에서부터 실질적인 이익을 얻은 셈이다. 무척 필요하던 하나의 원칙을 우리는 갖게 된 셈이니, 우리를 위협하기 시작하는 것처럼 보이

23) 노동계급.

는 무질서 경향에 맞서는 권위의 원칙이다.

그러나 어떻게 이 권위를 조직하는가, 또는 권위 행사를 누구의 손에 맡겨야 하는가? 어떻게 당신의 국가, 즉 공동체의 올바른 이성을 집약하고 상황에 따라 그 공동체에 강한 영향을 주는 그런 국가를 얻을 것인가? 바로 이 지점에서 나는 내 적들이 쾌락에 굶주린 눈빛을 번득이며 나를 기다리고 있음을 안다. 그러나 나는 그들을 피할 것이다.

국가란 그 나라의 올바른 이성을 가장 잘 대변하고, 따라서 다스릴 자격—권위를 행사해야 할 때는 우리 모두에게 그것을 행사할 자격—이 가장 많은 권력을 말하는데, 칼라일 씨에게 그것은 귀족계급이다.[24] 로 씨에게 그것은 비길 데 없는 의회가 있는 중간계급이다. 개혁입법 연대(Reform League)에게는 그것은 노동계급, 즉 '동감의 가장 빛나는 힘이자 행동의 가장 즉각적인 힘'인 계급이다. 이제 교양은, 완성에 대한 사심 없는 추구를 지닌 교양, 최상의 것을 포착하고 그것을 퍼뜨리기 위해 사물을 있는 그대로 보려고 노력하는 것일 뿐인 교양은 관찰하고 읽고 생각하는 힘의 온갖 도움을 받아, 권위를 노리는 이 세 후보자가 우리의 신뢰를 받을 만한 자격과 권리가 과연 있는지 올바른 판단을 내릴 수 있도록 돕기에 분명 아주 적합하고, 그리하여 그야말로 만만치 않은 실질적인 기여를 할 수 있는 것이다.

그래서 우리 모두가 가끔 신선한 자극을 받아온 천재 칼라일 씨가 품위와 공손을 주된 이유로 귀족계급에게 통치를 맡겨야 한다고 말할 때,

24) 이 당시 칼라일(Thomas Carlyle)의 귀족계급에 대한 경도를 보여주는 대표적인 글은 「나이애가라 타고 내리기: 그리고 그 뒤?」(Shooting Niagara: and After?, 1867년 8월)로 "영국 귀족은 여전히 기사도와 도량을 대거 물려받고 있다. 그는 최량의 형태로 공손하니, 겸허하고 소박하고 진실하고 지워지지 않는 공손함을 뼛속에 간직하고 있다"고 운운했다.

확실히 교양은 유용한 구실을 한다. 즉 교양은 우리의 완성에 대한 이념에는 아름다움과 지성의 특성이 둘 다 존재하고, 가장 고귀한 두 가지 즉 단맛과 빛은 서로 결합되어 있다는 것을 우리에게 환기하는 것이다. 따라서 귀족계급이 단맛을 소유하고 있다는 것에 칼라일 씨와 의견을 같이하면서도, 교양은 빛의 필요성 또한 주장하는 것이다. 귀족계급은 워낙 이 이념에 접근할 능력이 없고 세상이 어떻게 돌아가는지 보지 못하기 때문에 빛에서는 어느 정도 부족한 것이 틀림없으며, 따라서 빛이 우리의 커다란 필수요건인 시기에는 이 계급이 우리의 필요에 부응하지 못한다고 교양은 우리에게 말한다. 귀족계급은 확립된 사실의 자식들이라 할 수 있는데, 이들은 수축(concentration)의 시대에 적합하다. 우리가 현재 살고 있는 시대인 팽창(expansion)의 시대, 이제 이 세상의 심판이 이르렀노라[25]는 경고의 목소리가 늘 들리는 이런 시대에는, 확립된 사실에 본능적으로 집착하고 사물의 유동성에 대한 감각이, 모든 인간 제도의 불가피한 일과성에 대한 감각이 부족한 귀족계급은 당황하고 어쩔 줄 모른다. 귀족계급의 위대한 자질이자 탁월한 예의와 품격의 비밀인 그들의 평정, 기백, 오만한 저항력, 바로 이 자질이 팽창의 시대에는 그 소유자들에게 반기를 든다. 나는 귀족계급의 세련성은 진정한 세련성의 그림자 같은 것으로서 거친 민중에게 매우 소중하고 교육적이라는 점, 그리고 사소한 근심 걱정에 대해 초연한 귀족계급의 평정과 품위가 삭막한 중간계급이 영위하는 경향이 있는 유형의 삶의 천박성과 끔찍스러움을 더욱 드러나게 만들어 그 본모습대로 볼 수 있게 해주는 유용한 도구가 될 수 있다는 점을 거듭 말한 바 있다.[26] 그러나 진정한 우아함과

---

25) 「요한복음」, 12장 31절.
26) 예를 들어 「민주주의」(Democracy) 같은 글.

평정은 그리스와 그리스 예술이 시사하는 대로 찬양할 만한 완성의 이상, 즉 이념 가운데서 질서를 세우고 그것을 조화시키는 것에서부터 나오는 평정이다. 반면, 귀족계급의 평정, 적어도 튜튼에서 기원한 귀족계급의 특이한 평정은 자기들을 귀찮게 할 어떤 이념도 가진 적이 없다는 데서 나오는 듯히다. 그래서 현재 같은 팽창의 시대, 이념을 위한 시대에, 귀족계급에게서 얻게 될 법한 것은 평정의 이념보다는 차라리 황폐함과 메마름의 이념이 아닐까 한다.

전 지구에서 우리의 상층계급의 보통의 젊은 영국인만큼 지성이 없고 세상이 진짜 어떻게 돌아가고 있는지 인식하지 못하는 경우가 있는지 궁금한 적이 많다. 그에게는 이념도 없고 우리의 중간계급의 저 진지함, 내가 종종 말하다시피 이 계급의 커다란 힘이자 그것의 구원이 될 수도 있는 저 진지함도 없다. 그야 귀족계급의 한 젊은 다이비즈[27]가 부르는 노래를 들을 수도 있는 일이니, 불현듯 변덕에 사로잡혀 부와 물질적 안락을 찬양하는 노래를 부르되 비꼬아 불러서 우리의 산업적인 중간계급의 알짜배기 속물의 양심이 겁이 나 움찔할 수도 있겠다. 그리고 우리의 귀족계급의 한 꾸밈없는 젊은이가 다중을 엄하게 다루어야 한다는 귀족계급 특유의 타고난 동감으로, 이 나라에서 다중을 연약하게 다루는 것이 마음에 들지 않는다면서 대륙의 절대 통치자들을 칭찬할 때, 대개 그는 그 통치자들에게 존속할 가능성이든 무슨 내용의 정당화든 해줄 수 있을 근거가 될 유일한 것인 이성과 지성을 송두리째 놓쳐버리고 그 통치자들이 들으면 머리칼이 쭈뼛할 수도 있을 그런 근거로 그들에게 박수를 보내는 것이다.

---

27) 다이비즈(Dives)는 「누가복음」, 16장에 나오는 인물로 '자주색의 훌륭한 명주 옷을 입고 매일 진탕 먹어대는 어떤 부자'를 지칭하는 말이다. 한편 거지 나사로는 그의 식탁에서 부스러기라도 얻기를 원했다.

그리고 이 시대 내내 우리는 팽창의 시대에 속해 있다. 그리고 팽창의 시대의 본질은 이념의 움직임이고 팽창의 시대의 유일한 구원은 이념의 조화다. 무질서에 맞서는 방어로서 찾고 있는 권위의 원칙이 다름 아닌 올바른 이성, 이념, 빛이다. 따라서 귀족계급이 팽창의 시대를 다룬답시고 그것의 본래적인 힘— 완강함, 기백, 오만한 저항력— 을 많이 불러오면 올수록, 위험은 더 심각해지고, 폭발의 확실성은 더 커지고, 귀족계급의 패배는 더욱 확실해진다. 왜냐하면 귀족계급은 자연에 순응하여 작업하는 대신에 자연에 폭력을 가하려고 노력하기 때문이다. 이러한 시대에 귀족계급의 최상의 사람들이 보여준 최상의 힘은 비귀족적 힘, 즉 산업의 힘, 지성의 힘이라는 것이 드러날 것이다. 그리고 그렇게 표출된 이 힘은 실상 귀족계급을 강화하는 것이 아니라 그 소유자들을 귀족계급에서 빼내어 사고와 변화의 해체적인 힘에 접하게 하고 근대 정신과 미래가 있는 사람들로 만드는 경향이 있다. 만약 때때로 그러하듯이 그들에게 있는 노동과 사고의 비귀족적 특성에 얼마간 강한 귀족적 특성— 오만, 반항, 저항의 경향— 을 추가한다면, 진실로 귀족적인 이 측면은 그들에게 무슨 힘이 되기는커녕 사실상 그들의 세를 중립화하고 그들을 비실제적이고 비효과적이게 만들어버린다.

많은 내 비판자 가운데 한 사람[28]의 말마따나 사실 나 자신에게 '일관되고 상관적이고 종속적이고 파생적인 원칙을 가진 철학'이 매우 결핍되어 있음을 알기에, 몇몇 단순한 개념이나마 보기와 예증을 통해서 나 자신에게 좀더 명쾌하고 더욱 잘 이해될 수 있게 해보려고 노력하는, 그런 소박한 사람의 방편에 계속 의존할 수밖에 없겠다. 그리고 우리가 그리스어와 아리스토텔레스를 머릿속에 꽉꽉 채우고 있었고, 현대어를 공부

---

28) 해리슨을 지칭한다.

해서 해외 호텔에서 웨이터들과 인생의 전투를 하려고 대비할 생각─
에든버러에서 로 씨의 대단한 연설을 들은 뒤에는 우리는 그렇게 할 것
이지만─ 같은 것은 전혀 않았던 그런 나쁜 옛 시절의 옥스퍼드[29])에서
뼈가 굵었기 때문에 내 머리는 옥스퍼드에서 아리스토텔레스에게 배운,
중용의 덕이라거나 과(過)와 불급(不及)이니 하는 잡동사니 구절로 가
득 차 있다. 언젠가 하원에서 선거법 개정 논쟁을 경청할 기회가 있었을
때, 나는 수많은 흥미로운 연사들의 말을 들었는데 그들 가운데는 유명
한 귀족 한 분과 유명한 준남작 한 분이 있었다.[30]) 중용에 관한 아리스토
텔레스의 체계[31])를 우리의 귀족계급에 관한 내 생각에 적용하면 그 귀
족은 바로 정확히 귀족계급의 완성 또는 중용 또는 덕이요 준남작은 그
과(過)라는 생각이 들었던 일이 기억난다. 그리고 이 두 분을 관찰함으로
써 우리의 현재의 요구에 필요한 권위의 원칙을 제공하기에 귀족계급이
부적합하기도 하고, 또 실제로 감당할 능력도 없으면서 그런 원칙을 제
공하려고 노력하는 것이 위험하기도 하다는 그런 양면을 모두 볼 수 있

---

29) '나쁜 옛 시절'의 옥스퍼드란 19세기 중엽의 내부적 법적 개혁, 1854년의 옥스
퍼드 대학교 조례로 상징되는 개혁이 있기 전의 대학을 지칭한다. 로는 1867년
10월 에든버러에서 한 연설에서 고등교육을 개혁할 필요성을 역설하면서, 그
리스어와 라틴어의 지배를 타파하고 영국사, 법률, 문학 등과 현대어와 자연과
학을 위한 자리를 만들어야 한다고 했다. 그의 언급 가운데서 다음과 같은 대
목을 아널드는 풍자했다. "프랑스어를 아는 것의 이점은 영국인이 파리에 가서
카페에서 저녁식사를 주문하고 거기 있는 사람들에게 웃음거리가 되지 않고서
청구서를 두고 언쟁할 수 있을 것이라는 점이다."

30) 전자는 엘초 경(Lord Elcho)이고, 후자는 베이트슨 경(Sir Thoma Bateson)이다.
1866년 6월 4일 두 사람 다 선거법 개혁법안에 대해 발언했는데, 베이트슨은
연설에서 일부러 예절에 어긋나는 무례한 언사를 구사하면서 정부 지도자들에
대한 사적인 논평을 해대었고, 반면 엘초 경은 아주 간결하지만 합리적이고 선
의의 연설을 했다.

31) 『니코마코스 윤리학』.

지 않을까 하고 생각한 것이다. 한편으로, 그 총명한 귀족은 기백이 넘치면서도 기백이라는 천품을 훨씬 넘어서 그 기백의 섬세한 누그러뜨림, 즉 편안함, 평정함, 공손함——칼라일 씨가 귀족계급의 위대한 미덕이라고 말하는——이 두드러져 보이기는 한데, 이 아름답고 덕성스러운 중용 속에는 빛이 부족하다는 것이 명백한 듯 보였다. 그 반면에 귀족계급의 기백, 완강함, 반항적인 용기, 저항의 자부심이 지나치다 할 만치 발전한 저 고귀한 준남작은, 자신이 내키는 대로 하게 한다면 우리를 커다란 위험에 빠지게 할 수 있다는 것, 실로 공화국 전체를 혼란 속으로 몰아넣을 수 있다는 것이 분명했다. 그리하여 나는 우리 민족의 커다란 장점은 역시 정직성이라는 나 자신의 오랜 근본적인 생각을 되살리게 되었다. 즉 우리의 귀족 또는 통치계급이 우리의 흔들린 사회적 조건을 다룰 줄 모르고 지금 있는 대로의 국가에게——즉 그들 자신에게——너무 많은 권력을 위탁하는 것을 경계한다는 사실부터가 나에게 일종의 자긍심과 만족감을 주었다. 왜냐하면 그들은 하나의 집단으로서는 너무나 정직한 나머지 해낼 만한 능력이 없다고 느끼는 그런 일은 애써 담당하려고도 하지 않았던 셈이기 때문이다.

이제 교양은 분명 우리에게 상당한 혜택이 아닐 수 없다. 현재처럼 난처한 시기에 증오도 없고 편견도 없이 그리고 주변의 모든 사람에게서 선한 것을 보려고 하면서 이런 식으로 사물의 안과 밖을 볼 수 있게 해준다면 말이다. 그리고 우리의 귀족계급에 대해 했던 것과 같은 과정을 우리의 중간계급에게도 밟아보려 한다. 로 씨는 국민의 강한 중간 부분이라거나, 우리의 자유주의 중간계급 의회의 비할 데 없는 행위라거나, 이 계급이 지난 30년 동안 해온 고귀하고 영웅적인 작업 등에 대해서 우리에게 말한다. 나는 자문한다. 그렇다면 우리의 중간계급에서 우리가 원하는 권위의 원칙을 대체 찾게 될 것인지 아닌지, 그리고 현재 우리를 대신하여 관리를 맡은 그 약한 끝 부분[32]에게서 입법뿐 아니라 행정까지 빼앗아서 이 모두를 강한 중간 부분에게 맡기는 편이 나을 것인지 아닌지를 말이다. 나는 또한 지금까지 우리가 아는 대로의 중간계급 자유주의의 영웅들이 자기들을 기다리는 위대한 운명에 대한 일종의 예언적인 기대를 가지고서, 마치 미래가 분명히 자기네들 것이라는 듯이 말하는 것을 지켜본다. 선진적 정당, 진보주의적 정당, 미래와 연합한 정당 등이 그들이 자신에게 부여하고 싶어하는 이름이다. "미래에 인정받게 될 원칙은" 하고 중간계급 자유주의의 등뼈라고 할 이른바 정치적 비국교도들 사이에서 자타가 공인하는 탁월한 인물 마이얼 씨[33]는 말한다. "미래에 인정받게 될 원칙은 내가 오랫동안 열심히 세우려고 애써온 그런 원칙이다. 나는 힘을 다하여 파종기의 의무를 수행함으로써 추수 작업에 동참할 자격을 얻었다." 이 의무가 무엇을 말하는지 지난 30년 동안의 위대한 자유당의 작업에서부터 한번 추정해보면, 내가 다른 곳에서도 요약했지만 자유무역, 의회 개혁, 교회세 폐지,[34] 종교와 교육에서 임의기부주의,[35] 고용자와 피고용자 사이에 국가의 불개입, 죽은 부인의 자매와의 결혼 등에 대한 옹호다.

이제 나는 안다. 내가 이 모든 것이 기계 장치라고 반대하고 나서면, 위대한 자유주의 중간계급은 이제는 아주 교활해져서, 원래 여기에는 눈에 보이는 것 이상의 의미가 포함되어 있었고, 겉모습 이상의 무엇이 속에 들어 있었으며,[36] 그것이 무엇이었는지는 곧 자유교회(Free

---

32) 귀족계급.
33) 마이얼(Edward Miall, 1809~81): 회중주의파 목사이자 하원의원이며 영국 국교의 비국교화를 강력하게 주장한 인물로, 30년 동안 『비국교도』지를 편집했다.
34) 1868년 비국교도는 교구 국교회유지세를 내지 않게 된다.
35) 국가가 아니라 일반이 기부한 것으로써 교회나 학교에 지원해야 한다는 주장이다.

Church)[37]와 온갖 훌륭한 일에서 드러날 것이라고 대답한다는 것을. 그러나 나는 윌슨 주교에게서 (해리슨 씨가 낡아빠진 미신을 지키고 앉은 저 가련한 늙은 사제를 또다시 인용하는 것을 용서해준다면)[38] "우리가 진정 우리 마음을 알고 싶다면, 우리 행동을 불편부당하게 보자"는 것을 배웠다. 만약 자유주의자들이 자기들의 주장만큼이나 마음속에 많은 단맛과 빛이 있다면, 그들의 말과 행동에서 그것이 드러났어야 한다고 생각하지 않을 수 없다.

실제로도 영국 자유주의자들의 한 미국인 친구[39]는 자유주의자들의 비국교도의 비국교성은 이성과 신의 뜻을 퍼뜨리기 위한 정치적 비국교파의 도구였을 따름이라고 말한다. (그리고 그가 죽은 아내의 자매와 결혼하는 것에 대해서도 같은 말을 할 것은 의문의 여지가 없다.) 그리고 국가교회를 폐지하는 것은, 교양이 내 수단인 것과 꼭 마찬가지로, 이런 목적을 이루기 위한 비국교도들의 수단일 뿐이라고 말한다. 그들의 또 다른 미국인 옹호자[40]는 산업주의와 자유무역에 대해서도 꼭 같은 말을 하시니, 실제로 이 신사분은 황소의 뿔을 움켜잡은 듯 대담하게 앞으로는 산업주의를 교양이라고, 그리고 산업주의자들을 교양인이라고 부르기를 제안하고, 그렇게 하면 그들의 진짜 성격에 관한 오해는 이제 있을 수 없다고 주장한다. 그리고 부유하고 안락해지는 즐거움 외에도 그들은 단맛

---

36) 『햄릿』, 1막 2장 85행.
37) 자유교회는 비국교화된 교회다.
38) 해리슨, 콩그리브를 비롯한 콩트주의자들은 실증주의라는 새로운 종교를 위해 초자연적인 것이 아니라 '우리의 공통적인 인간성'에 믿음을 바치는 종교의식을 치르는 예배당을 세웠다.
39) 『네이션』의 기고자인 고드킨(Edwin Lawrence Godkin)을 지칭한다(1867년 9월 12일자).
40) 『네이션』에 '한 속물'이라는 이름으로 씌어진 글을 지칭한다(1867년 9월 12일자).

과 빛을 담는 그릇으로서 확실하게 인정받을 것이라는 것이다.

이 모든 것이 그럴싸하다는 것은 의심할 여지가 없다. 그러나 지적해야 할 점은, 내가 말한 교양이란 독서와 관찰 그리고 사고로 이성과 신의 뜻에 도달하려는 노력이며, 다른 무엇을 교양이라고 부르고 싶다면 말릴 수는 없는 노릇이지만, 그때는 내가 말한 것과는 전혀 다른 무엇에 대해 말하는 셈이라는 것이다. 그리고 교양이 이성과 신의 뜻을 위해 작용하는 방식은 그것에 대해서 더 많이 알려고 직접적으로 노력하는 것인 데 반해, 비국교도의 비국교성은 본래 이런 종류의 노력이 아님은 명백하다. 또 사실 그것의 자유교회란 것도 신과 세상의 질서를 세우는 일에 대해서 국가교회가 표방하는 것보다 더 가치 있는 생각을 하는 것도 아니고 대체로 국가교회와 동일한 생각을 하되 다만 누구나가 그런 생각을 자유롭고 당당하게 피력하면 된다는 정도라고 할 것이다. 그렇기 때문에 나는 비국교를 즉각 받아들일 수는 없다. 이것은 산업주의와 다른 여타 우리의 자유주의 중간계급의 위대한 업적을 이 계급이 빛을 소유하고 있고 여기에 우리가 찾는 그런 권위의 진정한 자리가 있다는 확실한 증거로서 받아들일 수 없는 것과 매한가지다. 그러나 내가 마음을 정할 수 있을 만한 다른 표지들을 좀더 찾아보기는 해야겠다.

귀족계급을 다루어온 만큼 중간계급을 다루지 못할 까닭이 없지 않은가—즉 이 계급에서 이 계급의 덕성스런 중용을, 현재의 성질과 존재양식의 완전성을, 그리고 또한 그런 성질의 과잉을 나타낼 만한 몇몇 대표자들을 찾아낼 수 있지 않겠는가? 대표자를 찾자면 분명히 브라이트 씨 같은 천재는 아닐 것이 틀림없다. 왜냐하면 내가 전에 말한 것처럼 한 인간이 천재인 한 그는 계급 범주에서부터 벗어나 오롯이 한 사람의 인간이 되기 때문이다. 무언가 좀더 통상적인 사람이 이 목적에는 더 나을 것이다. 즉 중간계급의 일반적인 자유주의적 힘, 다시 말해 이 계급이 자유무역, 의회 개혁, 임의기부주의 등의 위대한 작업을 해낸 그 힘과 정신이 한 인물에 축약되어도 별달리 혼란스러울 일이 없을 것이다. 자, 이제 한 전형적인 중간계급 사람, 우리의 주된 산업도시 가운데 하나를 대변하는 국회의원께서 현재 제기된 질문에 대한 해결과 직접 관련된 유명한 문장 하나를 우연찮게 우리에게 선보이신 바 있다. 질문이란 중간계급이 우리가 세우기를 원하는 권위의 적합한 자리가 될 수 있을 만큼 충분한 빛을 가지고 있는가 하는 것이다. 얼마 전에 중간계급의 교육 상태에 관해 논의할 때, 그 계급을 대표하는 우리의 친구가 다음과 같은 기억할 만한 말을 했다.[41] "중간계급 교육에 더 관심을 기울여야 한다는 외침이 있습니다. 저는 그 아우성에 무척 놀랐습니다. 저는 중간계급이 법의 동감을 자극할 필요도 공중을 자극할 필요도 없다고 생각하는 바입니다." 자, 중간계급의 정신 상태에 대한 우리의 중간계급 의회 의원님의 이 만족은 정말 전형적이라고 할 만했으니, 그의 주장은 그 계급의 아름답고 덕성스런 중용으로 대접받게끔 된 것이다. 그러나 그것은 우리의 교양 정의 또는 빛과 완성의 추구와는 명백히 상충한다. 빛과 완성은 그냥 머물러 있기(resting and being)가 아니라 자라나 형성되기(growing and becoming)에 있고, 아름다움과 지혜에서 영원히 진전하기 때문이다. 중간계급은 그것의 아름답고 덕성스러운 중용을 통해 결정적으로 표현된 저 비할 바 없는 자기만족 때문에, 말하자면 빛이 그 핵심에 자리한 그런 권위를 행사하는 자격을 아예 내팽개치는 것이다.

이것으로 분명하지만 훨씬 더 분명히 하면, 어떤 대표적인 인물을 중간계급의 과잉으로 제시하면 되겠다. 그리고 중간계급은 일반적으로 중

---

[41] 배즐리 경(Sir Thomas Bazley, 1797~1885)이 맨체스터에서 1964년 11월 29일에 한 연설이다. 배즐리 경은 산업자본가이자 정치가다.

용의 성질과 과잉의 성질 사이에서 흔들리는 존재고, 또 대체로 인간 본성이 워낙 그러하다 보니 중용보다는 과잉을 향해 기울어져 있기는 하다는 점도 상기토록 하자. 그 과잉에 대해서라면, 월솔 출신의 한 비국교도 목사[42]보다 더 나은 대변자를 생각해내기는 불가능하지 않나 한다. 이 사람은 이미 언급한 머피 씨가 버밍엄에서 행한 일련의 강연 때 대중 앞에 등장했다. 화가 난 가톨릭 교도 대중이 가득한 가운데 월솔 신사분께서는 이렇게 소리쳤다. "그러니 미사는 꺼져라 하고 저는 말합니다! 미사는 바닥 없는 구렁에서부터 나옵니다. 바닥 없는 구렁에서는, 불과 유황으로 타오르는 그 호수에서는, 온갖 거짓말쟁이가 저마나 날뛰는 것입니다." 그리고 다시 말하기를 "아일랜드에서 감자가 모두 새까맣게 썩었을 때, 왜 사제들이 수리수리 마수리 술책을 부려서 감자를 되살려놓지 않았답디까?" 그는 또한 가정의 행복을 침해받는 데 대한 머피 씨의 두려움을 함께 했다. "신교도 남편들이신 여러분께 제가 드리고 싶은 말씀은 여러분의 아내를 잘 챙기시오! 라는 것입니다." 그리고 마지막으로 자기 내키는 대로 하는 진짜 영국인의 기질, 내가 꽤 길게 그 위험을 지적해왔던 그런 기질을 발휘하여, 그는 더블린의 몇몇 교구위원을 모범이 될 사람으로 추천했다. 추천의 말씀을 들어보면 이들 가운데는 "루터(Martin Luther) 같은 이도 있고 또 멜란히톤[43] 같은 이도 있었"으니 정확히 누군지는 모르겠지만 어떤 의식주의자[44] 하나와 잠시 시비를 벌이다 그를 연단에서 끌어내려 교회 밖으로 차버렸다는 것이다. 자, 이제 명백해진 셈이다. 내가 우리의 귀족계급 준남작의 경우에서 말한 것처럼,

---

42) 캐틀(W. Cattle)이라는 웨슬리파 목사로, 머피 씨의 강연에서 사회를 맡았다.
43) 멜란히톤(Philipp Melanchthon, 1497~1560): 독일의 종교개혁가.
44) 의식주의(ritualism)는 당시 국교회파 가운데 종교적 의식을 중시하던 고교회파의 한 극단적인 분파를 말한다.

만약 우리가 강건한 영국 중간계급의 과잉이라 할 이 사람더러, 이렇게 강하고 이렇게 자신감이 크고 이렇게 확신으로 꽉 차 있는 양심적인 프로테스탄트 비국교도더러 내키는 대로 해보라고 내버려둔다면, 그는 빛의 부족으로——또는 종교계의 언어를 사용하면 지식 없는 열의로——그도 다른 어느 누구도 쉽게 가라앉힐 수 없을 분란을 불러일으킬 수 있을 것이다.

그러고 나서 귀족계급에도 그랬듯이 우리 민족의 정직성이 입장하여 또 다른 중간계급 사람인 런던 시의 참사회 위원이시자 런던 시 수비대 대령님의 목소리를 빌려 중간계급은 양심의 가책이란 것을 가지고 있으며, 우리의 사회적 무질서에 대처하는 일 같은 이 계급이 감당하기에는 너무 버겁다고 여겨지는 그런 업무는 취급하려 들지 않을 것임을 선포한다. 모든 이가 기억한다. 이 덕성스런 참사회 위원-대령인지 대령-참사회 위원인지가 자기 수비대를 이끌고 런던 시가를 통과하시자 구경꾼이 그가 지나가는 것을 보기 위해 모여들었고, 런던 불한당들은 자기 내키는 대로 하는 영국인의 최상의 복된 권리를 확신하면서 구경꾼을 약탈하고 구타했으며, 그리고 저 무고하신 군인이자 행정관께서는 자기 군대가 여기에 개입하지 못하게 하셨다는 것을. 그는 나중에 감동적으로 말했다. "군중은 대부분 무척 건장한 남자들로 구성되어 있었고 험악한 상태였다. 만약 내가 병사들을 개입하게 했다면, 병사들은 수세에 몰려 총을 탈취당하고 군중이 그들을 향해 총을 사용하게 되었을지도 모른다. 실로 난동이 계속되어 유혈사태가 났을지도 모른다. 이와 비교하면 실제로 일어난 강탈이라거나 재산 손실은 아무것도 아닐 것이다." 잘한다는 생각에 가끔 맡고 싶어지는 권위적인 역에 영국 중간계급 자신이 얼마나 부적합한지에 대한 정직하고도 애절한 증언이다! 그들은 자기네의 참사회 위원-대령의 목소리로 말한다. "만약 사회적 무질서에 대처하려

한다면, 우리가 누구라고 수세에 몰리지 않는다는 법이 있으며, 총을 탈취당하여 군중이 그 총을 우리를 향해 사용하지 못한다는 법이 있으며, 빼앗기고 얻어맞고 하지 않는다는 법이 있는가? 또는 우리가 도대체 자기 내키는 대로 할 자유를 가지고 태어난 영국인의 충동을 넘어서는 무슨 빚이라도 가지고 있다고 유혈사태를 무릅쓰고라도 자유롭게 태어난 다른 영국인이 자기 내키는 대로 행동하고 자기 멋대로 우리를 약탈하고 구타하지 못하게 턱하니 막아설 수 있다는 말인가?"[45]

이처럼 자신들이 권위의 적절한 중심이라고 믿지 못하는 것이 노동계급의 특성은 아니라는 점은, 전날 하이드 공원에서 이들이 행정의 모든 기능을 거리낌없이 행사해버린 데서 드러났다. 그러나 이 같은 거리낌 없음은 노동계급이 내가 종종 말해온 것처럼 아직은 아무도 그 최종적인 발전을 예상하기 어려운 태아상태며, 노동계급이 귀족계급과 중간계급과 동일한 경험과 자기 인식을 가지고 있지 않다는 데서 연유한다. 영국인의 다른 계급처럼 노동계급도 정직성은 분명 가지고 있으나, 그것은 아직 발전되지 않았고 훈련되어 있지 않다. 반면 노동계급의 행동력은 해리슨 씨가 말하다시피 과도하게 준비되어 있는데, 쉽사리 도를 넘겨버린다. 노동계급이 현재 교양에서―즉 읽고 관찰하고 생각하기에서―나오는 빛을 충분히 가질 수 없다는 점은 노동계급이 처한 조건의 성격

---

45) 1867년 6월 3일 월요일, 약 600명가량의 런던 시 경비대가 막사에서 나와서 악대와 함께 맨션 하우스를 지나 웨스트엔드로 행진해갔다. 이 행렬은 불한당들의 주의를 끌었고 불한당들은 구경꾼을 공격하고 약탈했다. 이 사건에 대해서 하원에서 내무부에 질의했다. 18일 참사위원회가 그 행진을 이끈 75세의 연대 대령인 참사회 위원 윌슨(Samuel Wilson)을 만났는데, 그는 불한당들을 진압하기 위해 개입하지 않은 자기 자신과 군대를 여기에 인용한 말로 옹호했다. 아널드의 말이 맞기는 하지만, 실제로 군대가 시민의 소요에 개입하는 것은 영국법에 금지되어 있었다.

만 보아도 분명하다. 그리고 해리슨 씨는 노동계급에게 있는 동감의 빛나는 힘과 행동의 서슴없는 힘을 위한 자유로운 무대를 마련하려고 한 사람인데, 그 시작은 교양을 던져 없애버리고 그것이 순문학 교수에게나 적합한 것이라고 조롱하는 데서부터였음을 우리는 진작 알았던 것이다.

그렇지만 귀족계급과 중간계급이 권위의── 즉 교양이 우리의 필수적인 권위가 무엇인지 가르쳐주다시피, 빛의── 적절한 중심이 아니듯, 노동계급도 중심이 아님을 분명히 하기 위해서, 이 계급에도 우리가 귀족계급이나 중간계급과 함께 밟았던 그 방법을 다시 한 번 따라가서 우리 마음에 그것의 미덕과 과잉을 그려 보여줄 수 있을 대표적인 사람을 떠올리자.

물론 우리는 하이드 파크 시위의 주동자들, 즉 딕슨 대령이나 빌스 씨 같은 사람[46]들을 택해서는 안 된다. 딕슨 대령은 그의 군대경력과 위풍당당한 풍채로 보아 카이사르(Julius Caesar)와 미라보[47]와 다른 위대한 민중 지도자들처럼 귀족계급에 속하는 것이 적합할 듯하고, 오직 자기의 야심 또는 천재로 민중적인 등급에 들게 된 듯 보이기 때문이며, 빌스 씨는 우리의 단단한 중간계급에 속하며, 만약 위대한 민중 지도자가 아니었다면 속물이었을 것이기 때문이다. 그러나 오저 씨[48]로 말하면, 그의 연설문을 우리가 모두 읽었고, 게다가 그에 대해서는 그의 친구들이 우호적인 말을 많이 하기 때문에, 현재 우리 노동계급의 아름답고 덕성스러운 평균치라고 내세워도 좋을 것이다. 그리고 내 생각으로는 모든 사

---

46) 딕슨 중령(lieutenant colonel Dickson)은 개혁연대의 지도자 가운데 한 사람이다.
47) 미라보(Mirabeau, 1749~91): 프랑스 혁명 때 혁명가.
48) 오저(George Odger, 1820~77): 1862년부터 1872년까지 런던 상공회 서기로, 영향력 있는 노동계급 간부 가운데 한 사람이다. 조합주의와 왕성한 정치활동이 결합할 필요성을 믿었고, 전국 개혁연대의 위원이 되어 상공회가 1866년 선거권 확장을 위한 소요에 중심적인 구실을 하게끔 이끌었다.

람이 오저 씨에게는 그의 온갖 좋은 점과 더불어 명백하게 빛의 부족 같은 것이 있음을 인정할 것이다. 현재의 발전단계에서 노동계급의 과도한 점은 아마도 우상파괴자 브래들로 씨에게서 가장 잘 드러난다.[49] 이분은 거의 우리 모두에게 자신의 새로운 사회적 처방으로 피와 불의 세례를 주려는 생각인 듯 보이며, 나는 이미 윌슨 주교의 노선을 따른 적이 있는지라 이분의 생각에 대해서 그 훌륭한 노옹의 다음과 같은 금언을 권하지 않을 수 없다. "말을 조심하지 않으면 마음이 결단나느니라." 브래들로 씨에게 자기 내키는 대로 하게 맡겨두면 귀족계급과 중간계급의 과잉 유형과 마찬가지로 우리 모두 커다란 위험과 혼란 속으로 빠질 수도 있다는 것은 명백하다. 그러므로 나의 결론은—이 글을 읽을 분들이라면 여기에 반대하실 분은 거의 아무도 없을 것 같은데—귀족계급이나 중간계급만큼이나 노동계급에서 우리에게 무척 필요한 권위의 근거, 교양이 우리에게 제시하는 그런 근거를 거의 찾지 못한다는 것이다.

그렇다면 계급의 개념을 넘어서 전 공동체, 즉 국가의 개념으로 나아가 거기서 빛과 권위의 중심을 찾으려고 노력한다면 어떨까? 우리는 누구나 정서상의 나라(country)라는 개념은 가지고 있지만, 거의 어느 누구도 실행력으로서 국가라는 개념은 가지고 있지 않을 듯하다. 왜 그런가? 왜냐하면 우리는 습관적으로 우리의 통상적인 자아상태로 살고 있는데, 이런 자아로는 우리가 어쩌다 보니 속하게 되는 그 계급의 이념과 소망을 넘어서지 못하기 때문이다. 그리고 우리는 모두 국가에 너무 많은 권력을 부여하기를 꺼려하는데, 그것은 우리가 국가를 집행 정부를 장악하고 있는 계급과 동등한 어떤 것으로만 이해하고 있고, 그 계급이 자기 자신의 목적을 위해 권력을 남용하는 것을 꺼려하기 때문이다. 만

---

49) 우상파괴자(iconoclast)는 브래들로(Charles Bradlaugh)의 필명이다.

약 우리가 귀족계급이 집행 정부를 장악하고 있는 상태에서 국가를 강화한다면, 우리는 우리 자신을 저 격렬한 귀족계급, 준남작의 이념과 소망에 포로로 넘기고 있다고 상상할 것이다. 만약 중간계급이 집행 정부를 장악한 경우라면, 우리의 저 사나운 중간계급 비국교도 목사에게 그런다고 상상할 것이다. 노동계급하고라면, 그 악명 높은 민중 지도자 브래들로 씨에게 그런다고 상상할 것이다. 그리고 이런 상상도 무리는 아니다. 앞에서도 말했다시피 영국인은 오로지 자기 내키는 대로 하고 자기 자신을 주장하고 그것도 있는 대로의 자기 자신을 주장하는 권리와 복을 누리고 있다는 과장된 생각에 빠져 있기 때문이다. 귀족계급 사람들은 그들의 통상적인 자아를 주장하여 좋고 싫은 것을 분명히 밝히기를 원하고, 중간계급 사람들도 똑같은 것을 원하며, 노동계급 사람들도 마찬가지다. 그렇지만 우리의 일상적인 자아의 상태에서는 우리는 갈라져 있고 개인적이며 서로 싸운다. 아무도 권력을 가지고 있지 않을 때라야 서로 상대방의 독재에서 안전할 뿐이다. 그리고 이렇게 안전하다는 것이 우리를 무질서에서 구해주지는 못하는 것이다. 따라서 무질서가 하나의 위험으로 나타날 때, 우리는 어디에 기대어야 할지 모른다.

그러나 최상의 자아 상태에서 우리는 결합되어 있고, 비개인적이고 조화를 이룬다. 우리가 여기에 권위를 부여해도 전혀 위험할 것이 없으니, 이것은 우리 모두 가질 수 있는 가장 진실한 친구기 때문이다. 그리고 무질서가 우리에게 하나의 위험이라면, 이 권위에 우리는 확실한 신뢰를 가지고 기댈 수도 있을 것이다. 바로 이것이 교양이 또는 완성에 대한 공부가 우리 속에서 발전시키려는 바로 그 자아다. 변하지 않은 우리의 낡은 자아를 대신하여, 하고 싶은 것을 하거나 습관적으로 해오던 것을 하는 데서만 즐거움을 얻고 그와 똑같은 짓을 하는 다른 자들과 언제라도 충돌할 위험에 처하게 하는 그런 자아를 대신하여! 그리하여 우리의 저

가련한 교양이, 너무 비실제적이라는 조롱을 받는 저 교양이 현 시기 같은 난국을 능히 헤쳐나갈 수 있을 그런 이념으로 우리를 데려가는 것이다! 우리에게 권위가 필요한데도, 보이는 것이라고는 서로 질투하는 계급과 제한 그리고 꽉 막힌 상태밖에 없다. 그렇지만 교양은 국가의 개념을 제시한다. 우리는 우리의 동성적인 자아에서 견고한 국가권력을 위한 토대를 발견하지 못하지만, 교양은 우리의 **최상의 자아**를 그런 토대로 제시한다.

우리나라 같은 실제적인 나라에서 수많은 열성적인 사람들의 작업과 희망에서 멀찍이 거리를 두고 시와 미학을 가지고 장난만 하고 있다는 비난을 듣는 것은 예민한 양심의 소유자한테는 괴로운 일이 아닐 수 없다. 그래서 내가 이처럼 우리 시대에 실제적으로 도움이 되는 일을 하는 사람의 위치에 서게 된 것이 못내 안심된다. 보면 알겠지만, 가장 중요한 일은 우리의 최상의 자아를 찾고 오직 그것만을 주장하는 것이다. 자유롭고 바쁜 것만 과도하게 평가하는 우리 영국인이 늘 그래왔듯이, 우리의 최상의 자아에 훨씬 미치지 못하는 그런 자아에 만족하여 넋 놓고 앉아서 무턱대고 목에 힘을 주어 그것을 주장하는 것이 아니다. 한마디로—다시 한 번 윌슨 주교에게로 돌아가면—인간을 인도하기 위한 윌슨 주교의 이 두 가지 훌륭한 규칙, "먼저, 당신이 가진 최상의 빛에 맞서지 말 것, 둘째, 당신의 빛이 어둠이 되지 않게 주의할 것" 가운데 우리 영국인이 첫째 규칙을 지켜온 것은 칭찬할 만한 일이나 둘째 규칙에 대해서는 별로 주의를 기울이지 않았던 것이다. 우리는 우리가 가지고 있는 최상의 빛에 따라 씩씩하게 전진해왔다. 그러나 우리는 이것이 참으로 우리에게 가능한 최상의 빛이어야 하며 그것이 어둠이 되어서는 안 된다는 점에 대해서는 충분히 주의하지 못했다. 그리고 우리의 정직성은 참으로 대단하여 양심이 우리에게 속삭였던 것이다. 우리가 따르고 있었던 빛은 다름 아닌 우리의 통상의 자아로서 실상 저급한 자아며 어두움일 뿐이었다고, 이것을 모든 세상에 진지하게 부과하는 것은 안 될 일이라고.

그러나 우리의 최상의 자아는 믿음을 불러일으키고 권위의 진지한 원칙을 능히 제공한다. 예를 들자. 우리는 고 웰링턴 공작이 그의 총명하기 짝이 없는 혜안으로 내다보고 멋지게 표현한 바처럼, '법의 적절한 진행에 따른 혁명'이라는 것을 향해 나아가고 있다.[50] 의심할 나위 없이 이것이야말로— 만약 우리가 여전히 살고 성장해야 한다면, 그리고 이 멋진 나라가 한편으로 침체하고 왜소해져버리거나 다른 한편으로 단순한 무질서와 혼란 가운데 비참하게 소멸되어버려서는 안 된다면— 우리가 나아가야 할 방향이다. 커다란 변화가 있어야 하니, 혁명은 커다란 변화 없이는 완수될 수 없기 때문이다. 그렇지만 질서가 있어야 하니, 질서가 없으면 혁명은 법의 합당한 진행에 따라 완수될 수 없기 때문이다. 그래서 아무리 소용돌이와 무질서의 위험을 초래한다 할지라도, 우리의 혼잡한 도심 거리에서의 잡다한 행진들, 공공 장소들과 공원에서의 잡다한 회합들— 지금의 국면에서는 전적으로 필요 없는 시위들— 에 대해서, 우리의 최상의 자아 또는 올바른 이성은 단연코 반대하라고 명백히 우리에게 요구한다. 그것은 누가 되든 집행력을 가진 사람들이 그런 시위를 확고하게 금지하는 것을 부추기고 지지하라고 우리에게 요구한다. 그 요구는 분명하고도 단호하니, 그런 까닭에 최상의 자아는 권위의 진정한 원칙이다. 왜냐하면 그것은 자유로운 양심으로 그리하기 때문이지 그렇

---

50) 1832년의 선거법 개혁법안에 대한 논쟁에서 웰링턴(Wellington) 공작은 "이 법안은 혁명적인 경향이 있고, 그 경향이 너무 강해서 혁명으로 이어질 것이 분명하다고 생각한다. 〔……〕 혁명은 폭력으로뿐 아니라 법에 따라 결과될 수도 있을 것이다"라고 했다.

게 임시적으로 집행력을 강화하여 단순히 우리의 귀족계급 준남작이 우리의 노동자들의 지도자에 맞서 자신을 주장할 수 있게 하기 위해서나 위 둘에 맞서 우리의 중간계급 비국교도가 자신을 주장할 수 있게 하기 위해서가 아님을 자각하고 있기 때문이다. 그것은 자신이 국가, 즉 우리의 집합적인 최상의 자아, 우리 민족의 올바른 이성의 기관을 수립하고 있다는 것을 안다. 그리고 그것은 질서를 위해서 국가를 세우고 있는 것만큼이나 필요한 무엇이든 커다란 변화를 위해서 국가를 세우고 있다는 양심의 증언이기도 하다. 때가 오면 브래들로 씨의 거리 행진을 다루는 것만큼이나 엄중하게 우리의 준남작의 귀족적인 편견이라든지 우리의 중간계급 비국교도의 광신을 다루기 위해 국가를 세우고 있다고 말이다.

3 야만인, 속물, 우중

철학이 없는 자한테 철학적인 완벽성을 기대할 사람은 아무도 없다. 따라서 이렇게 말해도 수치스러울 것까지는 없을 것 같다. 내가 우리의 귀족·중간·노동 계급이 각각 권위의 중심이 될 만한 자격이 있는지를 검증하려는 목적으로 이들에 대한 뚜렷한 개념을 얻기 위해 노력하면서 한번 적용해볼 생각을 품었던 구식 분석을 미처 완료하지 못한 셈이라고 말이다. 즉 이 계급에서 덕성스런 중용과 과잉뿐 아니라 결함도 보여주었어야 했다. 이렇게 빠뜨렸다는 것이 그리 큰 문제인지는 모르겠다. 그렇지만 철학이 없는 소박하고 비체계적인 저자에게 장점이랄 것이 하나 있다면 그것은 명쾌함이라 할 수 있고, 영국의 3대 계급의 성격은 그 과잉과 중용뿐 아니라 결함을 통해서 더 잘 구별할 수 있고 더 분명해질 수도 있기 때문에, 더 진행하기 전에 우선 생략이라는 잘못부터 시정해보자.

만약 귀족계급의 특징이라고 할 저 훌륭한 정신의 완전하고 덕성스런 중용을 품격 높은 기사도에서 찾을 수 있고 그 과잉을 격렬한 저항적 기질에서 찾을 수 있다면, 그 결함은 과감성도 품격도 별로 없는 정신과 저항에 지나치게 어울리지 않고 겁도 많은 데 있음이 명백하다. 또한 만약 우리의 중간계급이 그 위대한 작업을 성취하게 해온 힘이라든지 자기 자신과 자기의 작업에 대해 가지는 자신감의 완전하고 덕성스런 중용을 우리의 상인 출신 국회의원의 활동과 발언에서 볼 수 있고, 그 힘과 자신감의 과잉을 우리의 광신적인 비국교도 목사의 행동과 발언에서 볼 수 있다면, 그들의 결함은 중간계급의 위대한 작업에 대한 대책 없는 부적응이라든지 자기만족의 가련하고 시답잖은 결핍에 있다는 것이 명백하다.

한 가지, 아니 여러 좋은 성질의 행복한 중용을 예증하는 본보기로 선택된다는 것은 분명 한 인간에 대한 칭송이다. 아니 그것의 과잉의 본보기로 선택되는 경우조차도 일종의 칭송이다. 따라서 나는 귀족계급과 중간계급의 성질의 중용과 과잉을 각각 예증할 실제인물을 택하는 데 아무런 주저가 없었던 셈이다. 그러나 결함의 대표자로 이런저런 인물을 거론하는 것은 아마도 실례가 될 일일 것이다. 따라서 나는 귀족계급의 결함은 대표 인물을 내세워 예시하지는 않기로 한다. 그러나 자기 자신에 대해서라면 언제라도 아주 자유롭게 다룰 수 있다고 본다. 그리고 모랄리스트들도 모두 말하다시피 실상 자기 자신에 대해 이렇게 솔직하게 다룬다는 것은 매우 건전하기도 하다. 그래서 나는 우리의 중간계급을 현재 상태로 만드는 저 힘과 성질에서의 결함의 한 예증으로서 나 자신을 겸허하게 한번 제시해볼까 한다. 내 논적은 아주 확실한 근거를 내세워서 내가 중간계급의 위대한 작업에 손을 빌려주지 않았다고 폭로한다. 내가 "어떤 명백한 악폐들(교회세 등과 같은)을 뿌리 뽑는 그 변변찮은 일에 손을 빌려주기를 거절"했고 따라서 "행동의 신봉자들을 점점 참을 수 없게 만든다"는 것인데,[1] 이는 이런 작업에 대해서 내가 꾸물거린다

---

1) 「교양과 행동」, 『토요 평론』, 1867년 11월 9일자.

는 소리다. 다시 말하건대, 내가 따르고 있는 탐구자의 노선은 늘 만족하지 않으면서 자기 변화를 추구하고 아직 도달 안 된 단맛과 빛의 단계를 향해 끊임없이 나아간다는 그런 이념이기 때문에, 나의 계급인 중간계급에서 유통되는 완전한 자기만족과는 분명 선명하게 대립하고, 따라서 이 감정의 극단적인 결함을 나타내는 본보기로 아주 안성맞춤일 것이다. 그러나 이런 고백은 건전하기는 하지만 괴롭고 불쾌하다.

그러면 노동계급에게 가자. 이 계급의 결함은 해리슨 씨가 저 "동감의 빛나는 힘과 행동의 즉각적인 힘"이라고 부르는 것—우리가 오저 씨에게서 덕성스러운 중간을 보았고 브래들로 씨에게서 그 과잉을 보았던—이 부족한 경우일 것이다. 노동계급은 현시기에 너무나 빨리 성장하고 떠오르고 있어서, 이 결함의 예가 지금으로서는 아주 일반적이라고 단언하기는 어렵다. 아마도 캐닝의 '빈궁한 칼갈이'(고인이므로 예증으로 동원된다 해도 고통받지는 않을 것이다)가 우리에게 노동계급의 본질적인 성질에서의 결함이 무엇인지 어느 정도 알려줄 수 있을지 모르겠다.[2] 또는 나의 가련한 밀렵꾼 디그스(육신으로는 살아 있지만 비평의 주의를 끌기에는 죽어 있다시피하기 때문에)를 인용할 수조차 있겠다.[3] 이 사람은 토끼덫을 놓지 않으면 독주를 마셔대느라 동감의 힘은 아주 둔화되고 그의 계급의 어떤 운동에서나 존재하는 행동의 힘은 회복불능으

---

2) 캐닝(George Canning, 1770~1827)과 프리어(John Hookham Frere, 1769~1848)가 쓴 시 「인간의 친구와 칼갈이」, 『안티자코뱅』(*Anti-Jacobin*), 1797. 11. 9. 칼갈이와 인간이 친구가 되어 대화형식으로 쓴 시로, 빈궁한 나머지 술에 절어 사는 비천한 상태로 전락한 노동자의 모습을 그렸다.

3) 디그스(Zephaniah Diggs)는 토끼를 덫으로 잡았다는 죄목으로 법정에 서게 된 늙은 밀렵꾼으로, 재혼한 부인과의 사이에 난 자식들을 모두 학교에도 보내지 않고 제멋대로 자라게 두었다. 『우정의 화환』에서 아널드는 아르미니우스의 입을 빌려 의무교육의 필요성을 말하면서 이 인물을 예로 들었다.

로 손상되었던 것이다. 그러나 이런 결함의 예들은 앞서 밝혔다시피 현재보다는 지나간 시대에 속해 있다.

명쾌하려는 욕망 덕으로 영국 사회의 3대 계급에 대한 나의 첫 분석은 좀더 확장된 셈인데, 이 욕망이 이번에는 그 계급의 이름을 좀더 손쉽게 사용할 수 있도록 한번 명명법을 개선해보라고 자꾸만 부추긴다. 늘 귀족계급, 중간계급, 노동계급이라고 부르는 것도 어색하고 지겹다. 중간계급을 위해서는, 우리가 알다시피 "모든 부문에 걸쳐 모든 위대한 일을 한."[4] 그리고 우리의 상인 출신 의회의원과 광신적인 프로테스탄트 비국교도라는 두 기점 사이에서 움직이고 있다고 생각되는 저 위대한 집단을 위해서는, ─ 이 계급을 위해서는 이제는 알려질 만큼 알려져 있고 여전히 챙겨두는 것이 좋을 하나의 명칭, 즉 속물(Philistines)이라는 명칭이 있다. 이 용어가 무엇을 뜻하는지는 너무 자주 설명한 터라, 여기서 되풀이할 필요는 없다.[5] 귀족계급을 위해서는, 우리의 기사적인 귀족과 우리의 저항적인 준남작이라는 두 기점 사이에서 움직이는 집단으로 주로 생각되는 귀족계급을 위해서는, 아직까지는 특별한 명칭이 없는 셈이다. 나의 관심은 거의 대부분 자연스럽게 나 자신이 속해 있는 중간계급에 집중되어 있었는데, 내가 가장 긴밀하게 동감하는 계급이 바로 이 계급이고 게다가 이 계급이 당대의 가장 큰 세력이며 연설자든 신문이든 온통 찬가를 부르기도 하기 때문이다.

그렇지만 귀족계급은 그 자체로 몹시 중요하고, 결정적으로 중요한 이 시기에 이 계급에게 비중 있는 일을 맡기자는 칼라일 씨의 제안으로 중

---

4)『데일리 뉴스』, 1864년 11월 7일자.
5) 특히 「하인리히 하이네」라는 평론에서 상세히 설명한다. 여기서 지성의 빛이 아니라 편의에 따라 사고하고 행동하는 영국인의 '속물적인' 성향과 하이네의 근대적 정신을 대비한다.

요성이 더 커질 것이 틀림없으므로,[6] 귀족계급에 아무런 주목도 하지 않고 명칭도 내리지 않고 그냥 두는 것은 안 될 일인 듯하다. 그렇게 했다가는 해리슨 씨의 비난처럼 나에게 일관된 철학적 방법이 없다는 것을 입증하는 호재가 될 것이다. 내가 가끔씩 귀족계급에 적정하다고 언급해온 특징——기성의 사실의 자식들로서, 이념에 접근할 줄 모르는 이들의 타고난 무능력——을 고려하면 이 계급에까지도 속물이라는 명칭을 확장시켜 적용하면 어떨까 하는 생각이 들기도 한다. 속물이란 잘 알려진 것처럼 빛의 아이들 또는 이념의 하인들의 적이기 때문이다. 그런데도 아주 다른 두 계급에 동일한 명칭을 부여한다는 것은 불편할 법하다. 게다가 이 문제를 면밀하게 들여다보면 속물이라는 용어가 우리의 귀족계급보다는 중간계급에게 더 각별히 적합하다는 느낌을 전하고 있음을 알게 된다. 왜냐하면 속물은 빛과 그 자식들에 저항하되 특히 고집불통이고 완고하게 그리한다는 생각이 들게 하는데, 우리의 중간계급이야말로 여기에 쏙 들어맞는다. 중간계급은 단맛과 빛을 추구하지 않을 뿐 아니라 심지어는 그것들보다 사업, 예배당, 차 모임, 머피 씨의 연설 등과 같은 그런 따위의 기계 장치, 내가 틈만 나면 언급해온 음울하고 옹졸한 삶을 구성하는 그런 기계 장치를 더 선호하기까지 하니까. 그러나 우리가 보았다시피 귀족계급의 널리 알려진 공손함에는 실제로 단맛의 이미지나 그림자 같은 것이 어려 있다. 그리고 빛에 대해서 말하자면, 이 계급이 비록 빛을 추구하지는 않는다 해도 어떤 음울하고 옹졸한 존재 방식을 빛보다 선호해서 고집스럽게 아끼는 것이 아니라, 우리 민족의 막강하고 영원한 유혹물——즉 세속적 광휘, 안전, 권력, 쾌락——이 이 계급을 위해 이길 수 없는 부적을 짜놓은 탓에 이 미끼에 걸려들어 빛을

---

6) 「나이애가라 타고 내리기: 그리고 그 뒤?」에서.

따르는 길에서 벗어나게 되는 것이다. 이 유혹물은 외형적이기는 하지만 하여간 선이기는 하니 여기에 현혹되어 빛과 이념을 좋아하지 못하게 된 사람은 고집스럽다기보다는 너무나 자연스러운 짓을 하는 셈이다.

이런 관점을 견지하면서, 나는 마음속에서 귀족계급을 지칭하기 위해 야만인(Barbarians)이라는 이름을 한번 사용해볼까 하는 생각에 빠진 적이 많다. 우리 모두가 많은 빚을 지고 있고 또 우리의 닳아빠진 유럽에 다시 활력을 주고 쇄신했던 야만인은 잘 알려진 바대로 특출한 장점들을 가지고 있었다. 우리가 대부분 야만인에게서 나온 이 나라에서는, 라틴 계통의 종족 사이에서 횡행하는 것과 같은 이들에 대한 편견은 가진 적이 없다. 야만인은 요샛말로 하면 견고한 개인주의를 지키고 있었고, 브라이트 씨가 영국인의 삶의 중심 이념으로 보고 있고 어떻든 우리가 매우 풍성하게 공급하는 저 자기 내키는 대로 하기, 즉 개인적 자유의 주장에 대한 열정을 가지고 있었다. 이 열정은 본래가 고귀한 자들(nobles)을 자연스런 터전으로 삼았으며, 우리의 귀족계급은 그들의 상속자인 것이다. 그리고 이 계급은 그에 따라 이 열정을 표나게 표현해왔고, 솔선수범으로 민족 전체에 그것을 추천해왔으며 사실 민족 전체의 피에는 진작부터 이 열정이 간직되어 있었던 것이다. 또 야만인은 야외스포츠에 대한 열정이 있고 그것을 우리의 귀족계급에게 전수했는데, 우리 귀족계급은 개인적인 자유의 주장에 대한 열정에서와 같이 이 열정의 위대하고 자연스런 본거지인 것이다. 육체에 대한 그리고 모든 남자다운 운동에 대한 야만인의 관심, 이런 수단으로 그들이 획득했고 또 가문에 영구히 이어지게 한 활력, 훌륭한 용모, 멋진 체격, 이 모든 것이 아직도 우리 귀족계급에서 관찰될 수도 있다. 기백, 품격 높은 예의범절, 탁월한 몸가짐이라는 특징을 지닌 야만인의 기사도—이것이 우리 귀족계급의 공손함의 매력적인 시작이 아니고 무엇인가? 귀하신 어떤 야만인을 만약 우리가 그 당시 살아서 볼 수 있었다면, 그 야만인 속에서 우리의 귀족 가운데서도 가장 공손한 사람의 싹을 발견하고서 분명 찬양했을 것이다. 다만, 야만인의 이 모든 교양(그런 이름으로 부르자면)은 주로 외면적인 교양이다. 그것은 주로 외적인 재능과 우아함, 외양, 예절, 소양, 무용(武勇)에 있었다. 그 가운데 일부 주요한 내적 재능이 있긴 했지만 이것은 말하자면 내적 재능의 가장 외부, 외적 재능에 거의 닿아 있는 그런 재능인데, 즉 용기, 기백, 자신감이었다. 내부의 깊고 깊은 곳에는 사고와 느낌의 힘이 아직 일깨워지지 않은 채 온통 펼쳐져 있었던 것인데, 이 흥미로운 자연의 산물[7]은 자기들의 생활환경 탓에 여기에 접근하지 못했던 것이다. 시대의 차이는 있지만, 우리는 우리의 귀족계급에서도 이와 그대로 일치하는 현상을 관찰할 수 있다. 일반적으로 그 교양은 주로 외적인 것이다. 모든 외적인 우아함과 소양 그리고 내적인 미덕의 외면 쪽에 더 가까운 것이 주로 그 몫인 것처럼 보인다. 물론 귀족계급도 진정한 교양이 사고와 느낌의 세계에서부터 우리에게 단맛과 빛을 포착하기를 가르치는 그런 공부와 종종 접촉하지 않을 수 없다. 그러나 귀족계급이 포착하는 이러한 공부의 영역은 눈에 띄게 외적인 것으로 보이며, 그 정신에 별로 큰 영향력을 행사하지 못하는 것으로 보인다. 따라서 이 계급의 완전한 중용의 본보기에서 우리가 지적한 한 가지 부족함은 바로 빛의 부족이었다. 그리고 동일한 원인 탓에, 섬세한 비평이라면 우리의 귀족계급과 그 계급의 가장 매력적인 절반인 여성의 훌륭한 외모와 예절바름에 대해서조차도[8] 다음과 같은 점을 짚고 넘어가려 하지 않겠는가? 즉 이상적 완성을 위해서는 이 매력 있는 천품에 아마도 약간은 더 많은

---

7) 야만인.
8) 「나이애가라 타고 내리기: 그리고 그 뒤?」에서.

영혼이 있어야 할 것이라고.

따라서 나는 종종 내가 진짜 속물 또는 중간계급에서부터 귀족계급을 분명히 구별하려 할 때는 마음속으로 후자를 야만인이라고 부른다. 그리고 시골을 여행하면서 그들의 이런저런 아름답고 당당한 영지가 풍경 위로 솟아 있는 것을 보고, "저기에 야만인의 거대한 성채가 있군"이라고 중얼거린다.

노동계급의 일부는 구치 부인의 황금률의 인도를 받아 부지런히 일하면서 의회의 상인출신 의원들과 여타 중간계급 유력자들과 더불어 옥좌에 앉아, 브라이트 씨가 멋지게 말하고 있다시피 "자기가 세운 도시들, 자기가 만든 철도들, 자기가 생산한 공산품들, 이 세상에서 본 적 없는 가장 위대한 상단의 배에 하역되는 화물"을 살펴보게 될 행복한 날을 고대한다. 이들이 산업적인 중간계급과 정신적으로 하나거나 아니면 하나가 되는 중이라는 것은 명백하다. 우리의 중간계급 자유주의자들이 오랫동안 이 같은 완성의 순간이 도래하기를 고대해왔다는 것은 널리 악명이 나 있다. 즉 노동계급이 자기들과 힘을 합쳐 자기들의 위대한 일을 진척시키기 위해 마음을 다해 돕고, 자기들의 차 모임에 단체로 오고, 한마디로 자기들이 바라는 천년왕국을 세울 수 있게 되는 그런 때를 말이다. 따라서 이 위대한 목표에 정말로 힘을 빌려주는 듯이 보이는 노동계급의 저 일부는 속물에 가산시키는 것이 올바를 것이다. 또 현재의 박애주의자들의 관심을 무척 많이 차지하고 있는 그 일부——우선은 중간계급과 귀족계급에서 독립된 위대한 노동계급 권력을 세운 후 숫자를 내세워 그 법이 두 계급과 자기 계급을 모두 절대적으로 지배할 수 있게 하기 위해서 노동조합과 다른 수단을 통해 자신을 조직화하는 데 모든 정력을 쏟는——, 노동계급 가운데 활기차고 전도유망한 이 일부[9] 또한, 우리의 정의에 따르면, 속물들과 동행한다. 왜냐하면 그 일부가 주장하려

는 것은 그 계급과 그 계급 본능, 즉 그것의 최상의 자아가 아니라 통상
적 자아기 때문이며, 그 생각을 채우는 것은 내면적인 완성이 아니라 기
계 장치, 산업적인 기계 장치 그리고 권력과 특출함과 여타 외적인 물목
이기 때문이다. 플라톤의 섬세한 표현에 따르면 그 일부는 그 계급의 진
정한 자아가 아니라 그 자신의 일에, 진정한 국가가 아니라 국가의 일들
에 전적으로 사로잡혀 있다.[10] 그러나 마지막으로, 노동계급의 저 거대
한 부분, 거칠고 채 개발되지 않았으며 오랫동안 가난과 누추함 속에 반
은 묻혀 있었지만, 이제 그 은신처에서 나와서 내키는 대로 하는 영국인
의 천부의 특권을 주장하는, 그리고 행진하고 싶은 곳으로 행진하고 만
나고 싶은 곳에서 만나고 외치고 싶은 것을 외쳐대고 부수고 싶은 것을
부숨으로써 우리를 당혹시키는 그 부분── 이 거대한 나머지에게, 우중
(愚衆, Populace)이라는 이름을 부여하는 것이 무척 합당할 것이다.

그리하여 우리는 우리 사회를 나누고 있는 3대 계급을 개괄적으로 지
칭하는 용어를 세 개 소유하게 되었으니, 야만인, 속물, 우중이다. 보잘 것
없으나마 학문적인 명명을 시도해본 셈인데, 이런 시도가 완벽하고 일관
적인 철학으로 무장한 저자에게 요구될 법한 정확성에는 턱없이 모자랄
것이다. 그러나 비체계적이고 가식이 없는 것으로 소문이 난 그런 저자
에게야 받아들여지기에 충분할 것이라고 나는 믿는다.

---

9) 노동조합들이 대중의 눈에 많이 드러나 있었다. 1867년 2월 12일에 여왕은 왕
   립 위원회를 지명하여 노동조합의 조직과 규칙을 조사하라고 했는데, 이 위원
   회에는 이 책의 독자들에게 친숙한 인물인 엘초 경, 구치 경, 로벅, 해리슨이
   포함되었다.
10) 아마도 『변명』의 다음 구절일 것이다. "나는 여러분 가운데 모든 이에게 자기
    자신을 챙겨야 하고, 자기의 사적인 이해관계를 챙기기 전에 미덕과 지혜를 챙
    겨야 하며, 국가의 이해관계를 챙기기 전에 국가를 챙겨야 한다는 점을, 그리
    고 이것이 그가 모든 행동에서 지켜야 할 명령이어야 함을 설득하려고 했다."

그러나 영국 사회에 이 새롭고도 편리한——희망사항이지만——구분을 사용할 때는 두 가지를 염두에 두어야 한다. 첫째, 이런 모든 계급 구분 아래는 인간 본성이라는 공통적인 토대가 있으므로, 야만인이든 속물이든 우중이든 각자의 내부에는 단지 싹의 상태로 잠재해 있거나, 다소 발전된 형태를 취하고 있거나 간에, 다른 계급에 속하는 동료 시민들의 현상태를 초래해온 것과 동일한 경향과 감정이 존재한다는 것이다. 이런 고려는 무척 중요한데, 그 까닭은 단맛의 필수적인 부분을 이루는 저 관용(indulgence)의 정신을 배태하는 데 커다란 영향을 미치기 때문이다. 앞서도 말한 것처럼 우리의 교양이 완전할 때는 이 관용의 정신은 한없이 발휘된다. 따라서 한 영국 야만인이 자신을 검토해보면, 자기 자신이 그야말로 전적인 야만인이 아닐 뿐만 아니라, 자기 속에 속물적인 어떤 것, 그리고 심지어는 우중적인 어떤 것도 있다는 것을 발견하게 마련이다. 그리고 다른 두 계급의 영국인에게도 이는 마찬가지다.

이것은 우리가 매일이라도 입증할 수 있는 경험이다. 예컨대 나 자신은 (예증 노릇을 하는 것이 누구에게나 별로 기분 좋지 않을 그런 일에 다시 한 번 이 천한 한 몸 예증으로 바치는 바인데), 다름 아닌 속물이다. 스윈번 씨라면 속물의 아들이라고 덧붙일지도 모르지만.[11] 그리고 나는 나 자신의 계급의 이념과 다과회는 대부분 결별했지만, 그런 사정이야 혹 나의 개종[12]에 대한 감동적인 이야기가 씌어지기라도 해야 언젠가 알려지게 될 터다. 그렇지만 그 때문에 야만인이나 또는 우중의 이념이나 일에 내가 더욱 가까이 갔다는 것은 아니다. 그런데도 사냥총이나 낚싯대를

---

11) 스윈번(Algernon Charles Swinburne, 1837~1909)은 한 저널에서 아널드의 부친인 토머스 아널드 박사를 염두에 두고서 아널드를 '골리앗의 아들, 다윗'이라고 지칭했다.
12) 즉 속물에서부터 다른 것으로 개종하는 것을 말한다.

손에 잡을 때면[13] 언제나 나는 나의 본성의 토양에는 환경이 잘 길러주기만 한다면 야만인을 만들기에 아주 어울리는 바로 그런 씨앗들이 있다는 것을, 그리고 야만인에게 있는 이점이 내게 있다면 내가 야만인을 능가했을지도 모른다는 것을 느낀다. 나를 야만인의 위대한 요새 가운데 하나에다 데려다 놓아보라. 내 본성에 야외 스포츠에 대한 사랑의 씨앗들을 품고서, 그 씨앗들을 발전시킬 온갖 수단을 지니고서, 내 마음대로 구사할 수 있는 모든 쾌락을 가지고서, 내가 만난 사람들 대부분이 내게 경의를 표하고, 내가 만난 모든 사람이 내게 미소를 보내고, 내 앞뒤로 탄탄대로가 펼쳐져 있나니, 그러면 나 또한 기성의 사실의 아주 괜찮은 아이로, 고상한 정신과 반듯한 예절을 지닌 그런 아이로 자랐을지도 모를 일이고, 동시에 이념과 빛에 접근하기는 약간 힘들어졌을지도 모른다고 느낀다. 물론 내가 귀족계급의 완벽한 전형인 특출하게 훌륭한 정신이라든지 귀족계급의 과잉의 전형인 특출하게 저항적인 성향을 지닌다는 것이 아니라, 통상적인 인간사의 척도로 보아 두 극단 사이의 중간쯤이겠지만. 그리고 우중에 대해 말하면, 야만인이든 속물이든 간에 누가 우중을 동감 없이 바라볼 수 있겠는가? 그가 얼마나 자주 — 우리가 무지와 감정에 휩싸여 격렬한 의견을 와락 받아들일 때마다, 그냥 폭력을 써서 반대자를 부수어버리고 싶을 때마다, 시기할 때마다, 난폭할 때마다, 오로지 권력이나 성공만을 숭배할 때마다, 어떤 인기 없는 인물에 반대하는 맹목적인 소란을 더욱 키우는 데 우리의 목소리를 보탤 때마다, 넘어진 자들을 야만스럽게 짓밟을 때마다 — 자기 가슴속에 우중의 영원한 정신이 깃들어 있음을 느끼고, 또 상황이 조금 뒷받침해주기만 하면 자기 안의 그것이 멋대로 날뛰며 기세를 올릴 것임을 알게 될 때.

---

13) 실제로 아널드가 대단히 즐기던 것이다.

염두에 두어야 할 두 번째는 내가 이미 여러 번 언급한 적이 있는데 바로 이것이다. 우리가 야만인이나 속물이나 우중인 한 우리는 행복이자 기의 일상적인 자아가 원하는 바를 하는 데 있다고 상상한다. 일상적인 자아가 원하는 것은 그가 속한 계급에 따라 달라지며, 거기에는 상대적으로 심각한 면과 가벼운 면이 있다. 그렇지만 늘 기계 장치로 머물지 더는 아니다. 야만인의 엄숙한 자아는 명예와 배려를 좋아하고, 이완된 자아는 야외 스포츠와 쾌락을 좋아한다. 한 속물 부류의 엄숙한 자아는 광신과 사업과 돈벌이를 좋아하고, 이완된 자아는 안락과 다과회를 좋아한다. 또 다른 속물 부류의 경우, 무거운 자아는 노동현장에서 치외법권적인 행위(rattening)[14]를 하기를, 이완된 자아는 대표 파견이나 오저 씨의 연설 듣기를 좋아한다. 우중의 엄격한 자아는 소리 지르기와 몰려다니기와 때려부수기를 좋아하고 가벼운 자아는 맥주를 좋아한다. 그러나 각각의 계급에는 저마다 최상의 자아에 관해 호기심이 있는 사람들이 상당수 태어난다. 이들은 사물을 있는 그대로 보려 하고, 자신을 기계 장치에서 분리시키려 하며, 오로지 이성과 하느님의 뜻에 관심을 기울이고 이것을 퍼뜨리기 위해 최선을 다하려 한다. 한마디로 완성을 추구하는 경향이 있다. 완성을 향한 사랑이 발현되는 일정한 양태에 대해서 인류는 천재라는 이름을 부여해왔다. 천재라는 이름은 그 열정에 들어 있는 무언가 독창적이고 천부적인 것을 뜻한다. 그러나 열정이라는 것은 세상이 천재라는 이름으로 부르는 것의 발현—거기에는 대개 천부의 열의가 있거나 천재이기 때문에 불어넣어진 이러저러한 종류의 재능, 특별하

---

14) 'rattening'은 노동자에게 노동조합의 결정에 따르기를 강요하거나 일을 하지 못하게 공구들을 빼돌리고 기계나 장비들을 파괴하는 행동이다. 1867년 여름에 노동조합 위원회는 이 법외적인 행위가 셰필드에 널리 퍼져 있다는 것을 발견했다.

고 놀라운 실행력이 있는데—에 한정되지 않고 그것을 훨씬 넘는 곳에까지 미친다. 그 열정은 이것 외의 많은 발현에서 찾을 수 있는데, 앞에서도 그러했듯이, 완성에 대한 사랑과 추구라고 부르는 것이 최선일 듯하다. 교양은 (완성을) 추구하는 사랑의 진정한 보모고 단맛과 빛은 추구되는 완성의 진정한 성격이다. 이러한 경향을 지닌 사람들은 모든 계급에서—야만인 가운데서, 속물 가운데서, 우중 가운데서—나타난다. 그리고 이러한 경향 때문에 늘 이들을 자기 계급에서 벗어나 야만주의나 속물주의가 아니라 그들의 인간성 자체가 그들의 현저한 특성이 되게 만든다. 일반적으로 그들은 살아가면서 고난을 겪지만, 알고 보면 예상밖으로 널리 그 씨앗이 뿌려져 있어서, 별로 기대도 하지 않은 장소와 시간에 나타나 자기들이 속해 있는 계급을 말하자면 종사(縱射)하기 시작한다. 그리고 자기들의 최상의 자아를 앞으로 발전시킬 자아로 끌어내고 단순소박한 목표를 최고로 정함으로써, 우리의 통상의 자아의 확인인 저 계급적 삶이 제멋대로 지배하지 못하게 하고, 인류가 기계 장치를 숭배하지 못하도록 때맞추어 막는다.

따라서 우리가 자신을 야만인, 속물, 우중으로 구분할 때도 이들 계급 안에는 일정 수의 이방인(aliens)—이렇게 불러도 좋다면—들이 있다는 것을 늘 전제하는 셈이다. 즉 자기들의 계급 정신에 따라서가 아니라 일반적인 인간적 정신에 따라서, 인간의 완성에 대한 사랑에 따라서 주로 인도되는 사람들이 있고 이 숫자가 줄어들 수도 늘어날 수도 있다는 것이다. 행복한 본능을 발전시키는 데 성공하는 사람들의 수효는 그들 속에 있는 원래의 본능의 힘과 외부에서부터 받는 방해나 부추김, 이 양자에 비례하여 많아지기도 하고 적어지기도 한다는 말이다. 이런 사람들의 그 같은 본능에는 대개 통상적인 자아의 정신이라든지 얼마간의 계급본능 또는 앞에서도 드러난 것처럼, 한꺼번에 하나 이상의 계급본능이

스며들어 뒤섞여 있다. 그래서 일반적으로 최상의 자아를 끌어내는 것, 즉 인간적 본능이 지배하게 하는 것은 최상의 자아가 그것을 도와 이끌어내기에 적합한 것과 만나느냐 만나지 않느냐에 따라 크게 좌우될 것이다. 따라서 우리에게 권위의 원천이 필요하다는 점에 상당히 동의하고 그 올바른 원천이 우리의 최상의 자아일 가능성이 매우 높은 것처럼 보이는 시기에, 우리의 주변 상황이 일반적으로 우리의 최상의 자아를 도와 이끌어내는 쪽인가 아닌가 하는 것을 아는 일은 대단히 중요하고, 만약 이끌어내지 않는 쪽이라면 그 이유는 무엇이며 그것을 시정할 수 있는 가장 유망한 길은 무엇인지 아는 일이 대단히 중요하다.

자, 그러면 우리 사이에 어떤 강력한 권위도 존재하지 않는다는 점, 그리고 자기 내키는 대로 하고 우리의 개인적 자유를 주장하는 의무와 행복이 지배적인 원리가 되고 있는 점이 어떤 엄격한 수월성의 기준을 세운다거나, 무언가 올바른 이성의 최고 권위를 믿는다거나, 우리의 최상의 자아가 심오하고 도달하기 힘든 어떤 것이라고 인식하거나 하는 등을 가로막는 경향이 있는 것이 분명하다. 앞에서도 말한 것처럼, 우리가 활동할 때 지니는 통상의 자아에 지배적인 권위를 부여하여 그 규칙을 다른 사람들에게 부과하려고 하지 않는 것은 우리의 정직성을 말해주는 증거일 것이다. 그러나 또 하나 분명한 것은, 통상적 자아의 관념을 넘어선다거나 어떤 따를 만한 최상의 자아 또는 올바른 이성의 최고의 권위를 인정한다는 것은 우리의 관행으로 보면 쉬운 일이 아니라는 것이다. 현명하신 마르티누스 스크리블레루스의 멋진 말씀처럼, "평범한 것에 대한 취미는 본성상 인간의 영혼에 심어져 있다. 인간이 관습이나 본보기에 왜곡되어 숭고한 것을 즐기도록 가르침을 받거나 차라리 강요를 받게 되는 때까지는 말이다."[15] 그러나 우리에게는 그런 왜곡도 잘 이루어지지 않으니, 온갖 것들이 관습이나 본보기를 통해 숭고한 것을 즐기도록 강요하지 못하게 막는 듯 보인다. 하여간 평범한 것에 대한 우리의 타고난 취향이 손상되지 않고 유지되게끔 우리는 부추김을 받는 것이다.

나는 전에 문학에서 아카데미 같은 어떤 권위 있는 중심이 존재하지 않는 것이 여기에 기여하지 않나 하는 점을 지적한 바 있다.[16] 공중의 각 부문은 저마다 문학적 기구를 가지며, 다수 대중은 이러한 기구들의 가치가 정확한 지식, 취향, 지성의 어떤 이상적인 중심에 어느 정도 근접해 있는지 또는 떨어져 있는지에 따라 상대적이라는 점에 별로 의문을 갖지 않는다. 전에도 말한 적이 있지만, 일정한 한계—이 글을 읽는 독자라면 누구나 쉽게 그 한계를 그려낼 수 있을 텐데—를 전제하고 말하면, 나의 옛 적수인 『토요 평론』은 문학과 취향의 문제에서 이런 문제를 다루는 신문들 대다수에 비해 상대적으로 일종의 이성의 기구로 간주해도 괜찮을 것이다. 그러나 대단한 포화를 퍼붓는 어떤 설교자—『토요 평론』이 온통 소음과 가짜 불빛이라고 혹평한—를 따르는 비국교도들과 담화를 나눈 적이 있는데, 이 비우호적인 평가가 이들에게 어떤 영향을 미쳤는지 아주 조심스럽게 타진해본 일이 생각난다. 그들의 대변자 가운데 하나는 매우 조용하면서도 확신을 담은 태도로 이렇게 말했다. "아, 『토요 평론』이 그 강연을 비난하는 것은 사실입니다. 그러나 『브리티시 배너』(*British Banner*)[17] (그것이 『브리티시 배너』였는지 딱히 확신이

---

15) 1713년 학문에서의 모든 그릇된 취향을 풍자하기 위해 모인 포프(Alexander Pope), 아버스넛(John Arbuthnot), 스위프트 등 당대의 문사들이 함께 쓴 「마르티누스 스크리블레루스의 비망록」 가운데 나오는 문장이다. 포프의 이름으로 1741년에 발표했다.

16) 「아카데미의 문학적 영향」과 「현시기 비평의 기능」이라는 두 대표 평문, 특히 전자에서 이 문제를 논했다.

17) 이 잡지는 복음주의 비국교도들, 특히 영국 조합교회파의 주간지로, 1858년 최종호를 냈다. 그 지적 수준이 낮고 '사회의 중간계급' 가족에게 호소했는데, 경건과 스캔들과 공포의 이상한 조합물이었다.

안 가지만, 하여간 그런 이름의 신문이었다)는『토요 평론』이 틀렸다고 말합니다." 그 사람은 이런 문제에 대한 판단의 가치를 재는 저울이 있다는 것, 그리고『토요 평론』의 판단이 여기서 높은 등급을 받았고,『브리티시 배너』의 판단이 낮은 등급을 받았다는 것은 추호도 생각 못한 것이 분명했다. 이 친구의 경우, 인간의 문학적 판단 속에 본성상 심어져 있는 평범한 것에 대한 취향은 아무런 장애와도 마주치지 않았던 것이다.

종교도 문학에서와 꼭 같다. 우리는 대다수 우리의 인도자를 선택할 높은 기준에 대해서, 아무 권위가 없는 열등한 정신과는 달리 하나의 권위인 위대하고 심원한 정신에 대해서 거의 아무것도 모른다. 이런저런 인물이 단호하게 말하고 그 말을 추종하는 사람들이 많으면 그것이 중요하겠거니 하는 것이다. 우리의 이런 습관은 우리가 최근에 모두 읽은 딕슨 씨의 저 능란하고 흥미로운 저작『한 모르몬 교도가 쓴 모르몬 교도들』에서 아주 잘 나타난다. 내가 기억하는 책명이 정확한지는 자신이 없지만, 하여간 딕슨 씨가 모르몬 교도들과 미국의 다른 유사한 종교단체들에 대해서 뜨겁게 동감하면서 아주 상세하게 묘사한 그 유명한 책 말이다.[18] 이 저작을 보면 이런저런 교리가 그것을 부풀려 말해주는 랍비를 거느리고, 든든한 일군의 제자들을 거느리고, 무엇보다도 소총을 많이 구비하고 있으면, 딕슨 씨에게는 그것으로 충분한 듯 보인다. 어떤 교리가 중요하다고 선포되기에 앞서 더욱 엄격한 검증을 거쳐야 한다는 생각은 그에게는 떠오르지 않는다. 그는 모르몬 교도들에 대해서 이렇

---

18) 여행가이자 전기작가인 딕슨(William Hepworth Dixon, 1821~79)의『새로운 아메리카』(New America, 1867)를 말한다. 첫 대목은 모르몬 교도들을 언급했고, 나머지 셋은 정신주의자들에 대해 언급했다. 후자의 세 번째 연례 컨벤션이 1866년 10월 미국 로드아일랜드의 프로비던스의 프랫츠 홀(Pratt's Hall)에서 열렸다.

게 쓴다. "이 성인들이 멍청이와 광신자들이라고 말하는 것, 스미스(Joe Smith)와 그의 교회를 비웃는 것은 쉬운 일이다. 그러나 그다음에는? 위대한 사실들은 남는다. 영(Young)과 그의 족속들은 유타에 있다. 20만 명의 신도가 있는 교회며 2만 정의 소총이 있는 군대다." 그러나 한 교리의 추종자들이 정말로 멍청이거나 그보다 더하다면, 그리고 그 전파자들이 정말로 광신자거나 그보다 더하다면, 그 교리를 소유하는 20만 명의 신도가 있고—평범한 것에 타고난 취향이 있는 수많은 다중 20만 명— 그 교리를 방어할 2만 정의 소총이 있다고 해서 그만큼 더 거기에 진지함이나 권위가 주어지는 것은 아니다. 그리고 미국의 또 다른 종교 조직[19]에 대해서도 이렇게 말한다. "그처럼 막강한 군단이 자기들이 진실하다고 믿는 바를 위해서 전투를 불사하려 든다면, 그들의 신앙이 아무리 이상하게 보일지라도 공정하고 열린 싸움터를 박탈해서는 안 된다." 공정하고 열린 싸움터는 어떤 발언자에게서도 박탈해서는 안 되겠지만, 그가 인간의 최상의 이성과 정신에 무언가 중요한 의미를 지닌 것도 아닌데 이렇게 엄숙하게 포고하는 것은 가당치 않은 것이다. 딕슨 씨는 말하기를, "그런데 말입니다. 에드먼즈 판사, 헤어 박사, 프레더릭 장로, 부시교수 같은 사람들이 이 이론을 받아들였단 말이오!" 그리고 또다시 말한다. "한마디로, 이런 것이 뉴먼 윅스, 새러 호튼, 드보라 버틀러 그리고 관련된 형제들이 프랫츠 홀에서 새로운 성약(聖約)으로 선포한 것의 토대입니다!" 만약 딕슨 씨가 플라톤이나 성 바울로의 교리와 그 추종자들

---

19) 셰이커교(Shakerism)를 말한다. 예수 재림을 믿는 종교 운동으로, 퀘이커교의 일종이라고 할 수 있으나 공동생활, 생산노동, 독신생활, 몸을 떠는 식의 춤을 동반하는 의식 등 독특한 양상을 띠고 있다. 원래 마더 앤 리(Mother Ann Lee)가 1772년 영국에서 시작했으나 일부 신봉자가 미국으로 건너가 미국에서 문화적으로 큰 반향을 일으켰다.

에 대한 설명을 요약했다면, 진지한 존경을 아무리 받아도 좋을 것이다. 그러나 문제는, 에드먼즈와 웍스와 폴리(Polly) 여장로와 앙투아네트 여장로 같은 인사들과 기타 딕슨 씨의 남녀 영웅들이 인간의 최상의 이성과 정신에 대하여 과연 플라톤과 성 바울로가 가지고 있는 그런 무게와 중요성을 조금이라도 가지고 있는가 하는 것이다. 지금으로서는 가지고 있지 않다는 것이 명백하다. 그리고 그들과 그들의 교리들에 대해 아주 약간의 감식력만 있었어도, 딕슨 씨는 이들이 결코 그것을 가질 수 없었으리라는 것 정도는 알았어야 했다. "그러나 셰이커교가 미국의 사상에 행사하고 있는 자력은 그 자체로 우리를 어쩔 수 없이" 운운하는 식으로 그는 말한다. 자, 진정한 사상──인간의 최상의 이성과 정신에 영향을 주는 사상, 세계에 대한 과학적·상상적 사상, 이렇게 엄숙한 방식으로 말할 만한 가치가 있는 유일한 사상──에 관한 한 미국은 지금까지는 영국의 한 지역 이상이 되기 어려웠고, 지금에 와서도 그 자체만으로는 영국과 어깨를 나란히 하는 정도를 넘어섰다고 주장할 수는 없을 것이다. 그리고 영국의 사상도 지금 현재로서는 이 유일하고 진정한 인간의 사상에서 가장 중요한 요소를 이루지도 않음을 우리는 모두 시인해야만 한다. 그러면 미국의 사상도 그럴 수 없는 것이다. 그리고 인간의 최상의 이성과 정신에 대한 중요성으로 말하면, 셰이커교가 미국의 사상에 행사하는 자력은 얼추 머피 씨가 버밍엄의 프로테스탄티즘에 행사하는 자력 정도가 될 것이다. 그리고 머피 씨의 제자들식으로 진지하게 머피 씨를 취급해서는 종교에서 평범한 것에 대한 우리의 타고난 취향을 제거하지 못할 것──진지한 권위로 설 수도 있을 어떤 최상의 자아와 올바른 이성에 접근하지 못할 것──이듯이, 우리의 유능하고 인기 있는 작가들이 수천의 신도와 수천의 소총을 가진 자기들의 조 스미스들과 드보라 버틀러들을 그와 유사하게 과장되고 오도하는 식으로 다루고 그리하여 이미 우리가 너무 물들어 있는 나쁜 정신 습관을 아예 굳어지게 만들려고 갖은 애를 쓰는 동안에는, 우리는 결코 그런 취향을 제거하지 못할 것이다.

만약 우리의 습관 때문에 우리가 문학이나 종교에서 어떤 최상의 자아라는, 최고의 권위라는 이념에 도달하기 어렵다면, 정치 영역에서는 오죽하겠는가! 다른 나라들은 통치자들이 올바른 이성이 무엇인지 알고 있는 때에는(그리고 최소한 통치자들은 피치자 대중보다는 더 많이 안다고 추정하는데), 피치자들의 동의에 너무 직접적으로 기대지 않고서 권위를 가지고 그 이성을 공동체 앞에 내놓을 수 있게 온갖 보장을 받고 있다. 그러나 우리 정부의 전체적 체제는 대의체기 때문에, 통치자들은 자기를 선출하고 자신이 지지를 얻어야 하는 피치자들에게 올바른 이성의 높은 기준을 세우는 대신, 평범한 것에 대한 그들의 타고난 취향에 가능한 한 순응하려는 온갖 있을 수 있는 유혹에 빠진다. 그리고 통치자가 그런 취향에 맞서려고 해도, 너무 눙치고 달래는 식이어서 피치자들은 자기들의 무지와 편견이 올바른 이성과는 판이하다거나 평범한 것에 대한 그들의 취향이 숭고한 것에 대한 관심과 아주 다르다는 의심은 하지 못할 것이다. 그처럼 사람마다 온갖 가능한 방식으로 자기 자신의 마음을 믿게끔 부추김을 받는다. 그러나 현자께서 말씀하시되, "자기의 마음을 믿는 자는 미련한 자"[20]다. 하여간 월슨 주교의 이 말은 부정할 수 없는 진실이다. "일깨울 필요가 있는 사람들의 수는 위안이 필요한 사람들보다 훨씬 더 많다."[21]

그러나 우리의 정치체계에서는 모든 사람이 위안을 받는다. 야만인의 영향력으로 선출되어야만 하고 또 그들의 지지에 의존하는 인도자들과

---

20) 「잠언」, 28장 26절.
21) 『금언집』, 23쪽.

통치자들은 야만인에 대한 찬가를 부르고, 그들의 귀에 솔깃할 온갖 소리를 해댄다. 테니슨 씨와 더불어 그들은, '어깨가 딱 벌어진 상냥한 영국인'을 찬양하는데, 이 영국인은 '의무에 대한 의식'과 '법률에 대한 존중심'과 '느긋한 힘'을 가지고, '반항, 공화국, 혁명 따위, 거개는 학생 아이의 말썽보다 더 진지할 것 없는 것'에서 우리를 구원한다는 것이다. 그런데 우리보다 어깨가 덜 벌어진 나라들은 그런 것 때문에 야단법석이 난다는 것이다.[22] 속물들에게 선택되고 그들의 지지를 살펴야 하는 우리의 인도자들은 속물들에게 "이 나라의 위대한 중간계급이, 마땅히 해야 할 모든 위대하고 훌륭한 일에 필수적인 정신과 의지와 힘을 공급하고 있다는 것은 온 세상이 다 알고 있다"고 말하고, "궤변을 꿰뚫고, 상투적인 것들을 무시하고, 관습적인 환상에 제자리를 찾아주는, 그들의 진지한 양식(良識)"을 운위하며 그들을 경축한다. 우중의 지지를 바라보는 우리의 인도자들은 우중에게 "그들이 동감의 가장 빛나는 힘과 행동의 가장 즉각적인 힘을 가지고 있다"고 말한다.

이 사회의 모든 거대 계급에 대해서 가혹한 소리도 분명 나오고는 있으나, 이것들은 적대적인 계급에서 나오는 것이 너무 명백하고 올바른 이성에 따라서가 아니라 적대적인 계급의 열정과 선입견의 지배를 받는 것이 워낙 명백하기 때문에, 그 표적이 된 사람들에게 아무런 심각한 인상을 남기지 않고 쉽게 지나가버리고 만다. 예컨대 개혁연대[23] 연사들이 우리의 잔인하고 거만한 귀족계급을 공격할 때, 이 독설이 너무나 명백하게 우중의 열정과 관점을 보여주기 때문에, 표적이 된 사람들의 마음에 자리 잡지도 않고 무슨 생각을 일깨우지도 자신을 점검하게 하지

---

22) 테니슨(Alfred Tennyson)의 장시 「왕녀」(The Princess) 결론 부분의 구절이다.
23) 선거법 개혁법안을 추진하는 정치세력의 연합을 말한다.

도 않는다. 또 우리의 귀족계급인 준남작이 속물과 우중을 귀족계급을
거세하려는 일종의 꼴사나운 병적 광기에 휩싸여 있다고 묘사할 때,[24)]
그 비난은 아주 분명히 야만인의 분노와 흥분된 상상력에서 나온 것이
라, 속물과 우중에게 별로 생각의 여지를 주지 않는다. 또는 로 씨가 우
중이 술에 취해 있고 돈에 매수당한다고 할 때,[25)] 그는 너무나 명백하게
자기의 속물 또는 중간계급 의회──그렇게나 많은 위대하고 영웅적인
일을 해왔는데 이제 혼합되고 천박해질 위협에 처해 있는──를 걱정하

24) 베이트슨 경이 하원에서 개혁법안에 대해 토론한 다음과 같은 기록을 참조할
것. 이 토론은 아널드도 방청했다(1866년 6월 4일). "이 나라의 귀족계급이 거
세당할 때── 재무장관(글래드스턴)께서는 그것을 비웃으시는데── 의심의 여
지없이 올바른 분이시지요. 신사는 귀족계급의 거세가 무척 즐거운 오락거리
라고 생각합니다. 글쎄 이 나라의 귀족계급이 거세당할 때──(웃음)── 오, 웃
을 일이 아닙니다. 정말입니다── 상원이 거세당했을 때,── 저 웃음에도, 올
바른 분의 저 조소에도 불구하고 말이죠. 반대편 신사분── 상원이 장자상속권
과 한정상속법의 폐지로 거세되었을 때 말이지요. 그때 무슨 일이 일어날까요?
구영국의 헌법이 미국화되었을 때, 이 나라의 군주제에 대한 공격이 곧 뒤따를
것이 거의 분명하지 않을까요?"
25) 로는 1857년 봄 키더민스터의 선거에서 승리했는데, 그가 관례인 맥주와 봉투
를 제공하지 않는 데 화가 난 군중이 돌과 벽돌로 그와 그의 친구들을 공격했
다. 로는 맞아서 머리가 깨졌다. 이런 경험 탓에 1866년 3월 13일 개혁법안 토
론에서 그는 이렇게 발언했다. "저는 이처럼 불행한 경험을 했고 우리 가운데
많은 이가 그랬습니다.── 어느 의원님이라도 자기 유권자들을 한번 살펴보시
게 합시다. 여러분이 매수를 원한다면, 여러분이 무지를 원한다면, 여러분이
고주망태를 원한다면, 수월하게 협박당하기를 원한다면, 그리고 한편으로 여
러분이 충동적이고 생각하는 법이 없고 난폭한 사람들을 원한다면 유권자 가
운데 어디서 그들을 찾겠습니까? 위로 가겠습니까 아래로 가겠습니까?" 여기
에 대해 브라이트와 그의 친구들은 즉시 이 발언을 노동계급의 성격에 대한 로
의 규정으로 몰아쳤고, 로가 문맥과는 다르다고 항변해도 소용이 없었다. 글래
드스턴은 '무식하고, 고주망태고, 매수되고, 난폭한'을 경구처럼 사용했고, 브
라이트는 이 말을 인쇄하여 모든 공장과 클럽하우스 그리고 노동자들이 잘 모
이는 모든 곳에다 붙여야 한다고 주장했다.

는 마음에서 이런 소리를 하는 것이 명백하기 때문에 우중은 이 말을 진지하게 마음에 담아두지 않는다.

그래서 우리의 계급 각자에게 영구적으로 인상을 남기는 목소리는 각 계급의 친구의 목소리며, 이것은 응당 내가 말한 것처럼 위안하는 목소리다. 야만인은 어깨가 벌어진 상냥한 영국인은 자신에게 아주 만족하고 있을 것이라고 믿고, 속물들은 궤변을 꿰뚫고 진부한 것들을 무시하는 진지한 상식이 있는 이 나라의 위대한 중간계급이 자기 자신에게 아주 만족하고 있을 것이라고 믿으며, 우중은 또 동감의 빛나는 힘과 행동의 즉각적인 힘이 있는 노동자가 자신에게 매우 만족할 것이라고 믿는다. 이런 상황에서 어떻게 바랄 것인가? 인간 영혼 속에 본성으로 심어져 있는 평범한 것에 대한 취향을 없애버리거나 높고 가파른 바위 위에 거주하고 있는 탁월함에 도달하기 위해서는 피땀을 흘려야만 한다는 믿음을 깨우치게 만들 수 있으리라고.

그렇지만 이런 점은 짚어볼 수 있겠다. 표를 줄 유권자들의 자기애에 빌붙어 정치적 영향력과 지도력을 발휘할 수 있는 지위를 겨냥하는 후보자들이, 이성에 부합하는 그대로의 순전한 진실을 말하는 것이 아니라 일종의 습관적인 언어 내지 이른바 입에 발린 말(clap-trap)— 대의제도가 굴러가는 데 필요한 언어—을 구사하고 있을 뿐이라는 점을 잘 알고 있을 것이라고 말이다. 따라서 어쩌면 우리는 피가로와 마찬가지로 차라리 '여기서 속을 자 누구냐?'(Qui est-ce qu'on trompe ici?)라고 말하는 것이 낫겠다.[26] 하기는 나도 인정한다. 우리 통치자들이 정치적 지지를 얻어내려는 그 계급의 자기애에다 대고 듣기 좋은 말을 할 때 진실과 멀쩡

---

26) 보마르셰(Pierre-Augustin Caron de Beaumarchais, 1732~99)의 『세비야의 이발사』(*Le Barbier de Séville*)에 나오는 방백. 정확히는 피가로(Figaro)의 것이 아니라 돈 바질(Don Bazil)의 것이다.

한 정신의 경계를 벗어나도 한참 벗어난다는 것을 충분히 자각하는 경우가 다는 아니더라도 꽤 많다는 점을. 그리고 그 경우 속생각은 다르면서 짐짓 엉뚱한 소리를 늘어놓는다는 것을. 그렇지만 항상 그런 것은 아니다. 한 야만인이 자신의 계급한테 자기가 그들의 대표로서 정치권력을 얻게 해달라고 간청할 때, 어깨가 떡 벌어진 상냥한 영국인에게 그들의 의무감, 법에 대한 존중 그리고 느긋한 힘을 상찬하면서 그들의 자기애에 아첨하는 것은 결국 자기 자신의 자기애에 아첨하고 자신을 상찬하는 꼴이며 따라서 자신의 듣기 좋은 말에 자신이 말려들고 말기 때문이다. 또한 이와 마찬가지로, 한 속물이 동료 속물의 힘으로 의회에 진출하기를 바라서, 『데일리 뉴스』지가 유창하게 말하듯, 행해야 할 모든 위대하고 좋은 일에 꼭 필요한 그 정신, 그 의지, 그 힘을 조달해주는 것이자 맨체스터의 특징인 그 진지한 양식(良識)을 상찬할 때, 그의 말을 듣는 동료 속물만이 아니라 자신도 자신의 말에 취하고 기만당하는 것이다.

  그러나 사실 야만인이 속물의 정치적 지지를 원하는 경우도 많다. 그리고 속물 정신의 자기애에 아첨하고, 활력과 진취성과 자립심을 판에 박은 말로 상찬할 때, 그는 자기가 입에 발린 말을 하고 있다는 것을 분명 잘 알고 있는데, 이를테면 속생각과 다른 엉뚱한 이야기를 늘어놓는 것이다. 국교반대파와 그 구호들과 관련된 모든 문제에서 야만인의 이 같은 불성실이 매우 두드러지니, 그들은 국교반대파의 지지가 필요해서 국교반대파의 자기애에 아첨하여 속으로는 조금도 믿지 않으면서 그 구호를 그대로 따라하는 것이다. 국교반대파들이 무턱대고 광분하면서 1843년 그레이엄 경(Sir James Graham)의 유용한 교육 법안을 거부해버렸을 당시, 국교반대파를 지지한 의회 인사들의 절반이 "비국교도들의 돈을 가져가 영국 국교의 교리를 가르침으로써 비국교도의 종교적 자유를 짓밟았다"고 소리 높여 비판했는데, 이것이 속생각과 다른 엉뚱한 소리였음은 분명하다.[27] 그리고 어쩌면 해리슨 씨가 '미신의 비명소리' 운운하면서 노동계급에게 "그들의 힘이야말로 공감의 가장 밝은 힘이며 행동의 가장 준비된 힘이다"라고 말할 때에도, 진짜 속생각은 숨기고 엉뚱한 이야기를 늘어놓는 그런 기미가 엿보일 법하다. 그러나 이것만은 강조하고 싶다. 우리의 일부 통치자와 지도자들 편에서 이처럼 진실과 멀쩡한 정신에 뜻하지 않게 경의를 표할 때에도, 이것이 통치되는 우리 대다수한테까지 전해지면서 우리에게 하나의 교훈이 되고 우리의 자기애를 완화하고 우리가 즐겨 갖는 편견이 더 높은 이성의 눈으로 보면 어불성설에 지나지 않을지도 모른다는 의혹을 우리 마음속에 일깨우는 일은 절대 없다는 점이다. 우리 지도자들 가운데 가장 총명한 자들끼리 곁다리로 어떤 연기를 하든 간에, 우리 눈에는 그것이 보이지 않는다. 결국 우리는 우리 자신의 눈에는 물론이고 우리를 대표하고 다스리는 자들의 눈에도 우리 자신의 범상한 자아——그것이 무엇이든, 즉 야만인이든 속물이든 우중이든——만큼 경탄스러운 것은 없다고 믿게 되는 것이다.

따라서 우리의 정치적 삶의 모든 것은 범상한 우리 자아보다 더 현명한 존재가 있다는 사실을 우리한테 숨기고, 우리가 최고의 올바른 이성의 개념을 갖지 못하게 가로막는 경향이 있다. 이념에서 집합적 국민의 표현이자 최량의 정신에 대한 일종의 증언이라 할 왕권도 우리는 건전한 것이든 아니든 개개인의 범상한 자아가 만들어놓은 것을 선전하고 믿게 만들기 위한 일종의 대형 광고마차 같은 것이 되게 하려고 애쓴다.

---

27) 1843년에 보수당 내무장관 그레이엄 경(Sir James Graham, 1792~1861)이 어린이의 근로시간을 제한하고 그들을 위한 학교 설치를 요구하는 공장법안을 도입했다. 그러나 비국교도들과 로마 가톨릭 교도들은 이 학교를 영국 국교회의 힘을 강화하기 위한 고안으로만 보고 하원에서 이 법안에 대해서 벌떼같이 일어나 반대했고, 그레이엄은 법안을 철회했다.

학교와 그 제도의 문제와 관련하여 북부 독일에서 이 사실을 통감한 적이 있음을 기억한다.[28] 프러시아에서 가장 좋은 학교들은 이른바 '왕실후원학교'인데, 이 학교들은 군주가 자기 소득으로 설립하고 지원하며(오늘날까지도 새 학교들이 이런 식으로 설립되고 지원받고 있다) 군주가 직접 나서거나 아니면 그의 대변자가 통제·관리하는 곳으로, 모범적인 학교 구실을 한다. 군주는 지위 덕에 숱한 편견이라든가 소소한 일에서 벗어날 수 있고 또 최상의 조언을 언제라도 금방 구할 수 있으므로 학교를 계획하고 경영할 때 민간 설립자들보다 분명 유리한 위치에 있다. 동시에 그의 엄청난 자산과 거대한 영향력은 그처럼 잘 계획된 학교에 신뢰와 권위를 확보해준다. 독일 북부지방에서 통치자들은 교육 문제에서 피치자들에게 바로 이런 일을 행한 것이다. 그럼으로써 피치자에게 하나의 교훈을 주고 피치자의 마음속에 평범한 자의 범상한 자아가 시사하는 것보다 더 높은 올바른 이성의 이념을 불어넣는다고 할 수 있다.

그러나 영국에서 우리의 통치자들이 이 문제에서 늘 하는 일이란 얼마나 다른가! 음식업 인가 여관업자들이나 지방순회 외판원들은 자기 아이들을 위한 학교를 세우겠다고 주장한다. 내 생각으로는, 학교 문제에서 음식업 인가 여관업자들이나 지방순회 외판업자들은 평범한 것에 대한 타고난 취향이 여전히 강한 평범한 사람들이라고 할 수 있을 것이며, 훔볼트나 슐라이어마허 같은 사람들[29]의 자문을 받는 군주가 이 문

---

28) 1865년에 아널드는 장학사이자 톤턴 교육위원회(Taunton Commission)의 해외 부국장으로 독일을 포함한 대륙을 방문했다.

29) 훔볼트(Wilhelm von Humboldt, 1767~1835): 독일의 언어철학자로 프로이센의 문교장관을 맡아 베를린 대학교를 창설했다. 슐라이어마허(Friedrich Ernst Daniel Schleiermacher, 1768~1834): 독일의 프로테스탄트 신학자이자 철학자로, 훔볼트와 함께 베를린 대학교 창설에 참여하고 민족주의를 고취하는 등 많은 영향을 미쳤다.

제에서는 더 나은 판관이며 올바른 이성에 더 가까이 가 있다고 할 것이다. 그리고 올바른 이성으로 본다면 음식업 인가 여관업자의 아이들만을 위한 학교나 지방순회 외판원의 아이들만을 위한 학교를 세워서, 그 아이들을 모두 가정에서뿐 아니라 학교에서도 인가된 음식업이나 외판원 투의 냄새를 풍기는 곳에서 키우는 것이 이 아이들에게 할 현명한 훈련이 아니라는 점도 십중팔구 수긍하게 될 것이다. 그리고 앞에서 말한 것처럼, 독일에서는 민족 지도자나 통치자의 행동은 더 나은 것을 제안하고 제공하는 것이다. 그러나 영국에서는 민족적 지도자나 통치자의 행동은, 왕세자나 위대한 각료가 음식업 인가 여관업자들이나 순회 외판업자들의 학교 개교식에 왕림해서 의자를 턱하니 차지하고는 여관업자들이나 외판업자들의 정력과 자립을 상찬하며 온통 그들의 사고방식을 받아들이고 그들의 학교가 완벽한 성공을 거둘 것이라고 예언하면서, 그들이 지금 십중팔구 아주 바보 같은 짓을 하고 있고 그들의 아이들의 교육을 올바로 다루는 방식은 이와는 전혀 다르다는 점에 대해서는 일언반구도 내놓지 않으신다.[30] 그리고 이는 거의 모든 부문에서 마찬가지다. 대륙에서는 모범을 세우고 올바른 이성의 제안을 제공하는 것이 그 나라의 우두머리와 대표자들의 일이라는 생각이 지배적인 데 비해, 우리의 경우는 나라의 우두머리들과 대표자들이 할 일이란 그런 종류의 일이 아니라 공동체의 어느 부분에서도 왕성하게 나타나는 평범한 것에 대한 타고난 취향에 박수를 보내고 그런 작업을 부추기는 것이라는 생각이 고

---

30) 아마도 1866년 6월 18일 왕세자가 캐이터험 정크션(Caterham Junction) 근처 러셀 힐(Russell Hill)에서 창고업자와 서기 학교들을 연 것을 말하는 듯하다. 또 당시 수상이던 러셀 경(그날로 하원에서 그의 정부가 무너지지만)은 그 자선사업의 장으로서 발언했다. 실제로는 음식업 인가 여관업자 학교와 지방순회 외판업자 학교는 1845년에 이미 세워졌다.

작이다.

나는 외국의 정치체제에 우리 자신의 정치체제의 불편한 점을 능가할
정도로 불편한 점이 없다고 말하지는 않겠다. 또 우리 자신의 정치체제
를 없애버리고 그네들의 것을 채택하자고 주장하는 것도 전혀 아니다.
그러나 이 글에서 우리가 모색해온 것이 권위의 건전한 중심이며 올바
른 이성 또는 우리의 최상의 자아만이 권위의 그 같은 건전한 중심을 제
공하는 듯하기 때문에, 이 나라에서 최고의 권위로서 올바른 이성의 추
출이나 인식을 방해하는 주된 장애들이 무엇인지 우선 짚어둘 필요가
있다. 나중에 어떤 방식으로 해야 그 장애들을 가장 잘 제거할 수 있는지
시험할 목적으로.

이를 염두에 두고서 내가 이제 지적하려는 바는 이것이다. 우리는 우
리의 통치자들에게서 올바른 이성을 제안받지도 못하고 통상적인 자아
에 대한 질책도 전혀 얻지 못할 뿐만 아니라, 다음과 같은 일종의 철학적
이론이 우리 사이에 널리 퍼져 있다는 것이다. 그 철학적 이론인즉 이렇
다. 최고의 권위로 내세울 최상의 자아와 올바른 이성 같은 그런 것은 존
재하지도 않거나 존재하더라도 하여간 확인할 수 있고 이용할 수 있는
그런 형태는 아니다. 또한 우리의 통상적인 자아의 한없이 많은 생각·작
업들과 평범한 것에 대한 우리의 타고난 취향의 제안만이 있을 뿐으로
이것들은 거의 동등한 가치를 지니고 서로 앙앙불락 아니면 오순도순
지내는데, 이왕이면 앙앙불락보다는 오순도순을 택하고 기분 좋게 꾹 참
으며 우리가 한 선택에 충실한 것이 현명한 처사라는 것이다.

그리고 다른 한편, 우리 사이에 유포된 철학 이론이 또 하나 있으니 그
것은 이렇다. 습관이나 본보기로 우리 자신을 왜곡해 올바른 이성을 맛
보게 하려고 애쓸 것 없이 우리 모두 평범한 것에 대한 우리의 타고난 취
향을 자유롭게 지속적으로 따름으로써 우리가 섭리의 뜻에 따라 그리고

마땅히 그리될 과정에 따라 때가 되면 올바른 이성을 맛보고 따르게 되리라는 것이다.

이러한 철학적 이론을 부추기고 계신 위대한 존재가 바로 우리의 신문들이니, 이들은 우리의 의회 대표자들 못지않게 우리에게 인도자와 통치자 구실을 한다고 해도 될 것이다. 그리고 이들이 즐겨 펴는 이 교리를 첫째 무신론의 특히 영국적인 형태, 둘째 정적주의의 특히 영국적인 형태라고 부르겠다. 아니 그렇게 불러야 하겠다. 만약 내가 존경해 마지 않는 권위자들이 이 교리를 설교하지 않는다면 말이다. 첫 번째의 그 우울한 교리는 『타임스』에서 아주 명쾌하고 힘있는 문체로 설교된 바 있다. 시인 루크레티우스(Lucretius)를 위시한 예에서 보듯이, 무신론적 교리를 전파하는 사람들 가운데 위대한 문체의 대가들이 얼마나 많이 포진해 있는지는 사실상 잘 알려져 있다. "우리가 이웃들에게 우리의 호오(好惡) 몇 가지를 강요하려고 하는 것은 부질없는 일이다"라고 『타임스』는 말한다. "우리는 사물을 있는 그대로 받아들여야 한다. 누구나 종교적인 또는 시민적인 완성에 대한 자기 나름의 작은 비전을 가지고 있다. 모든 사람을 다 만족시키는 것이 어차피 불가능하다면 우리는 평등한 법률과 가능한 한 열려 있고 진보적인 체제를 토대로 삼는 데 동의한다. 결과는 누구나 구세계의 다른 어느 곳보다도 이곳에 더 많은 행동의 자유와 발언의 자유가 있다는 것이다."[31] 우리는 여기서 다시 한 번 행복에 대한 로벅 씨의 유명한 정의와 마주치게 되는데, 이 정의에 대해서는 벌써 여러 번 논평한 바 있다. "나는 내 주위를 둘러보고 영국의 상태가 어떠냐고 묻습니다. 누구나 자기가 하고 싶은 말을 할 수 없습니까? 나는

---

31) 『타임스』, 1868년 1월 3일자. 미국의 페니언들이 영국과 아일랜드의 '형제들'에게 귀족주의 전제를 전복하고 공화국을 세울 것을 촉구하는 출판물을 다룬 기사다.

이 세상을 통틀어, 아니 과거 역사에까지, 이와 같은 것이 있는지 묻습니다. 없지요. 나는 우리의 비길 데 없는 행복이 영원하기를 빕니다."[32] 이것이 우리의 저지 체계와 자기 내키는 대로 하는 모든 영국인에 대한 해묵은 이야기다. 그런데 앞에서도 이미 보았듯이, 야만인과 속물만 있다면 자기들 내키는 대로 하기에 아주 편리했을 테지만 우중도 자기 내키는 대로 하고 싶어하기 때문에 불편해지고 무질서가 생겨나는 것이다.

그러나 뭐 그렇더라도 나는 이 유명한 교리를 당장 치워버리지는 않겠다. 먼저 이 교리를 우리가 지금까지 말해온 문제, 즉 교육에 적용하고 있는, 『타임스』의 기사 한 구절을 더 인용하려 한다. 『타임스』는 이렇게 말한다. "여기서의(국가적인 교육 체제를 제공함에서의) 어려움은 제거하는 것이 가능한 무슨 배치에 있지 않다. 그 어려움은 이 나라의 고질적인 실정에 내재해 있고 뿌리 박혀 있다. 이 모든 세력이라든지 인물들, 각양각색의 이 모든 상충하는 영향력과 다양한 양상이 우리 사이에 오래도록 존재해왔고 또 지금도 존재하고 있다. 그것들은 싸우고 있고 또 오랫동안 싸울 것이니, 영국적 성격 가운데 어느 한 요소가 나머지 전부를 파괴하거나 흡수하는 저 행복한 극치에 도달할 일은 없을 것이다."[33] 바로 그것이다! 우리 가운데 이런저런 사람 속에 존재하는 평범한 것에 대한 타고난 취향을 촉진하는 다양한 노력들이 싸우고 있다. 그리고 어느 한 사람의 평범함에 대한 특별한 유형의 취향이 다른 사람의 그것 위에 군림하게 될 그러한 때는 결코 오지 않을 것이며(그리고 도대체 우리가 왜 그날이 오기를 바라야 한다는 것인가?), 또 올바른 이성(이것이 영국적 성

---

32) 로벅이 1864년 8월 18일 셰필드에서 한 연설이다. 아널드가 여러 번 사용했고, 특히 「현시기 비평의 기능」에서 영국 중간계급의 자기만족을 비판하면서 인용했다.
33) 『타임스』, 1867년 11월 30일자.

격의 한 요소라고 불려도 좋다면)이 그 모두를 흡수하고 지배할 때도 결코 오지 않을 것이다. "우리가 자랑스럽게 물려받았고 또 기꺼이 지키고 있는 헌법처럼, 이 나라의 전체 체제는 기성의 사실, 관례적인 권위, 현존하는 용법, 현재의 권력, 소유하고 있는 인물들 그리고 스스로 지배권을 획득해왔고 나중에 올 모든 이들에 맞서 그 지배권을 지킬 공동체나 계급 등으로 구성되어 있다." 한 가지 화해시키는 힘, 즉 올바른 이성을 제외하고는, 분명 세상의 온갖 힘이 여기 다 있도다! 야만인이 여기에, 속물이 저기에, 브래들로 씨와 우중이 깨부수며 들어오고!── 청군 이겨라, 백군 이겨라! 정말이지 우리의 일급 저널의 능숙한 스타일로 제시된 이 슬픈 그림을 응시하다 보면 여기에는 무쇠 같은 비극적인 숙명의 가차 없는 엄격함이 어려 있다.

이 기사를 읽은 다음이니, 우리의 다른 철학 선생인 『데일리 뉴스』의 좀더 부드러운 교리는 우선은 어딘지 매우 매력적이고 마음을 누그러뜨린다.[34] 『데일리 뉴스』는 외관상으로는 『타임스』처럼 우리 주위에 필연의 무쇠 틀을 짜기 시작한다. "자기가 하고 싶은 것을 하느냐 아니면 분명 자기보다 조금도 더 현명할 것 없는 다른 누군가 하고 싶은 것을 하느냐 하는 선택이다." 이것은 내가 지난번 거론한 야만인과 속물 사이의 암묵적인 계약을 지칭하는데, 그 계약 속으로 어느 날 우중이 들어올 것으로 예상된다. 이 계약은 영국인의 정직성에 부끄럽지 않은 것이라서, 각 계급은 오직 통상적 자아의 이념과 목적만을 실행하므로, 어떤 계급이라도 권력을 행사하는 경우 자기 계급의 통상적 자아를 너무 진지하게 다루어서는 안 되고 또 그 자아를 남에게 강요해서도 안 될 것이고 남들

---

34) 이 책이 저널에 발표되던 시기의 제목인 「무질서와 권위」에 대한 논평 기사다. 『데일리 뉴스』, 1867년 11월 30일자.

이—예컨대 교황을 씹어대는 저 광신적인 프로테스탄트와 하이드 파크의 무질서를 퍼뜨리고 다니는 저 민중 옹호자—내키는 대로 설치게 두어야 할 것이다. 그러나 그때 『데일리 뉴스』는 느닷없이 밝은 희망의 빛으로 필연주의의 어둠을 환하게 밝힌다. "사회의 공통적인 이성이 상궤를 벗어난 개인의 탈선을 제어해야 한다." 이 같은 사회의 공통적인 이성은 우리의 최상의 자아나 올바른 이성과 아주 흡사해 보이는데, 국가나 집단적 성격의 나라가 이런 자아와 이성의 표현이 되게 함으로써 우리는 거기에 권위를 부여하고 싶은 것이다. 그러나 우리의 이 기획을 『데일리 뉴스』는 미묘한 변설(辨說)로 송두리째 파괴해버린다. "국가를 공통적 이성의 기구로 만들라고?"라고 그것은 말한다. "국가를 무언가의 기구로 할 수는 있겠지만, 어떻게 이성이 거기서 구현될 것이라고 확신할 수 있겠는가?" 해보지 않고야, 그것을 확신할 수 없음은 분명하다. 그러나 국가의 행동이 집합적인 나라의 행동이며 집합적인 나라의 행동은 자연히 크게 알려지고 무게를 지니고 본보기의 힘을 동반하기 때문에, 문제는 우리가 국가의 행동에 가능한 한 많은 올바른 이성이나 우리의 최상의 자아를 불어넣기 위해 노력하면 안 되는가 하는 것이다. 그리고 이렇게 불어넣은 올바른 이성과 최상의 자아는 이런 식으로 새로운 힘과 권위를 가지고 우리에게로 되돌아올 수 있고, 가시성과 형태와 영향력을 지니게 될 수도 있고, 우리가 단지 우리의 통상적 자아이고 싶은 그런 수많은 순간에 평범한 것에 대한 우리의 타고난 취향에 굴복하지 않고 거기에 저항하는 것을 도와줄 수도 있지 않겠는가 하는 것이다.

그러나 아니다!라고 우리의 선생께선 말한다. "인간의 행동에는 한없이 다양한 실험이 있는 것이 낫다. 자연스럽게 작동하게 내버려두면 사회의 공통적인 이성이 상궤를 벗어난 개인적인 일탈을 대개는 막아줄 것이다." 이것이 내가 특히 정적주의의 영국적 형태라고 부르는 것, 즉 모든 것을 지배하는 어떤 섭리에 독실하지만 과도하게 의존하는 것이다. 섭리는 모랄리스트들이 우리에게 조심스럽게 이야기하듯이 일반적으로 인간적인 수단에 따라 인간사 내에서 작용한다. 그래서 우리가 올바른 이성이 개인적인 경향에 작용하기를 원하고 우리의 최상의 자아가 우리의 통상적인 자아에게 작용하기를 원한다면, 거기에 공중의 인정과 권위를 부여함으로써, 그리고 가능한 한 국가가 그것을 구현하게 함으로써, 더욱 큰 힘을 그 같은 작용에 실어주려 한다. 우리 편에서 평범한 것에 대한 우리의 선천적인 취향이 자연스럽게 작동하고 무한히 다양한 실험을 하게 내버려두는데, 섭리가 신비스럽게 그 취향을 진실된 길로 인도하여 억지로 숭고한 것을 맛보게 해야 한다고 요구하는 것은 지나친 듯 보인다. 어떻든 지금까지 위대한 인간과 위대한 제도가 이런 식의 결과를 빚어내는 데 꼭 필요했던 듯하다. 다양한 실험이 한없이 이루어지고 수많은 탐험가들이 수없이 많아지는 것은 의심할 여지가 없다. 이 몇 장들에서조차도 여럿 열거했으니, 즉 『브리티시 배너』, 에드먼즈 판사, 뉴먼 윅스, 드보라 버틀러, 폴리 여장로, 노이즈 수사, 머피 씨, 음식업 인허 숙박업자, 지방순회 외판업자 그리고 얼마나 더 많이 있는지 나도 모른다. 그리고 이 고상한 무리의 숫자는 매일 늘어나고 있다. 그러나 이 흥미로운 탐험가들이 참된 길을 발견할 것이고, 아니면 그냥 내버려두어 지금처럼 하게 해도 어떻든 "대체로 잘 해낼 것"(그것이 무엇을 뜻하든지 간에)이라고 믿는 것은 얼마나 깊은 정적주의며, 섭리의 직접적인 개입을 얼마나 철면피하게 요청하는 짓인가! 철학자들도 말하다시피, 우리는 덕을 실천함으로써 덕을 배운다.[35] 그러나 우리가 평범한 것에 대한 우리의 타고난 취향이 시키는 대로 행동함으로써 덕을 배울 것이라고,

---

35) 아리스토텔레스, 『니코마코스 윤리학』에서.

광신적인 프로테스탄트가 교황을 물어뜯음으로써 자신의 최상의 자아에 도달한다거나 뉴먼 웍스와 드보라 버틀러가 곧이곧대로 본능에 따름으로써 올바른 이성에 도달한다고 말하는 것은 아무래도 너무 낙관적인 것처럼 보인다.

올바른 이성이 개인적 이성, 즉 개인들의 이성에 작용을 미치게 만드는 것이 우리가 원하는 것임은 사실이다. 권위에 대한 우리의 모든 모색도 그것을 목표로 한다. 보아 하니 『데일리 뉴스』는 권위에 대한 나의 모든 주장이 "비이성적인 뿌리를 가지고 있다"고 한다.[36] 그리고 나도 나 자신의 정신과 그것의 빈궁을 알기 때문에, 이 말이 그럴 법하다고 생각하여 두어 가지 정도 걸리는 점만 없다면 쉽게 시인하고 말았을 것이다. 그 하나는 이런 종류의 지적은 검토도 해보지 않고 시인할 사안은 아니라는 점이며, 두 번째는 특히 이 경우에는 충분한 근거도 없는 그런 비난이 왜 생겨나는지에 대한 설명이 절로 된다는 점이다. 내가 보기에 아마도 이 비난이 생기는 연유는 우리 민족의 유연성 부족 때문일 것이고, 여기에 대해서는 나도 수시로 언급했다. 내 말은, 광신적인 프로테스탄트나 민중 폭동자의 개인적 이성이 올바른 이성과 합치하게 하는 것이 우리의 진정한 목적이지 교황 물어뜯기나 난간 부수기를 하지 못하게 국가의 강한 팔로 막자는 것만은 아니라는 점을 인정하면서도, 우리 영국인은 너무 유연성이 없어서 다음을 쉽사리 인식할 수 없다고 본다. 즉 국가가 이런 방종한 행동을 못하게 막는 것은 집단으로서의 나라가 보기에는 이러한 방종한 행동이 비합리적이고 용납될 수 없는 것으로 보인다는 점을 분명히 해둠으로써 그들에게 다시 한 번 생각해볼 수 있게 하고, 시간이 감에 따라 점차 그들의 개인적 이성이 올바른 이성과 조화를

---

36) 주 34)를 참조할 것.

이루게 할 수 있다는 점이 그것이다. 위에서 언급한 것처럼 지적 유연성이 결여되어 있는 탓에, 우리는 우리가 타고난 것이기에 추천할 까닭도 없는 경향을 아주 부지런히 추천하고 우리가 타고난 것이 아니기에 깎아내릴 까닭이 없는 경향을 아주 부지런히 깎아내리는데, 어느 나라도 우리처럼 이러지는 않는다. 개인에게 의존하는 것이 우리의 타고난 경향이므로 개인에 의존하는 것의 좋은 점만을 듣게 될 것이며, 집합적인 나라를 통해서 개인에게 작용을 미치는 것은 우리의 타고난 경향이 아니므로 그것을 추천하는 소리는 귀에 들리지 않을 것이다. 그러나 종종 별로 듣고 싶지 않은 소리를 많이 듣는 것이 필요함을, 심지어 잘못 사용하면 우리에게 위험할 수도 있는 것을 경우에 따라서는 익혀두는 것이 필요함을 아는 사람이 현명한 사람일 것이다.

이는 이곳보다 다른 곳에서 더 잘 이해되고 있는 것이 분명하다. 『웨스트민스터 리뷰』의 최근호에서, 능력은 있지만 내가 말한 우리 민족의 유연성 결핍이 그대로 적용되는 한 작가가 몇 년 전 출간된 훔볼트의 저서 『정부의 영역과 의무』(*The Sphere and Duties of Government*)의 영어 번역본을, 내가 알기로는 지금 우리의 필요에 따라서 발굴해내다시피 했다.[37] 이 책에서 훔볼트의 목적은 정부의 작용은 인명과 재산의 보호에 직접적이고 즉각적으로 관련되는 것에만 엄격하게 한정되어야 한다는 점을 보여주는 것이다. 이 세상 누구 못지않게 아름다운 영혼의 소유자 중 한 사람인 훔볼트는 인생에서 할 일은 첫째, 힘에 닿는 모든 수단을 동원하여 자신의 자아를 완성하는 것이며, 둘째, 자기 주위의 세계에서 재능과 개성의 귀족계급을 가능한 한 많이 창조하려고 애쓰는 것이라고

---

37) 「민주주의의 위험」(Dangers of Democracy)이라는 기사(1868년 1월호)로, 칼라일의 「나이애가라 타고 내리기: 그 뒤?」와 훔볼트의 책에 대한 논평이다.

늘 말했다. 그는 결국 모든 것의 귀결점은 바로 이것, 즉 개인은 자기 자신을 위해서 행동해야 하고, 자기 자신에서 완성되어야 한다는 것을 물론 알고 있었다. 그리고 그는 독일이라는 나라, 즉 사람들이 자기 자신을 위해서는 아무것도 하지 않으려 하고 정부에게 지나치게 기대려고만 하는 나라에서 살았다. 그러나 그러면서도 그는 매우 유연했고 추상적인 원리에만 묶여 있지는 않은 까닭에, 개인을 자기 자신의 토대 위에 완전하게 설 수 있게 하고 국가 없이 살 수 있게 만들자는 자신의 목적을 위해서라도, 국가의 행동이 오랜 기간 필수적일 것임을 잘 알고 있었다. 그리고 『정부의 영역과 의무』에 대한 책을 쓴 직후에, 훔볼트는 프러시아의 교육부장관이 되었다. 프러시아의 교육의 통제권을 국가에 위탁하는 모든 위대한 개혁——공립학교 관리를 구평의회 이사회에서 국가로 전환하고, 교사에 대한 국가고시를 의무화하고, 위대한 베를린 국립대학교를 창립하는 등——이 시작된 것도 바로 그가 장관직에 있을 때였다. 그의 책을 서평한 영국의 비평가는 여기에 대해서는 한마디도 하지 않는다. 오히려 그 반대로 나간다. 앞에서 논의한 것처럼 국가에 지나치게 기댄다는 점이 아니라 통제와 지도가 이루어지지 않은 개인적인 행동을 한다는 점이 위험한 그런 민족[38]을 위해서 쓰면서, 그는 훔볼트의 본보기에서 그들의 성향에 알랑거릴 수는 있으되 아무런 득도 되지 않는 것만을 인용한 것이다. 그리고 그들에게 생각해볼 수 있게 하고 그들을 유익하게 할 수 있는 것은 유독 한쪽으로 치워놓는 것이다. 이것은 앞에서 보았다시피 우리의 왕족과 귀족 인물들이 요식업 인허 여관업자에게 하는 방식을 꼭 그대로 상기시킨다.

프랑스에서는 개인에 대한 국가의 행동은 독일에서보다 더욱더 압도

---

38) 영국 민족.

적이다.[39] 또 인간의 완성을 지지하는 사람들이 개인을 자기 자신의 토대 위에 완전하게 설 수 있게 하는 것이 필요하다는 점에 대해 훨씬 더 강한 동감을 나타낸다. 그러나 이들 지지자들 가운데서도 철저한 사람 가운데 하나인 르낭(Ernest Renan) 씨가 국가 행동에 대해 뭐라고 하며, 또 프랑스에서 국가 행동이 가장 과도한 교육의 영역에서 국가 행동에 대해 뭐라고 하는가? 다음이 그의 말이다. "자유주의자는 자유를 믿고, 자유는 국가의 비개입을 의미한다. 그러나 이런 이상(理想)은 아직도 우리에게 거리가 멀다. 국가가 자기의 행동을 너무 빨리 철회하는 것이야 말로 그 이상을 한없이 먼 곳으로 보내버리는 바로 그 수단인 것이다." 그리고 이것은 공사(公事)의 어느 다른 부문보다도 교육에서 훨씬 더 진실이라고 그는 덧붙인다.

이제 우리는 안다. 훌륭한 판관들의 의견으로는 우리가 추구하는 저 인간의 완성에 불가결한 것이 우리의 최상의 자아나 올바른 이성에 대한 어떤 공적 인정과 확립임을. 우리의 습관과 실천이 이 같은 인정과 얼마나 상충하는지를 알고 그 때문에 우리가 얼마나 불편을 많이 겪는지를. 그러나 이제 조금 깊이 들어가 우리의 실제의 습관과 실천 아래서 그런 불편이 솟아나오게 되는 바로 그 근거와 원인을 찾아보기로 하자.

---

39) 이하 프랑스 교육 부분은 『프랑스의 대중교육』, 『프랑스판 이튼학교』에서 기술한다.

4 헤브라이즘과 헬레니즘

이 근본적인 근거는 우리가 행하기를 생각하기보다 좋아한다는 것이다. 현재 이 선호가 우리 본성의 주된 요소이므로 그것을 살피다 보면 우리는 모든 면에서 여러 가지 큼직한 문제와 마주치게 된다.

잠시 윌슨 주교에게 돌아가보자. 그는 "첫째, 당신이 가진 최상의 빛에 맞서지 말 것, 둘째, 당신의 빛이 어둠이 되지 않도록 할 것"이라고 말했다. 우리는 하나의 민족으로서 우리가 가진 최상의 빛에 따라 걷는 데서는 칭찬할 만한 정력과 끈질김을 보여주지만, 우리의 빛이 어둠이 되지 않게끔 하는 데는 충분히 주의를 기울이지 않는 듯하다. 이것은 지성보다는 정력이 우리의 강점이고 긍정적인 특징이라는 저 묵은 이야기[1]를 달리 푼 것일 뿐이다. 그러나 이 생각에 좀더 일반적인 형태를 부여할 수도 있을 텐데, 그러면 적용의 범위도 더 넓어지게 될 것이다. 우리는 실천을 향한 이 정력, 의무와 자제와 일에 대한 이 드높은 책임감, 우리가 가진 최상의 빛을 남자답게 준수하려는 열의 등을 한 가지 힘으로 볼 수 있을 것이다. 그리고 필경 올바른 실천의 토대가 되는 생각으로 몰아가

---

1) 「아카데미의 문학적 영향」이라는 아널드의 평론에 피력한 생각이다.

는 지성, 인간의 발전과 더불어 요구되는 생각의 새롭고 다른 조합에 대한 열정적인 감각, 그 생각을 완벽하게 알고 적용하려는 불굴의 충동 등을 또 다른 힘으로 볼 수 있을 것이다. 그리고 이 두 힘을 우리는 어떤 점에서는 맞수라고— 각자의 본성이 꼭 그렇다는 것이 아니라 인간과 인간의 역사에 드러날 때는 그렇다는 말인데— 세계라는 제국을 양분하는 맞수라고 볼 수도 있을 것이다. 그리고 가장 표나고 훌륭하게 구현해 낸 두 종족의 이름을 따서 이 힘을 명명하면 우리는 그것을 각각 헤브라이즘의 힘과 헬레니즘의 힘이라고 부를 수 있을 것이다.[2] 헤브라이즘과 헬레니즘— 이 두 영향권 사이에서 우리의 세계는 움직인다. 세계는 어떤 시기에는 이 가운데 어느 하나에 더 강하게 끌리고 또 다른 시기에는 다른 쪽으로 더 강하게 끌린다. 그리고 실제로 그런 적은 한 번도 없지만 세계는 이 둘 사이에서 공평하고 행복하게 균형을 이루어야 마땅하다.

모든 위대한 정신적 기율이 그러하듯이 헬레니즘과 헤브라이즘의 최종 목표는 의심할 나위 없이 동일하니, 즉 인간의 완성 또는 구원이다. 이 목표에 도달하게끔 우리를 가르치는 데 사용하는 둘의 언어부터 종종 동일하다. 이 둘의 언어가 편차를 보이면서— 큰 편차를 보일 때도 더러 있지만 대개는 사소하고 미묘한 경우가 대부분인데— 각각의 기율에서 가장 우세한 상이한 사고 경로를 지칭하는 때조차도 최종적인

---

2) 이 두 용어의 대비를 아널드는 하이네에게서 따왔다. 평론 「하인리히 하이네」의 다음 구절을 참조할 것. "그는 16세기에 이중의 르네상스— 헬라스적 르네상스와 헤브라이적 르네상스— 가 있었고, 이 양자가 그 뒤로 커다란 힘이 되었다는 탁월한 지적을 했다. 그 자신이 그리스의 정신과 유대의 정신을 둘 다 가지고 있었다. 이 두 정신은 모든 시와 모든 예술의 진정한 목적인 무한한 것에 도달하는데, 그리스 정신은 아름다움을 통해서, 헤브라이 정신은 숭고함을 통해서 그러하다. 문학적 형식의 완전함, 명백함에 대한 사랑, 아름다움에 대한 사랑을 보면 하이네는 그리스적이다. 강렬함, 길들지 않음, '말로 표현할 수 없는 갈망'을 보면, 그는 헤브라이적이다."

목표의 동일성만큼은 여전히 명백하다. 우리 모두 가장 익숙해져 있는 그 기율[3]에서 실제로 쓰는 말이고 따라서 우리에게 가장 잘 다가오는 말을 쓰면, 그 최종적인 목표이자 목적은 "신의 성품에 참례하는 자가 되게 하려 하셨"[4]다는 것이다. 이 말은 한 헤브라이 사도의 말이지만 헬레니즘이나 헤브라이즘이나 그 목표는 바로 이것이 아닌가 한다. 이 둘이 서로 충돌하는 경우가 종종 있지만, 그렇게 충돌하는 때는 거의 언제나 이른바 수사적 목적이 앞설 때다. 즉 말하는 이의 모든 의도가 둘 가운데 하나를 높이고 그것에 왕관을 씌우려는 데 있으며, 다른 쪽은 이쪽을 돋보이게 해주는 수단으로서만, 그리고 자기 목적을 더 강하게 표현하는 수단으로서만 사용되는 것이다. 분명 우리의 경우는 대개 헬레니즘이 헤브라이즘의 승리에 기여하는 수단으로 동원된다. 관심과 존경 없이는 언급할 수 없는 그런 분, 즉 로버트슨[5]이 그리스와 그리스 정신에 관해서 행한 설교 같은 경우, 여기서 그리스와 그 정신을 수사적으로 사용하고 그러다보니 도리없이 그것들을 부적절하게 전달한 것은, 거의 우스꽝스럽기도 하거니와 설교가 절박하게 필요했던 사정이 감안되지 않는다면 비난받을 만한 것이리라. 다른 한편에는 하이네[6]나 그와 같은 유형의 다른 작가들이 있는데, 그들은 판을 완전히 돌려놓아서 이번에는 헤브라이즘이 헬레니즘을 돋보이게 만드는 하나의 수단이자 대조항으로, 헬레니즘의 우월성을 더 명백히 하는 데 동원된다. 이 두 경우 다 부당한 취급과 왜곡이 일어난다. 앞서 말한 대로 헤브라이즘과 헬레니즘 양자의

---

3) 헤브라이즘을 뜻한다.
4) 「베드로후서」, 1장 4절.
5) 로버트슨(Frederick William Robertson, 1816~53): 영국의 프로테스탄트 목사.
6) 하이네(Heinrich Heine, 1797~1856): 독일의 시인. 아널드는 하이네를 '인간 해방 전쟁'의 전사라고 높이 평가한다. 평론 「하인리히 하이네」가 있다.

목표와 목적은 동일하며 이 목표와 목적은 존엄하고 훌륭하다.

그렇지만 이 목표를 추구하는 경로는 서로 매우 다르다. 헬레니즘에서 최고의 이념이 사물을 있는 그대로 보려는 것이라면, 헤브라이즘에서 최고의 이념은 실행과 복종이다. 이 지울 수 없는 차이는 도저히 없앨 수 없다. 육체와 그 욕망에 대한 그리스인의 불만은 그것이 올바른 생각을 방해한다는 것이며, 헤브라이인의 불만은 그것이 올바른 행동을 방해한다는 것이다. "율법을 지키는 자는 복이 있느니라." "여호와를 경외하며 그 계명을 크게 즐거워하는 자는 복이 있느니라."[7] 이것이 헤브라이적인 지복의 관념이며 열정적이고 끈기 있게 추구될 때 이 관념은, 잘 알려진 일이지만, 헤브라이인을 몰아가 끝내는 그의 온 삶을 감싸고 그 삶의 온갖 순간, 온갖 충동, 온갖 행동을 지배하는 빈틈없는 처방을 율법에서 끌어내게 할 것이다. 다른 한편 그리스적인 지복의 개념은 한 위대한 프랑스 도덕가의 다음 말, "이것이 인간의 행복이다"[8]로 완벽하게 전달된다. 언제? 악한 것을 기피하는 때? ― 천만에. 주님의 율법을 주야로 묵상하는 때? ― 천만에. 그들이 날마다 죽는 때? ― 천만에. 손에 종려가지를 들고 새 예루살렘 주위를 걸을 때?[9] ― 천만에. 그것이 아니라 올바르게 생각할 때, 그들의 생각이 정곡을 찌를 때, 즉 '그들이 바르게 생각할 때'다. 그리스적인 관념과 헤브라이적인 관념의 바탕에는 신의 이성과 의지를 향한, 인간의 타고난 욕망, 보편적인 질서를 좇는 감각, 한마디로 신에 대한 사랑이 있다. 그러나 헤브라이즘이 보편적 질서의 어

---

7) 각각 「잠언」, 29장 18절; 「시편」, 112장 1절.
8) 생트 뵈브가 인용한 신성로마제국 황제 프리드리히 대제(Frederick the Great, 1194~1250)의 말이다.
9) 각각 「로마서」, 12장 9절; 「시편」, 1장 2절; 「고린도전서」, 15장 31절; 「요한 계시록」, 7장 9절.

떤 명백하고, 으뜸가는 조짐(intimations)을 그러잡고, 말하자면 장대무비의 진지성과 강렬함으로 그 조짐을 익히고 준수하는 데 몰두한다면, 헬레니즘의 경향은 유연한 태도로 보편적인 질서의 전체적인 활동을 따르고, 그것의 어떤 부분이라도 놓치거나 한 부분을 다른 부분에 희생시키지 않으려고 하고, 아무리 으뜸일지라도 이런저런 조짐에 머무르는 것을 피하려고 하는 것이다. 흐린 곳 하나 없는 정신의 명료함, 걸릴 것 없는 사고의 활동이 이 경향이 추구해나가는 것이다. 헬레니즘의 지배적인 이념은 의식의 **자발성**이며, 헤브라이즘의 지배적인 이념은 **양심의 엄격성**이다.

기독교는 행동을 앎 위에 두는 헤브라이즘의 이러한 본질적인 경향을 아무것도 변화시키지 않았다. 자기 정복과 자기 헌신, 우리 자신의 개인적인 의지가 아니라 신의 의지에 따르기, 즉 복종은 이 형태, 우리가 헤브라이즘이라는 일반적인 이름을 붙여온 기율의 근본적인 이념이다. 다만, 헤브라이즘이 인간의 삶에 둘러씌웠던 옛 율법과 일련의 처방은, 소기의 결과 ── 선행과 극기를 꾸준히 계속하기 ──를 산출하는 원동력으로서는 아무래도 추진하고 모색하는 힘이 부족했기 때문에, 기독교는 이 처방을 예수 그리스도와 새로운 원동력이 제공하는 저 영감을 불러일으키는 감동적인 극기의 방식에 대한 한없는 헌신으로 대체한 것이다. 이 같은 헌신을 본질로 하는 이 원동력으로, 비록 기독교 교회들에 대한 사랑과 찬미가 그 본질에 대한 소박한 묘사를 변형시키고 확대하고 장식하는 데 오랜 세월 사용되어오기는 했지만, 기독교는 성 바울로의 참된 말 그대로 "율법을 굳게 세우고"[10] 그럼으로써 율법을 이루기 위해 그것이 제공해온 한층 광대한 권능의 힘으로 우리 모두가 보는 기독교 역

─────────────

10) 「로마서」, 3장 31절.

사의 기적을 완수해왔다는 것이다.

헬레니즘과 헤브라이즘 양자가 인간의 삶과 경향과 권능의 심원하고 찬미할 만한 표현이라는 점, 그리고 양자가 유사한 최종 결과를 목표로 한다는 점을 잊지만 않는다면, 그 둘의 노선이나 작용 방식이 서로 갈라서 있다는 것은 아무리 강조해도 지나치지 않다. 너무나 커다란 갈라짐인지라 "시온아, 내가 네 자식을 격동시켜 헬라(그리스) 자식을 치게 하며"[11]라는 예언자 스가리야(Zechariah)의 말이 딱 들어맞는다고 할 것이다. 우리가 행함을 중히 여기든 앎을 중히 여기든, 그 차이와 거기에 따르는 실제 결과는 모든 우리 민족의 역사와 발전에 표식을 남긴다. 헬레니즘과 헤브라이즘이 서로 동일한 흐름을 따르고 동일한 목적지를 향해 가는 것처럼 보이도록 양자에서 말을 따오는 것은 얼마든지 가능하다. 이 둘 모두 동일한 목적지를 향해 실려가는 것은 사실이다. 그러나 그것을 싣고 가는 흐름은 한량없이 다르다. 물론 솔로몬(Solomon)은 앎을 찬양할 것이다. 즉 "명철한 자에게는 그 명철이 생명의 샘"[12]이 된다. 그리고 또 신약에서도 예수 그리스도는 '빛'이시며 "진리가 우리를 자유롭게 한다".[13] 아리스토텔레스가 앎을 평가절하할 것이라는 점도 사실이다. 그는 말하기를 "덕성의 문제에서 세 가지가 필수적이니—지식, 나름대로의 의지, 인내다. 그러나 후자 둘은 꼭 필요한 것이나 첫 번째 것은 별로 중요한 문제가 아니다."[14] 사도 야고보가 듣고도 잘 잊어버리는 사람이 되지 말고 그 말을 행하는 자가 되어야 한다고 명할 때[15]와 똑같은 절

---

11) 「스가리야서」, 9장 13절.
12) 「잠언」, 16장 22절.
13) 「누가복음」, 2장 32절; 「요한복음」, 8장 32절.
14) 『니코마코스 윤리학』에 나오는 말.
15) 「야고보서」, 1장 22절.

박함을 담아, 에픽테투스[16]도 해야겠다고 언명한 바를 반드시 행하라고 권하는 것도 사실이다. 또 에픽테투스는 거짓말하는 것이 잘못임을 입증할 능력을 철저히 갖추었으면서도 실제로는 항상 거짓말을 계속하고 있으니 얼마나 허황하냐고 우리를 질책한다. 플라톤이 신약이나 『준주성범』[17]과 거의 같은 말로 삶이란 죽는 법을 배우는 것이라고 하는 것[18]도 사실이다. 그러나 겉으로 나타난 이 같은 일치의 이면에는 근본적인 갈라짐이 여전히 존속한다. 솔로몬이 말하는 '명철'이란 '계율을 따라서 걷는 일'이다. 이것이 '평강의 길'이고 이것을 통해서 축복이 오는 것이다.[19] 신약에서는 우리에게 신의 평화를 주고 우리를 자유롭게 하는 진리란 그리스도에 대한 사랑, 즉 우리에게 그의 행위를 좇아 그리고 도덕적 갱생이라는 유사한 목적으로 십자가를 지고 애정과 육욕을 가진 육체를 억누르게 하며 그리하여 앞서 보았듯이 율법을 세우는 그 사랑이다.[20] 다른 한편, 아리스토텔레스에게 도덕적 덕성은 지적인 것으로 이르는 문이자 통로일 뿐이며, 축복은 이 지적인 것에 있다.[21] 플라톤은 실제적인 미덕만을 가진 사람, 즉 완전한 지적 비전이라는 동기가 아닌 다른 어떤 동기로 자기 정복을 수행하는 사람들은 앞서 말한 헬레니즘과

---

16) 에픽테투스(Epictetus, 55~135): 로마의 철학자.
17) 라틴어로 씌어진 신앙서(원제는 *De Imitatione Christi*)다. 『그리스도를 본받아』(*The Imitation of Christ*)라는 제목으로 영역되어 있고, 세계 각국어로 번역되어 성경 다음으로 많이 읽혔다고 한다. 예수의 삶과 가르침에 대한 명상을 담고 있으며, 15세기 토마스 아 켐피스(Thomas á Kempis, 1380~1471)의 작품으로 알려져 있다. 우리나라에는 『준주성범』(遵主聖範)이라는 제목으로 번역되어 있기도 하다.
18) 플라톤, 『파이돈』(*Phaedon*).
19) 「열왕기상」, 3장 11절; 「잠언」, 3장 13절, 17절.
20) 「빌립보서」, 4장 7절; 「요한복음」, 8장 32절; 「갈라디아서」, 5장 24절; 「로마서」, 3장 31절.
21) 『니코마코스 윤리학』.

헤브라이즘이 최고 목표로 정해놓은 성스러운 삶에 동참할 수 없다고 잘라 말한다. 순수한 지식을 사랑하는 자, 사물을 실제로 있는 그대로 보는 것을 사랑하는 자(the φιλομαθής)만이 누릴 수 있다는 것이다.[22]

헬레니즘과 헤브라이즘 양자는 인간 본성의 요구에서부터 나오며, 그 요구를 충족시키는 일에 종사한다. 그러나 이 둘의 방법은 너무 다르고, 너무 다른 면에 역점을 두고, 각자의 기율에 따라 너무 다른 활동이 생겨나기 때문에, 이들 가운데 어느 하나의 손에서 다른 손으로 넘어가게 될 때 인간의 본성이 드러나는 얼굴은 더는 같지 않다. 사람의 무지를 제거하는 것, 사물을 있는 그대로 보는 것 그리고 있는 그대로 봄으로써 그 아름다움을 보는 것은 헬레니즘이 인간 본성 앞에 내놓은 단순하고도 매력적인 이상이다. 그리고 이 이상의 단순성과 매력에서부터 헬레니즘은 그리고 헬레니즘의 지배 아래에 있는 인간의 삶은 천상의 평안, 명쾌성, 광휘 같은 것을 부여받는다. 그것은 우리가 단맛과 빛이라고 부르는 것으로 가득 차 있다. 어려움은 시야에서 사라지고 그 이상의 아름다움과 이성적임이 우리의 모든 생각을 장악한다. "최상의 인간은 자신을 완성시키려고 가장 노력하는 사람이며 가장 행복한 인간은 그가 자신을 완성시키고 있다는 것을 가장 잘 느끼는 사람이다."[23] 이 문제에 대한 소크라테스(『소크라테스의 추억』에 나오는 진정한 소크라테스)의 이 같은 설명에는 간명하고 자연스럽고 소박한 면이 있어서 그것을 들을 때면 우리의 마음은 명료함과 희망으로 차오르는 듯하다. 그러나 소크라테스에 관해서 칼라일 씨가 했다는 말이 있는데,— 정말 칼라일 씨의 말인지

---

22) 이 생각은 『공화국』(*Republic*) 5권 끝 부분을 염두에 둔 듯하다.

23) 크세노폰(Xenophon, 기원전 434~355)의 말로, 그의 『소크라테스의 추억』(*Memorabilia*)이라는 책에 나온다. 크세노폰은 소크라테스의 제자로 그리스 시대의 군인이자 역사가다.

아닌지 모르겠으되, 무척 절묘하다— 헤브라이즘이 헬레니즘과 본질적으로 구별되는 지점을 멋지게 표시해준다. 이 말은 이렇다. "소크라테스는 시온 땅에서 몹시도 편안하다."[24] 헤브라이즘은— 그리고 여기에 그 놀라운 힘의 원천이 있는데— 시온 땅에서 편히 있을 수 없다는 끔찍한 의식에서 한시도 벗어나지 못한 것이다. 소크라테스가 완성을 향한 인간의 추구나 달성에 대해서 큰 희망을 담아 이런 관점에서는 대개 그렇듯이 아주 유창하게 말하고 있지만, 헤브라이즘은 같은 추구와 달성을 가로막는 어려움에 대한 끔찍한 의식에서 벗어나지 못한다. 무지를 벗어나는 것, 사물을 실제 있는 그대로 보는 것, 아름다움 그대로 보는 것에 대해서 말하는 것은 좋지만, 우리의 모든 노력을 위축시키고 망치게 만드는 무언가 있다면 어떻게 이 일이 이루어질 수 있는가?

이 무언가가 죄다. 그리고 죄가 헤브라이즘에서 차지하는 자리는 헬레니즘과 비교하면 실로 엄청나게 크다. 완성에 대한 이 장애가 장면 전체를 가득 채우고, 완성은 저 뒤편으로 물러나 지상에서 떠나버린 듯 아득해 보인다. 죄의 이름 아래, 인간이 완성으로 가는 길을 막아서는 어려움, 즉 자신을 알고 자신을 이겨내는 일의 어려움은 헤브라이즘에게는 인간에게 적대적인, 적극적이고 활동적인 어떤 실체가 된다. 언젠가 퓨지 박사[25]는 내가 들은 한 인상적인 설교에서 그 힘을 우리의 어깨 위

24) 칼라일의 표현을 소개하면 다음과 같다. "성스러운 플라톤(소크라테스가 아니다-옮긴이)은 의심할 여지 없이 드물고 풍성한 천재며, 가장 고귀한 아테네 신사입니다. 그러나 끔찍스럽게도 '시온에서 편히' 있으니, 이것은 시기에 따라서는 잘못으로 생각되는 것입니다." 칼라일이 데이비스(J. L. Davies)에게 1852년 4월 27일에 보낸 편지의 한 구절이다.

25) 퓨지(Edward Bouverie Pusey, 1800~82): 옥스퍼드의 헤브라이어 교수로 옥스퍼드 운동의 지지자였으나, 자기의 친구인 뉴먼(John Henry Newman)과는 달리 로마 가톨릭으로 넘어가지는 않았다. 그는 국교회의 고교회파 지도자로 남아 있었고, 권위를 축소하려거나 교회의 정통성에 간여하려는 어떤 움직임에 대

에 앉은 흉측한 꼽추에 비유했는데, 그 힘을 미워하고 반대하는 것이 우리 삶의 주된 직무가 된다. 구약의 규율은 우리에게 죄를 혐오하고 죄에서 도망칠 것을 가르치는 규율이라고 요약할 수 있다. 신약의 규율은 죽기로 죄를 짊어질 것을 가르치는 규율이라고 요약할 수 있다. 헬레니즘이 명료한 사유를, 사물을 그 본질과 아름다움으로 봄을 인간이 이루어 마땅한 훌륭하고 귀중한 위업이라고 말하듯이, 헤브라이즘은 죄를 의식하게 됨을, 죄의 의식에 눈뜸을 이런 종류의 위업이라고 말한다. 이러한 상이한 경향이 적극적으로 추구되면 서로 엄청나게 사이가 벌어지리라는 것은 명백하다. 헬레니즘에서 헤브라이즘으로, 플라톤에서 성 바울로로 건너가고 다시 건너오게 될 때, 우리는 눈을 비비며 다시 자문해보고 싶어진다. 즉 인간은 고귀하고 성스러운 본성의 흔적을 보여주는 사실상 점잖고 단순한 존재인지 아니면 이 죽음의 육체에서부터 자신을 해방시키기 위해 신음을 참아가며 갖은 애를 쓰는 불행한 족쇄에 묶인 포로인지라는 물음을.[26]

인간 본성에 대한 헬레니즘적인 관념이 불건전했음은 분명히 드러났으니, 세계가 그것으로 살 수는 없었기 때문이다. 그렇다고 그것을 불건전하다고 못박아버리는 것은 헤브라이즘을 추구하는 적들이 흔히 저지르는 잘못에 빠지는 꼴이 된다. 그러나 헬레니즘적 관념은 인간 발전의 특정 단계에서 불건전했다. 즉 시기상조였다. 행실과 자제의 불가결한 토대, 오직 그것 위에서만 그리스가 목표한 완성이 꽃필 수 있는 그런 단(壇)에 우리 인류는 그리 쉽게 도달할 수 없었다. 몇 세기에 걸친 시험과 규율이 우리를 거기까지 데려가는 데 필요했다. 따라서 헬레니즘의 밝

해서도 적극적이고 정력적인 공격자였다.

26) 「로마서」, 8장 26절; 7장 24절("오호라, 나는 곤고한 사람이로다. 이 사망의 몸에서 누가 나를 건져내랴").

은 약속은 퇴색하고 헤브라이즘이 세계를 지배했다. 그리하여 저 놀라운 장관이 펼쳐지게 되었으니, 예언자 즈가리야가 각양각색의 민족어를 사용하는 사람들이 유대인인 그의 옷자락을 붙잡았을 때 했다는 말이 그 장관을 잘 표현해준다. 자주 인용되는 그 말인즉, "하나님이 너희와 함께 하심을 들었나니 우리가 너희와 함께 가려 하노라."[27] 그리고 완전히 길을 잃고 쓸모가 없게 된 그런 세계를 인수하여 다스린 헤브라이즘은 그 뒤 더 영적이고 더 매력적인 발전 형태를 취했고 또 그것이 필연이었다. 이것이 곧 기독교였다. 다시 말해서 율법의 자구에 복종하는 것에서가 아니라 자기희생의 모범적인 상(像)[28]에 순응함으로써 극기를 달성하고 천한 감정의 속박에서 벗어나는 것을 목표로 하는 헤브라이즘이다. 도덕적 퇴락에 물든 세계에 기독교는 영감에 가득 찬 자기희생의 장관을 제공했다. 자신의 아무것도 포기하지 않은 사람들에게, 기독교는 자신의 모든 것을 포기한 사람을 보여주었다. "나의 구세주는 기쁨을 추방했도다!"라고 허버트[29]는 말한다. 알마 베누스(alma Venus), 즉 생명과 기쁨을 부여하는 자연의 힘, 이교 세계가 그토록 아꼈던 그 힘이 그 세계를 따르는 사람들을 자기 불만과 권태에서 구해주지 못했을 때,[30] 사도의 엄격한 말은 아연 힘을 불어 넣어주고 쇄신시키는 것으로 다가왔다. "누구든지 헛된 말로 너희를 속이지 못하게 하라. 이를 인하여 하느님의

---

27) 「즈가리야서」, 8장 23절.

28) 즉 예수 그리스도라는 모범.

29) 허버트(George Herbert, 1593~1633): 시인이자 성직자다.

30) 루크레티우스를 언급했다. 루크레티우스가 알마 베누스를 자기의 책에 영감을 얻기 위해서 불러냈다. 루크레티우스는 로마의 시인이며 철학자(기원전 94~55)로 「자연에 관하여」(De rerum natura)를 저술했으며, 우울증으로 자살했다. 그의 '우울'과 '권태'가 근대적인 감정을 가지고는 있으나 병적인 점에서 근대에 대한 올바른 대응이 되지 못한다는 점에 대한 논의는 아널드의 평론 「문학에서의 근대적 요소」를 참조할 것.

진노가 불순종의 아들들에게 임하나니."[31] 긴 세월이 지나면서 그리고 세대가 이어지면서, 우리 인류 또는 인류 가운데 가장 살아 있고 진보적인 부분이 모두 **죽음의 세례**를 받았고, 육신의 고통을 겪으면서 죄를 그만두기 위해 노력했다. 초기 기독교의 생기발랄한 수고와 고통, 중세 기독교의 감동적인 극기주의는 이 노력의 위대한 역사적 표현이다. 문자로 된 그 기념비, 각각이 그것대로 무비(無比)의 것인 기념비는 성 바울로의 편지, 성 아우구스투스의 고백 그리고 가장 독창적이고 소박한 두 권의 『그리스도를 본받아』[32]로 남아 있다.

두 기율 가운데 하나는 명쾌한 지성을, 다른 하나는 엄한 복종을 주로 강조한다. 하나는 의무의 근거를 폭넓게 아는 것을, 다른 하나는 그것을 부지런히 행하는 것을 강조한다. 하나는 윌슨 주교의 말을 다시 빌리면 우리가 가진 빛이 어둠이 되지 않게끔 가능한 온갖 주의를 기울임을, 다른 하나는 우리가 가진 최상의 빛에 따라서 부지런히 걷는 것을 강조한다. 이 가운데 인간의 온갖 도덕적 힘을 떠받쳐주고 인간을 위해 인격의 불가결한 토대를 확립하는 그런 기율이 자연히 우위에 선다. 그리고 양심과 극기라는 말이 지향하는 성스런 질서의 한쪽 측면을 강하게 내세우는 데 몰두해 있는 유대민족을 두고서, 그들이 "하느님의 말씀을 맡았음이니라"[33]고 말하는 것은 따라서 정당하다. 이와 마찬가지로, 유대교에 뒤이어 나왔고 이 같은 측면을 훨씬 더 효과적이고 훨씬 더 광범하게 내세운 기독교에 비해 보면, 구(舊)이고 세계의 지혜는 어리석었다고 말하는 것도 정당하다. 인류에게는 자기를 알고 소유하게 되는 작업이 배정되어 있는데 그 작업에서 인류가 앞으로 나아갈 수 있도록 해준 이 고마

---

31) 「에베소서」, 5장 6절.
32) 첫 두 권을 말한다─저자. 『그리스도를 본받아』는 모두 4권으로 구성되어 있다.
33) 「로마서」, 3장 2절.

운 힘, 무엇보다도 그 힘의 활동이 가장 건강하고 가장 필요한 그런 위대한 순간에 그렇게 해준 고마운 힘에 감사하려면 어떤 헌신과 찬양의 말로도 부족할 것이다.

그러나 이 힘의 진화만 따로 놓고 그 자체로 보면 그것이 인류 진화의 전부는 아니다. 그것의 단일한 역사가 인간의 전 역사는 아니다. 비록 그것을 찬양하는 자들은 늘 그 역사가 전체 역사를 대변하게 하고 싶어 하지만 말이다. 헤브라이즘과 헬레니즘은 그 어느 것도 각각의 찬미자가 그렇게 했으면 하는 것과는 달리 인간 발전의 유일 법칙은 아니다. 이 둘은 모두 인간 발전에 기여—존엄한 기여, 더없이 값진 기여— 했다. 그리고 각각은 우리가 언제 그것을 가지며 어떤 관계를 가지느냐에 따라 상대보다 더 존엄하고 더 소중하고 더 비중 있는 것으로 비치게 된다. 근대 세계의 민족들, 이교 세계를 분쇄한 저 거대하고 건강한 움직임의 자식들이 헬레니즘에 대해서는 그것을 축소하는 관계를, 헤브라이즘에 대해서는 그것을 극대화하는 관계를 맺게 되는 것은 어쩔 수 없다. 그들이 헤브라이즘을 인간 발전의 유일 법칙으로 보아 아무리 소중하더라도 단지 인간 발전에 기여할 뿐이라는 것을 인정하지 않는 것도 당연하다. 그렇지만 이 점은 꼭 짚어야겠다. 인간 영혼은 그것을 전진하게 하는 힘 가운데서 가장 가치 있는 것보다도 더 넓다는 것 그리고 인간의 전체적인 발전으로 보아서는 헤브라이즘도 헬레니즘처럼 단지 하나의 기여에 지나지 않는다는 것이다.

인간 영혼에 깊이 관여해왔고 영혼의 고귀함과 힘을 보여줄 두드러진 기회를 제공해온 한 가지 위대한 이념—즉 불멸성의 이념—에 대한 취급에서 예를 들어보면 이 점이 더 명백해지지 않을까 한다. 불멸성의 이념은 인간 영혼 앞에 일반적인 형태로 나타날 때 특정한 형식을 통해 나타난 경우보다 더 장대하고 더 진실하고 더 만족스러운 것임은 분명히 인정되어야 한다. 그런데 성 바울로는 고린도인에게 보낸 서한의 유명한 15장에서 그리고 플라톤은『파이돈』에서, 특정한 형식을 통해 이 이념을 발전시키고 수립하려 한다. 우리는 헤브라이의 사도가 이 위대한 이념을 설명하기 위해서 동원하는 논법이 결국 혼란스럽고 불명료하다는 것을 느끼지 않을 수 없고 그리스 철학자가 유사(類似)와 상등(相等)의 유비를 통해 끌어내는 논증이란 것이 지나치게 난해하고 빈약하다는 것을 느끼지 않을 수 없다. 헤브라이즘과 헬레니즘이 여기서 시도하는 부적절한 해결책이 미치지 못하는 곳에 거대하고 존엄한 문제 자체가 그리고 그 문제를 탄생시킨 인간 정신이 펼쳐진다. 그리고 이 한 가지 예증으로 미루어 다른 경우에도 동일할 것임을 짐작할 수 있으리라.

그러나 한편, 헤브라이즘과 헬레니즘이 번갈아 들어섬으로써, 즉 인간의 지적 충동과 도덕적 충동의, 사물을 실제 있는 그대로 보려는 노력과 극기를 통해서 평화를 얻으려는 노력이 번갈아 들어섬으로써, 인간 정신은 앞으로 나아간다. 그리고 이 두 힘은 각각 일정 기간 정점을 이루며 지배한다. 기독교의 위대한 움직임이 헤브라이즘과 인간의 도덕적 충동의 승리였던 것처럼, 르네상스(Renascence)의 이름[34]으로 진행되는 위대한 움직임은 인간의 지적 충동의 그리고 헬레니즘의 흥기요 재천명이었다. 영국에서 프로테스탄티즘의 헌신적인 자식인 우리는 르네상스를 주로 종교개혁이라는 르네상스의 종속적이고 이차적인 면을 통해서 이해한다. 종교개혁은 헤브라이즘의 부흥, 원시 기독교의 열정과 진지성

---

34) 아널드는 르네상스를 관례 'Renaissance'와는 달리 이렇게 표기하면서 다음과 같은 주를 달았다. "나는 외래어인 Renaissance ── 그것이 지칭하는 운동이 점점 더 우리에게 흥미를 끌고 있고 또 끌게 될 것임에 따라, 우리 사이에서 더욱 일반적으로 사용하게 되어 있는 ── 에 영국적인 형태를 한번 부여해보았다." 그러나 아널드가 늘 이 단어를 쓴 것은 아니며 대개는 관례를 따랐다.

으로 복귀하는 것이라고 종종 일컬어져왔다. 그렇지만 프로테스탄티즘과 프로테스탄트 교회들의 발전을 연구하게 되면, 종교개혁——분명 르네상스의 헤브라이적인 자식, 즉 지성이 아닌 열정의 소산인——속으로도 르네상스에 퍼져 있는 헬레니즘의 요소가 스며들어 있었다는 것 그리고 종교개혁에서 헤브라이즘과 헬레니즘의 각 부분을 정확하게 분리하기가 쉽지 않다는 것을 느끼지 않을 수 없다. 그러나 프로테스탄티즘이 스스로 명백히 의식하고 있었고 또 말로도 명백히 표현하기도 한 것들은 모두 헬레니즘의 특성보다 헤브라이즘의 특성이 있다는 것이 어김없는 진실일 것이다. 종교개혁의 강점은 성서로 진지하게 복귀하여 성서에 적힌 대로 신의 의지를 마음에서부터 행하는 것이었다. 반면 약한 점은 르네상스의 중심적인 이념——플라톤의 말을 빌리면 모든 활동 노선에서 실제 있는 그대로의 사물의 법칙과 과학[35]을 추구하는 헬레니즘적이념——을 결코 의식적으로 포착하거나 적용하지 않았다는 것이었다. 따라서 프로테스탄티즘이 가톨리시즘보다 정면으로 우월한 점이 있다면 그것은 도덕적 우위다. 즉 마음과 양심을 다룰 때——하여간 프로테스탄티즘이 출현한 시기에는——더 성실하고 더 진지했다는 것이다. 프로테스탄티즘이 지적인 면에서 우월한 것처럼 군다면 그것은 대체로 아주 큰 착각이다. 헬레니즘의 관점에서, 즉 인간의 행동 차원과 구별되는 생각 차원에서 보면, 성서에 대한 프로테스탄티즘의 심적 태도는 국교회에 대한 가톨리시즘의 심적 태도와 전혀 다르지 않다. 발람의 나귀[36]가 말을 했다고 상상하는 사람의 심적 습관은 나무나 돌로 만든 성모상이 윙

---

35) 변증법(dialectic).
36) 「민수기」, 22장 28~30절. 발람(Balaam)을 막으려고 온 여호와의 사자를 보고 발람이 탄 나귀가 주인의 말을 듣지 않아 발람이 때리자, 여호와가 나귀에게 말을 하게 하여 발람의 잘못을 깨우치게 하는 대목이다.

크했다고 상상하는 사람의 심적 습관과 전혀 다를 바가 없다. 신의 교회가 자기가 믿는 바를 믿게 해준다고 말하는 사람과, 신의 말씀이 자기가 믿는 바를 믿게 해준다고 말하는 사람은 철학자의 눈에는 완벽하게 흡사하다. 신의 교회니 신의 말씀이니 할 때 도대체 무슨 뜻으로 쓰고 있고 또 무엇을 믿는다는 것인지 정말 알지 못하기 때문이다.[37]

따라서 16세기에 헬레니즘은 세계에 재등장하여 다시 한 번 헤브라이즘과—재생되고 정화된 헤브라이즘과—맞서게 되었다. 그런데 17세기에 와서 우리 시대의 초입에 헬레니즘에 닥쳤던 운명과 어떤 점에서는 유사한 그런 운명이 헬레니즘에 닥치게 된 것에 대해서는 충분한 고찰이 이루어지지 않았다. 예술, 문학, 물리학에서 그토록 빛나는 성과를 낳았던 르네상스, 즉 헬레니즘이 다시 깨어나 인류를 자연으로 그리고 사물을 있는 그대로 보는 데로 항거할 수 없이 되돌아가게 한 저 위대한 사건은, 이교 세계의 옛 헬레니즘이 그랬던 것과 마찬가지로 도덕적 허약성과 도덕적 기질의 이완이나 무감각을 드러내고 말았다. 이 같은 면모는 이탈리아에서 가장 놀라울 정도로 분명히 나타났지만 프랑스와 영국과 기타 나라들에서도 매우 명백했다. 이처럼 정신적 균형이 상실되어 인간의 지각적·인식적 측면만이 배타적으로 중시되고, 인간의 감정적·행동적 측면은 부자연스럽게 결핍하게 됨으로써 또다시 반작용을 촉발했다. 그 반작용을 우리의 현안이라 해도 무방할 부분에서 살펴보자.

과학[38]을 통해서 이제 우리는 인종에 내재하는 크고 함축적인 차이의 요소를 알 수 있게 되었고, 또 그 요소가 인도유럽 민족의 정신과 역사를

---

37) 「디모데 전서」, 1장 7절("율법의 선생이 되려 하나 자기의 말하는 것이나 자기의 확증하는 것도 깨닫지 못하는도다").
38) 여기서 과학이란 민족학(ethnology)을 뜻한다. 여러 민족의 문화나 관습을 연구하는 학문으로 19세기에 대두하여 새로운 과학으로 성행했다.

셈족의 그것과 얼마나 뚜렷하게 갈라놓는지를 알 수 있게 되었다. 헬레니즘은 인도유럽의 발전에서 나온 것이며, 헤브라이즘은 셈족의 발전에서 나온 것이다. 인도유럽 계열에 속하는 우리 영국인은 자연히 헬레니즘의 움직임에 속하는 듯 보인다. 그러나 한 민족계의 성원과 다른 민족계의 성원 사이에서 볼 수 있는 이런저런 유사점만큼 인간의 본질적인 통일성을 강하게 나타내는 것도 없다. 그리고 커다란 차이점이 있는데도 우리 영국인과 대서양 건너 우리의 미국계 후손의 정신과 역사는 도덕적 기질의 힘과 탁월함에서, 특히 헤브라이 민족의 정신과 역사와 엮이는데, 이것만큼 그 유사성이 두드러지는 것도 없다. 영국민에게 그리고 영국민의 가장 강한 부분에게 그토록 커다란 힘이 되어온 청교주의는 원래 16세기에 르네상스와 동반되었던 도덕적 무관심과 행실의 느슨한 규율에 맞서서 우리 민족의 양심과 도덕의식이 벌인 17세기적인 반작용이었다. 즉 헬레니즘에 맞선 헤브라이즘의 반작용이었다. 이른바 헤브라이적 전환에 많이 기울어 있는, 헤브라이적 삶의 중심 경향과 두드러진 유사점이 있는 민족에게 헤브라이즘이 강력하게 표출된 것은 자연스러운 일이었다. 우리 민족은 기질로는 누구 못지않게 인도유럽적이다. 다시 말해 우리 민족은 삶이라는 문제의 다양한 면모를 풍성한 상상력으로 인정하고 그리하여 자기 자신의 과잉확신에 붙잡히지 않고 자기 자신의 과잉고집을 웃어버릴 수 있는 그런 천품을 보여주는 힘을 가지고 있다. 그렇지만 우리 민족은 (그리고 여기에 우리 민족의 힘의 큰 부분이 있는데) 실제적 삶과 도덕적 행실의 문제에서 헤브라이인이 가진 확신성, 고집, 강렬성을 굳건히 공유하고 있다. 이러한 성향이 청교주의로 나타났고, 지난 200년 동안 우리 역사를 형성하는 데 크게 기여했다. 그것이 엘리자베스 치하에서 그토록 놀라운 열매를 산출한 저 르네상스운동을 우리 가운데서 저지했고 변화시켰음은 두말할 여지가 없다. 그것이 우리가 헬레니즘이라는 이름으로 부르는 이념의 질서의 두드러진 지배와 직접적인 발전을 중지시키고 그와는 다른 이념의 질서를 더 우위에 놓았음도 두말할 여지가 없다. 또한 분명한 것은 그전의 헬레니즘의 패배에 대해 말한 것처럼, 헬레니즘이 패배했다는 것은 헬레니즘이 불완전했음을 말해주고 또 그 시기에 헬레니즘이 우위를 점하는 것이 세계에 득이 되지 않았을 것임을 말해준다.

그렇지만 1800년 전에 기독교가 헬레니즘에 가한 패배와 청교주의가 르네상스에 가한 저지 사이에는 매우 중요한 차이가 있다. 이 차이가 얼마나 큰가 하는 것은 원시 기독교와 프로테스탄티즘 사이의 힘, 아름다움, 의의, 유용성의 차이를 보면 잘 측정할 수 있다. 1800년 전은 완전히 헤브라이즘의 시기였다. 원시 기독교는 그 시기에 명실상부하게 세계의 떠오르는 힘이었고, 인류의 진보의 길은 그것의 온전한 발전을 통해야만 했다. 15세기에 인간의 발전에서 또 다른 시기가 시작되었고 인간 진보의 중심적인 길은 얼마 동안 헬레니즘을 통하여 나 있었다. 청교주의는 세계 진보의 중심적인 흐름이 더 이상 아니었고, 주류를 가로지르고 저지하는 지류였다. 가로지름과 저지는 필요했고 또 유익한 것이었을 수 있지만, 인간 진보의 중심 줄기와 가로지르기 또는 지류 사이의 본질적인 차이를 없앨 수는 없다. 200년 이상이나 인간의 진보의 주류는 자기와 세계를 아는 것, 사물을 있는 그대로 보는 것, 의식의 자발성을 향해 움직여왔다. 그런데 우리 민족의 큰 부분 그리고 가장 강한 부분의 주된 충동은 양심의 엄격함으로 향해 있었다. 그들은 잘못된 시기에 2차적인 것을 1차적인 것으로 삼아왔고, 잘못된 시기에 1차적인 것을 2차적인 것으로 취급해왔다. 자연의 질서를 이처럼 어기는 것은 이러한 어긋남이 늘 그러하듯이 어떤 혼란과 그릇된 움직임을 낳았으니, 이제 우리는 거의 모든 방향에서 그 불편함을 느끼기 시작한다. 모든 방향에서 우리 행동의 습관적인 경로는 타인에게뿐 아니라 우리 자신에게조차도 유효성, 믿음성, 절제를 상실한 것처럼 보인다. 도처에서 우리는 혼란의 시초를 보며, 어떤 건전한 질서와 권위에 대한 실마리를 원한다. 이것을 얻으려면 우리의 삶을 지배하는 실제의 본능과 힘으로 되돌아가고, 그것을 실제 있는 그대로 보고, 그것을 다른 본능이나 힘과 연결짓고, 그리고 우리의 전체적인 관점과 삶의 규율을 확대하는 길뿐이다.

5 그러나 한 가지만이라도 족하니라[1]

여기에 게재되어 있는 문제는 매우 광범하고, 그것이 야기하는 생각의 흐름은 매우 복합적이어서 우리는 현재 우리 논의에 직접 관련이 있는 것에 철저히 한정하도록 유의해야만 한다. 온통 말썽의 씨앗으로 가득한 현재 우리의 불확실한 상황 밑바닥에는 자기 자신과 자신의 일상적 자아를 긍정하는 것, 행동하는 것, 행동하되 자유롭고 자기가 원하는 대로 행동하는 것이 우리 개개인의 제1의 권리이자 행복이라는 관념이 놓여 있음을 우리는 알게 되었다. 우리는 그 밑바닥에 합법적 권위로서 올바른 이성에 대한 불신이 놓여 있음을 알게 되었다. 우리의 관행이나 현금의 역사에서 그러함을 보여주기란 쉬운 일이었으나, 왜 그러한지를 보여주기란 얼마간 더 포괄적인 검토와 사태에 대한 좀더 깊은 천착 없이는 불가능한 일이었다. 도대체 무슨 이유로 우리나라 사람들 대다수처럼 선량하고 선의를 지닌, 활기차고 지각 있는 사람들이 올바른 이성에 대해서는 그렇게 가벼운 신뢰만 두고, 아무리 조야한 것이든 자신의 독립적인 행동에 그렇게 과장된 가치를 부여하게 되었는가? 답은 이렇다. 시간,

---

1) 「누가복음」, 10장 42절.

장소, 상황에 대한 응분의 배려 없이, 우리가 헤브라이즘이라 부른 인간성의 그 측면, 인간의 힘 가운데 그 부류만이 배타적이고 지나치게 발달해왔기 때문이다. 그들은 그들의 참되고도 유일하게 중요한 경의가 지성보다는 복종과 관련된 힘, 거의 오로지 그들 본성의 도덕적인 측면에만 관여하는 그런 힘에 바쳐져야 한다고 여겨왔기 때문이다. 그래서 그들은 우리의 행동법칙 전체를 끊임없이 확대하는 경향이 있는 의식의 자발성이 아니라 양심의 엄격함, 이미 갖고 있는 뭔가 정해진 행동 법칙을 군건히 준수하는 일만을 자신에게 유일하게 필요한 것으로 간주하게끔 된 것이다. 그들은 그들의 종교가 자신들의 전 생애를 위해 언제까지고 확실한 고정불변의 충분한 기초, 완비된 행위 법칙과 완비된 사고 법칙(사고가 필요하다면 말인데)을 제공한다고 공상해온 것이다. 그러나 그들이 실제로 갖고 있는 것은 하나의 행위 법칙일 뿐이다. 즉 그들에게 그들 사지(四肢)에 깃든 죄의 법칙에 맞서 싸우고 사지의 육욕에 빠져 죄의 법칙에 봉사하지 않도록 해주는 비길 데 없는 힘을 지닌 법칙 말이다. 이 귀중한 법칙을 담은 책을 그들은 '하느님의 말씀'이라 부르고 그것이, 이미 내가 말한 바 있고 또 너무나 잘 알려져 있듯이, 인간 본성의 모든 욕구를 충분히 포괄하고 있다고 본다.

하기는 그럴 수도 있는 일이다. 만약 인간성이 실제로 그런 것처럼 복잡한 것이 아니고, 도덕적인 측면과 우리가 도덕이라 부르는 부류의 본능과 힘만 들어 있거나 아니면 그런 것이 압도적인 비중을 차지하고 있다면 말이다. 그러나 인간성은 그밖에도 지적인 측면과 우리가 지적이라 부르는 부류의 본능과 힘을 상당한 비중으로 지니고 있다. 물론 인류는 이 두 부류의 본능 가운데 한 번은 어느 한쪽을 충분히 발현하게 하다가 다음번에는 다른 쪽을 충분히 발현하는 식으로 활용하는 것이 일반적이다. 그리고 인간이 지닌 기능은 서로 얽혀 있어서 도덕적인 측면과 우리가 헤브라이즘이라 부르는 힘의 흐름이 우위에 설 때면, 이 측면이 어떻게든 지적 욕구에도 만족을 제공하거나 제공하는 것처럼 보이게 마련이다. 그러나 인간성의 두 측면이 상호 이해와 균형의 방식이 아니라 이처럼 번갈아 우세한 식으로 진행할 때에는, 우위에 선 측면이 아래에 놓인 측면의 요구를 실제로 만족시키지 못한다는 점이 분명해지면서 조만간 혼란 상태로 귀결되게 마련이다. 우리 본성의 헬레니즘적 반쪽이 지배할 때, 헤브라이적 반쪽도 어느 정도 배려를 받게 되지만, 그것이 부적절한 배려임은 드러나게 된다. 또한 우리 본성의 헤브라이적 반쪽이 지배할 때도 헬레니즘적 반쪽은 어느 정도 배려되지만, 이 역시 부적절한 배려임이 드러나고 만다. 인간성 발전의 참되고 원만한 질서는 이 가운데 어떤 방식으로도 아직 도달하지 못했다. 따라서 기독교의 사도[2]와 함께 우리도 세상이 지혜로는——즉 그 지적 충동만이 지배해서는——하느님을 또는 사물의 참된 질서를 알지 못했노라[3]는 점을 기꺼이 인정하지만, 이 명제의 역의 경우에도 마찬가지로 세상은 청교주의로는 하느님을 알지 못했노라고(똑같이 옳은 말을) 하는 것 역시 필요하다. 그리고 지금 당장 우리나라에서 특히 강조할 필요가 있는 것은 바로 이 사도의 명제의 역이다.

단맛과 빛을 치켜세우는 가운데 우리가 해온 모든 말에 대해 수많은 비판이 있었지만 이에 대한 답도 실로 여기에 있다. 단맛과 빛은 우리가 헬레니즘적이라 부른 인간성의 성향 내지 측면과 명백한 관계가 있다. 그리스의 지성은 플라톤이 사물의 참되고 확고하고 이해가능한 법칙이라 부른 것에 대한 본능[4]을 분명 그 정수로 한다. 빛의 법칙, 사물을 있

---

2) 성 바울로.
3) 「고린도전서」, 1장 21절.
4) 앞서 말한 것처럼 변증법을 지칭한다.

는 그대로 보는 것의 법칙 말이다. 자연과학의 경우에조차 그리스인은 이 본능을 여기에 제대로 적용할 시간도 수단도 갖지 못했고, 그들보다는 우리가 훨씬 더 진전한 분야라고 할 수 있는 자연과학의 경우에조차 전체 문제의 뿌리자 우리의 모든 성공의 기반은 바로 이 본능이다. 그리고 이 본능을 세계는 주로 그리스인한테서 배운 셈인데, 그리스인이야말로 인류 가운데 이 본능을 가장 두드러지게 표현한 것이다. 그리스의 예술, 그리스의 아름다움 또한 사물을 있는 그대로 보려는 바로 이 충동에 뿌리를 두고 있다. 그리스의 예술과 아름다움은 자연—최상의 자연—에 대한 충실성에 입각하며 이 최상의 자연이 무엇인지에 대한 섬세한 분별에 입각하는 것이니 말이다. 그렇다면 우리가 단맛과 빛을 지향한다 함은 헬레니즘을 지향한다는 말을 달리 표현한 것일 뿐이다. 그러나 많은 이들이 외치나니, 아, 단맛과 빛으로는 부족하다고. 힘 내지 활력을 그것들과 나란히 놓아 힘과 단맛과 빛의 일종의 삼위일체를 만들어야 하며, 아마 그럴 때 얼마간 선을 행할 수 있으리라고. 다시 말해 헤브라이즘, 즉 도덕적 양심의 엄격함이자 우리가 가진 최상의 빛에 따른 씩씩한 걸음을 헬레니즘에 결합하여, 둘 다 함양하고 둘 다에 대한 찬가를 불러야 한다는 것이다.

또는 이렇게 말하는 것이나 아닌지 모르겠다. 둘을 함께 찬미할 수 있을지는 모르되 헤브라이즘을 가장 찬미하도록 유의해야 한다고. 명민하되 약간은 경직된 비평가인 시지윅 씨[5]는 말하길, "교양이란 단맛과 빛을 퍼뜨린다. 이 축복을 낮추어 보는 것은 아니지만, 종교는 불과 힘을 주며 세상은 단맛과 빛보다는 불과 힘을 더 원한다."[6] 좀 설명을 붙이면,

---

5) 시지윅(Henry Sidgwick, 1838~1900): 케임브리지 대학교 교수며 사회철학자로, 공리주의적 입장에 서서 자유주의를 옹호했다. 아널드의 주요 논적 가운데 한 사람이다.

여기서 시지윅 씨가 말하는 종교는 다름 아닌 청교주의로, 그 불충분성에 대해서는 내가 계속 언급해왔고 이에 대해 그는 내가 불공정하다고 말한다. 하기는 빛과 우리를 그리로 이끄는 본능의 광신적인 지지자가되는 일, 도덕적 양심의 엄격함과 우리를 그리로 이끄는 본능에 대한 광신적인 적이 되는 일도 분명 가능은 하다. 이런 종류의 광신주의란 고 버클 씨[7]의 그 유명한 작업, 몇 가지 점에서는 아주 탁월했던 그 작업을 왜곡하고 속화한다. 그런 광신주의는 징표를 달고 다니니 곧 단맛의 결여요, 단맛이 결여됨으로써 결국은 빛 또한 결하게 된다는 점에서 징벌을 자초하는 것이다. 그런데 그리스인―단맛과 빛의 결합을 지향하는 인간성의 성향의, 사물의 진실은 동시에 당연히 미이기도 하다[8]―는 지각의 위대한 대표자들―은 우리 근대인이 헬레니즘화하건 헤브라이화하건 드러내기 십상인 광신주의에서 벗어나는 일에는 가히 독보적이었다. 그들은―비록 인간의 도덕적 측면의 요구에 충분한 실질적 만족을 주는데는 앞서 말했듯 실패했지만―인간의 지적 측면만이 아니라 도덕적인 측면까지 포함하여 이 두 측면이 모두 포괄적으로 부응하며, 양자의 가치를 충분히 평가하며, 양자를 화해한다는 발상에 도달한 것이다. 이발상은 철학적으로 가장 가치가 있으며 우리 근대인에게 최선의 교훈이된다. 따라서 사물을 그 진실과 아름다움 가운데 바라보려는 노력이자단맛과 빛의 추구인 교양만이 아니라, 자기가 가진 최상의 빛에 따른 씩

---

6) 아널드의 교양론을 비판한 시지윅의 「교양의 예언자」(The Prophet of Culture, 1867)의 한 구절이다.

7) 제1장 주 45)를 참조할 것.

8) 키츠(John Keats)의 「희랍고화병부」(Ode on a Grecian Urn)의 마지막 구절을 언급하는 것으로 여겨진다. 키츠는 이 시에서 고대의 그리스 화병의 완벽하고 이상적인 아름다움을 예찬하면서 "아름다움은 진리며, 진리는 아름다움이니/이것이 그대가 지상에서 알고 또 알 필요가 있는 전부"라고 이 송가를 마무리짓는다.

씩한 걸음—시지윅 씨의 말을 따르면 불과 힘—도 그 나름대로 높은 가치를 지닌다는 시지윅 씨의 주장을 인정함에서 인색할 필요는 없다. 그러나 이런저런 시대에 이런저런 무리의 사람들에게 가장 강조해야 할 것이 불과 힘의 찬미인지 아니면 단맛과 빛의 찬미인지는 특정 시대와 특정 사람들의 정황과 필요에 달려 있는 듯싶다. 그리고 결국 우리가 이제껏 말해왔고 또 주변 세상을 일별하기만 해도 금방 드러나는 사실은, 우리에게, 아니 우리 가운데 가장 점잖고 강한 사람들에게 지배적인 요소는 지금도 그렇고 또 오래전부터 그랬지만, 다름 아닌 청교도적 요소라는 점이다. 단맛과 빛, 의식의 자발성에 대한 관심, 즉 헬레니즘보다는 불과 힘, 양심의 엄격함에 대한 관심, 즉 헤브라이즘이다.

자, 그렇다면 이미 불과 힘에만 지나치게 매달려 있는 우리한테 이제 와서 그것들에 대한 찬가를 불러대는 것이 뭐가 좋겠는가? 시지윅 씨가 세상은 단맛과 빛보다는 불과 힘을 더 원한다고 그처럼 포괄적인 주장을 한다면, 그것은 포괄적인 일반화 성향에 그도 휩쓸린 게 아닐까? 세상은 하나의 성분만으로 되어 있는 것도 아니고 각 성분이 동시에 동일하게 필요한 것도 아니라는 점을 잊은 것이 아닐까? 우리 시대 시작 무렵의 로마 세계라든지, 종교개혁 시기의 레오 10세의 궁정이라든지, 18세기 프랑스 사회에서는 단맛과 빛보다는 불과 힘이 더 필요했을지도 모른다. 그러나 제국에 넘쳐났던 '야만인'에게, 또는 청교도들에게, 또는 버밍엄 연사인 머피 씨나 그의 친구들에게 단맛과 빛보다는 불과 힘이 더 필요했다고 말할 수 있을까?

청교도의 커다란 위험은, 그가 필요한 한 가지(unum necessarium)를 말해주는 규칙을 확보하고 있다고 상상하며, 이 규칙이 실제로 무엇이고 또 그것이 그에게 무엇을 가르쳐주는지에 대한 매우 조야한 관념만으로 만족하며, 이제 그에게는 앎이 있으니 이후로는 오로지 행동만이 필요하다고 여기며, 이런 위험스런 확신과 자기만족 상태에서 자신의 일상적 자아의 수많은 본능을 한껏 활동하게 만든다는 점이다. 그의 일상적 자아의 본능 가운데 일부에 대해서는 그도 그의 인생 규칙의 도움으로 정복한 바 있다. 그러나 이런 도움으로 정복하지 못한 다른 본능도 열등한 자아의 본능으로서 종속시킬 필요가 있다는 것을 그는 전혀 알아차리지 못하여 자신의 한정된 부분을 정복해냈으니, 나머지에는 무제한 활동을 허용하는 것이 자신의 권리이자 의무라고까지 상상하는 것이다. 말하자면 그는 의식의 자발성이 아니라 양심의 엄격함을 함양하는 경향이 있는 헤브라이즘의 희생물이다. 그리고 그에게 필요한 것은 인간성에 대한 더 폭넓은 관념이며, 그 같은 관념은 그 자신이 이미 알고 생각하는 점 외에도 자신의 본성이 최상의 상태에 있어야 마땅한 다른 수많은 점이 있음을 보여준다. 그것만 있으면 이 모든 점에서 인간의 본성이 최상에 도달하려 애써야 한다는 책무를 면해줄 수 있는 그런 필요한 한 가지란 존재하지 않는다. 우리에게 참된 필요한 한 가지는 모든 점에서 최상에 도달하는 것이다. 우리에게 '필요한 한 가지'라는 것이 우리 속의 속됨과 가증스러움과 무지와 폭력을 정당화해주는 것이 아니라, 우리의 속됨과 가증스러움과 무지와 폭력이란 것이 우리에게 필요한 한 가지를 시험하는 시금석이라고 할 수 있다. 즉 우리가 어쨌든 그것을 가지고 있는 상태에서는 그것이 우리한테 필요한 전부가 아니라는 점을 입증해주는 것이다. 그리고 우리가 현재 지니고 있는 규칙과 근거를 굳건하고 충실히 준수하도록 고무하는 힘이 헤브라이즘이라면, 이 규칙으로 되돌아가서 우리가 서 있는 기반 자체를 시험해보도록 고무하는 힘은 헬레니즘——우리의 의식을 자유롭게 활동하도록 하며 그 범위를 확대하는 성향——이다. 그리고 내 말은, 헤브라이즘보다 헬레니즘이 언제나 누구한테나 더 필요하다는 것이 아니라 이 특정한 시기에 머피 씨라든지 그의 동포인 우리 대다수한테는 그러하다는 것이다.

인간 본성에 대한 한정된 관념, 즉 필요한 한 가지라거나 우리 속에서 한 가지 측면이 가장 지배적이라는 발상 그리고 우리 자신의 완전하고 조화로운 발달을 무시하는 것이 얼마나 많은 방식으로 우리의 사고와 행동에 해를 끼치는지 살펴보는 것만큼 놀라운 일도 없다. 첫째, 우리에게 필요한 한 가지를 제공할 것으로 기대하는 규칙 내지 기준에 대한 우리의 장악력은 갈수록 멀어지고 약해지며, 거기에 대한 우리의 관념도 점점 더 기계적이 되고, 마음속에서 애초에 생겨났을 때 품었던 것과는 점점 더 달라지게 된다. 한 가지 예로 성 바울로의 저술이 청교주의에서 어떻게 활용되는지 보면 이것이 잘 드러난다. 청교주의는 어떤 다른 저술보다도 성 바울로의 저술에서 그리고 이 위대한 사도의 가장 위대한 저작인 『로마서』에서 필요한 한 가지를 제공해주며 절대적이고 최종적인 진리의 규범을 부여하는 것처럼 보이는 것을 찾아냈다. 그런데 앞에서도 말한 것처럼 모든 저술은 가장 귀중하고 가장 결실이 많은 저술이라 할지라도, 그 성격상 인간 사유와 인간 발달에 대한 기여일 뿐이며, 인간 사유와 인간 발달은 이런 저술보다 훨씬 더 광범위하다. 사실 성 바울로 자신은 지금 우리가 언급하는 그 서한에서 "누가 주의 마음을 알았느뇨?"[9]라고—즉 사물의 참되고 신성한 질서 전체를 누가 알았다고 할 수 있느냐고—물을 때 이 점을 충분히 깨닫고 있음을 보여준다. 그리고 성 바울로의 또 다른 서한[10]에서는 인간 영혼에 대한 위대하고 생생한 관념—영생이라는 관념—을 이를테면 논자의 능력으로는 도저히 적절하게 정의하지도 표현하지도 못했다는 점을 우리는 이미 지적했다.

---

9) 「로마서」, 11장 34절.
10) 「고린도전서」를 말한다. 영생에 관한 내용은 15장.

186

그러나 성 바울로의 표현이든 어느 누구의 표현이든 그것이 진리의 완벽하고 최종적인 표현이 될 수 있느냐는 문제와는 전혀 별도로, 그런 표현을 있는 그대로 우리가 제대로 파악하고 이해할 수 있는가 하는 문제가 생겨난다. 그런데 어떤 다른 사람이 뜻한 바를 그의 마음속에 있는 그대로 완벽하게 파악한다는 것은 쉬운 일이 아니다. 성 바울로처럼 그렇게 종족과 훈련과 시간과 정황의 차이로 우리와 한참 떨어져 있는 사람이라면 특히 그렇다. 그러나 그 사람의 뜻에 얼마나 근접했는가 하는 정도의 차이는 있다. 그리고 성 바울로의 마음속으로 생각한 바로 그것에 도달할 수는 없지만, 그래도 거기 가까이 다가갈 수는 있다. 그리고 그처럼 가까이 다가가는 사람 치고 느끼지 않을 자 누가 있겠는가? 성 바울로가 인간 영혼의 가장 섬세하고 오묘하며, 모호하고 모순적인 작동과 상태를 그처럼 깊은 힘과 독창성을 지닌 분석을 통해 추적하려고 애쓰면서 구사한 용어를 청교주의가 따로 떼어내어 사용하는 가운데 성 바울로가 구사한 대로 서로 연계되는 유동적인 방식이 아니라—사실 그 말은 오로지 이런 방식을 염두에 둔 것인데—마치 부적이나 되는 것처럼 고립되고 고정되고 기계적인 방식으로 사용한다는 것을? 또한 그리하여 성 바울로의 생각의 참된 움직임과 꾸준한 거장다운 분석의 모든 흔적과 느낌이 사라져버렸음을? 내 말하건대, 청교주의—성 바울로의 저술을 그처럼 강력히 헤브라이화하여 그것을 필요한 한 가지를 담은 절대적이고 최종적인 무엇으로 받아들이는 그 세력—가 은총이니 믿음, 선택, 의로움 같은 말을 다루는 것을 지켜보면서 누군들 느끼지 않겠는가? 이 말이 청교주의의 정신 속에선 그릇되고 오도하는 의미가 있을 뿐 아니라 이 의미란 성 바울로의 의미의 가장 괴물스럽고 괴이한 희화화요, 성 바울로의 참된 뜻은 그의 말을 숭배하는 이 신도들에게는 완전히 상실되어버렸다는 것을?

또는 또 하나 두드러진 예를 들겠는데, 여기서는 청교주의만이 아니라 종교계 전체가 성 바울로의 저술을 기계적으로 사용함으로써 그의 참된 뜻을 놓치거나 바꿔놓고 있음을 보여준다 할 것이다. 종교계 전체가 현재 **부활**이라는 말— 그들의 생각과 그들의 입에 매우 자주 오르내리는 단어이자 성 바울로의 저술에서 그들이 매우 자주 찾아내는 단어인데— 을 한 가지 의미로만 사용한다고 할 수 있다. 그들에게 이 말은 육신의 물리적인 죽음 이후에 다시 일어남을 뜻한다. 성 바울로가 이런 의미의 부활에 대해서 말하며 그것을 묘사하고 설명하려 하고, 그것을 의심하거나 부인하는 자들을 비난한 것은 분명 사실이다. 그러나 마찬가지로 사실인 것은, 성 바울로가 부활을 생각하고 그것에 관해 말하는 것의 십중팔구는 이와는 다른 의미로 그리한다는 점이다. 즉 육신의 물리적 죽음 이후가 아니라 그전에 새로운 생명으로 일어남이라는 뜻이 그것이다. 앞에서 언뜻 언급했다시피 세례를 통해 자기 헌신과 자기 부정의 위대한 본보기[11]의 죽음으로 흡수된다는, 우리의 본보기와 일체가 됨으로써 그가 보인 자기헌신과 자기 부정의 과정을 우리 몸 안에서 반복하며 그럼으로써 우리의 현생의 한도 안에서 새로운 생명— 여기서 우리는 그전에 있던 죽음에서와 마찬가지로 우리의 본보기와 한 몸이 되는데— 에 도달한다는 그러한 심오한 사상, 이것이야말로 성 바울로의 마음을 사로잡은 **그리스도와 함께 일어남**이라는 풍성하고도 독창적인 생각이었고, 그토록 비할 데 없는 감정과 달변으로 펼쳐진 그의 모든 가르침의 중심이 된 것도 바로 이것이었다. 그에게 우리의 물리적 죽음 뒤의 삶이란 사실 주로 무덤 이편에서 이렇게 생겨난 새로운 생명의 다함 없는 활력의 귀결이자 연장이다. 그리스도의 부활에 대한 이 광대한 바울로적

---

11) 예수 그리스도.

사상은 「기도서」에 수록된 가장 고귀한 기도를 통해 값지게 암송되며, 미래의 기독교에서는 분명 갈수록 중요한 자리를 차지하도록 마련되어 있다. 그러나 한편, 성 바울로의 가르침에서 특정적인 사상이 필수적인 것만큼이나 주목해야 할 것은 성 바울로의 말을 구원을 주는 진리의 절대적이고 최종적인 표현으로 섬기는 숭배자들이 이 사상을 얼마나 완전히 상실했으며, 생생하고 가까운 지금 이때의 부활이라는 바울로의 발상을 내세의 부활이라는 그들의 기계적이고 아득한 관념으로 대치해버렸는가 하는 점이다.

요약하면, 더없이 귀중한 말이나 기준이 동원된다 할지라도 필요한 한 가지를 지니고 있다는 그리고 그 말과 기준 속에서 우리를 이끌어줄 빛의 완전하고 충분한 척도를 단번에 얻는다는, 따라서 우리의 실천이 이것들에 완전히 들어맞도록 하는 것 말고 우리한테 달리 남은 의무는 없다는 그런 생각은 너무나 치명적이기 때문에—다시 말해 이 생각이란 우리가 그런 식으로 택하는 바로 그 말이나 기준에 대한 참된 앎과 파악에 너무나 치명적이고 그것을 너무나 이상하게 비틀고 일그러뜨리게 되는 것을 피할 수 없기 때문에, 만약 우리가 누구더러 아는 것이 무엇인지 캐물을라치면 헤브라이즘이 우리가 교양이라고 부르는 것을 깎아내리고 필요한 한 가지를 고수하는 사람을 칭찬하면서 우리에게 맞서 들먹거리곤 하는 저 상투적인 언사—헤브라이즘 가라사대, 그는 그의 성경을 아노니!—를 들을 때면 언제나, 이런 말을 하는 것을 들을 때면 언제나 우리로서는 교양을 공들여 옹호할 필요도 없이 그저 이렇게 답하는 것으로 족할 것이다. "다른 어떤 것도 모르는 사람은 그의 성경도 알지 못하노니"라고.

우리가 너무나 간과해온 힘인 헬레니즘은 도덕적 힘과 열의에서는 부족함이 있을지 모른다. 그러나 헬레니즘은 그것의 본성의 법칙—강렬함이 요구될 때 때때로 강렬함에서 모자라게 만드는 것과 동일한 법칙——에 따라 우리의 존재를 둘로 나누어 필요한 한 가지를 다루는 위엄을 한쪽에다 부여하고 나머지 부분은 운에 맡겨두는 발상, 즉 헤브라이즘의 해독과는 대립된다. 헬레니즘에서 근본적인 것은 인간의 모든 부분을 연결하고 조화롭게 만들며 어느 것도 운에 맡겨두지는 않는, 전인(全人)의 발달을 향한 충동이다.

앞서 말한 대로 헬레니즘의 특징적 성향은 사물의 이해가능한 법칙을 찾아내고 사물을 참된 본성에서 실제 있는 그대로 바라보는 것이다. 그러나 아름다운 것으로 보이지 않으면 참된 본성에서나 실제 있는 그대로 보이지 않는 것이 많다. 행위도 그것이 아름답지 않으면 이해할 수 없고 정신에 그 행위를 설명해주지도 않으며, 존재 이유를 보여주지도 않는다. 담론도 마찬가지요 노래도 마찬가지며, 숭배도 마찬가지니, 이 모두는 인간이 자신의 활동을 쏟아부어 자신을 표현하는 양식인 것이다. 여기에다 천하거나 속되거나 역한 것을 만들어놓고도 그만하면 괜찮은 정도에서 그리했다고 변명해도 된다고 생각한다거나, 우리 존재의 한 부분에 이롭고 만족스러운 것을 지니고 있다고 해서 머피 씨의 담론이나 우리 모두 듣는 송가 같은 시나 우리 모두 보는 예배당 같은 예배장소도 허용할 만하다고 주장한다거나 하는 것—— 이를 용인하기란 헬레니즘의 본성으로는 끔찍한 일이다. 그리고 명예롭고 명예로워 마땅한 우리의 패러데이[12]처럼, 존재의 한 면에서는 위대한 자연철학자이나 다른 면에서

---

12) 패러데이(Michael Faraday, 1791~1867): 당대의 위대한 물리학자다. 아버지는 요크셔의 대장장이로 그 집안이 모두 스코틀랜드 장로교파에서 나온 분리론자인 글라스(John Glas)와 샌디먼(John Sandeman)의 추종자였다. 이 분파는 잉글랜드와 미국에 퍼졌는데 엄격한 칼뱅주의를 유지했지만 국교화와 교회의 중앙 관리에 반대했고, 원시 교회에 대한 신약의 묘사에 의존하고 있는 듯 보이는 많은 관습을 유지했다. 패러데이는 이 분파의 장로였고 아널드가 이 글을 발표하

는 샌디먼파(Sandemanian)가 되는 일은 아르키메데스[13]에게는 불가능했을 것이다.

우리가 하는 모든 일이 정신에 만족을 주어야 한다는 헬레니즘의 이러한 요구가 인간의 동력과 행동을 다면적으로 완성시키도록 인류를 몰아가려 한다는 것은 명백하다. 이미 충분히 인정되어왔다시피, 여기에도 그 나름대로 위험은 있다. 인간의 행동 양식에 균등한 힘을 배치해야 한다는 이런 생각은 도덕적 안이함으로 이어질 수도 있다. 우리에게 필요한 한 가지로 만들지 않은 것이 실은 매우 필요하고 또 동시에 매우 튼튼한 것인데도 우리는 그것을 제대로 필요한 것인 양 취급하지 않게 될지도 모른다. 그러나 우리의 어떤 측면인들 나름대로 위험이 없겠으며, 우리를 완전함으로 이끄는 보조물 정도가 아니라 곧장 우리에게 완전함을 부여하는 부적이 될 수 있는 충동이 어디 있겠는가? 앞서 밝혀졌다시피 헤브라이즘에도 헬레니즘 못지않게 나름대로 위험이 있지 않은가? 아니면 헬레니즘이 호소하는 내면의 성향을 너무 과도하게 활용해서 이제 그것 때문에 고통받고 있기라도 하단 말인가? 그와는 반대로, 이런 경향을 완전함에 대한 보조물로 충분히 활용하지 않았기 때문에 지금 고통받고 있는 것은 아닌가?

우리는 현재 헤브라이즘의 오랜 배타적 지배가 우리를 어디로 데려왔는지 목도하고 있으니 말이다. 우리 본성의 전부가 아니라 한 부분에서 완전을 강조하기, 그러한 열렬한 목적으로 복종과 행동의 측면인 도덕적 측면을 따로 부각하기, 도덕적 양심의 엄격함을 현격하게 중요한 자리에 올려두고 모든 국면에서 완전해지려는 노력, 즉 인간성의 최고도의 조화

기 불과 열달 전에 죽기까지 이 분파에 속해 있었다.

13) 아르키메데스(Archimedes, 기원전 287~212): 고대 그리스의 자연과학자다.

로운 발전은 금후로, 내세로 미뤄두기 등이다. 플라톤이 말하듯 "언제까지나 온 우주를 통해서 아름다운 것을 향해 나아가려는"[14] 욕망을 주시하고 좇아가는 대신, 우리는 세상이 이 욕망과 셈을 끝냈고 이 욕망이 세상한테서 무엇을 원하는지 안다고 생각하고 우리의 협소한 관점에서 보면 이 같은 셈의 조건과 갈등하지 않는 우리의 일상적 자아의 모든 충동을 무한정 추구해도 좋으니, '부지런히 게으르지 말고'라든지 "무릇 네 손이 일을 당하는 대로 힘을 다하여 할지어다" 같은 성구[15]들 따위 같은 그런 말이 이를 허가해주고 있다고 여기는 것이다. 그리고 우리는 이런 충동 가운데 어느 것에나 종교에 부여하는 것과 똑같은 성격의 기계적이며 절대적인 율법을 곧바로 부여하게 된다. 종교에 대해서 그렇듯 그 충동을 의식의 자발성의 대상이 아니라 양심의 엄격함의 대상으로, 다른 것들과의 관계에서 보면서 그것을 돌이켜보고 수많은 변하는 정황에 맞게 변형시킬 대상이 아니라 그 자체만으로 가차 없이 고수해야 할 대상으로 간주하는 것이다. 한마디로 우리는 그것을 종교에 대해서와 똑같이 기계 장치로 취급한다. 야만인이 자기의 신체 훈련을, 속물이 사업을, 스퍼전 씨가 자신의 임의기부주의를, 브라이트 씨가 개인적 자유의 주창을, 빌스 씨가 하이드 파크 회합의 권리를 생각함이 바로 이런 식이다. 이 모든 경우에서 필요한 것은 추구 대상에 대한 의식의 좀더 자유로운 행사다. 꿋꿋함과 열의를 이 자유로운 행사보다 더 높이 치며 생각을 행위에 완전히 종속시키는 헤브라이즘이 모두에서 사태를 그릇되고 오도하는 방식으로 다루도록 이끌어온 것이다.

바로 얼마 전 여러 신문에 스미스 씨라는 이의 자살을 다룬 기사[16]가

---

14) 『향연』(Symposium)에 나오는 말이다.
15) 「로마서」, 12장 11절; 「전도서」, 9장 10절.
16) 1868년 2월 29일, 스미스(Frederick G. Smith)라는 66세의 한 보험회사 서기가

실렸는데, 한 보험회사의 서기인 그는 "가난하게 될지도 모른다는, 그리고 자기가 영원히 끝장났다는 불안감에 시달렸다"고 한다. 이 기사를 읽었을 때 그처럼 음울한 종말을 맞이한 이 불쌍한 사람이 사실 일종의 전형이 아닌가 하는 생각이 들었다. 그는 두 가지 커다란 관심사를 선택하고, 그것을 다른 모든 것에서 따로 떼어내 서로 병치시켰는데, 이 점에서 그는 우리나라에서 가장 힘세고 가장 점잖고 가장 대표적인 부류의 전형인 것이다. "그는 가난하게 될지도 모른다는, 그리고 자기가 영원히 끝장났다는 불안감에 시달렸다." 중간계급 전체가 이 불쌍한 사람과 사물을 보는 아주 똑같은 관념—이를 보고 우리는 이들을 속물이라고 부르는데—을 갖고 있다. 그 사람처럼 그 관념이 괴롭고 난폭할 정도로 음울하며 치명적인 방향을 취하는 것을 보고 충격을 받는 일은 물론 드물지만. 그러나 삶의 주된 관심사가 이 두 가지—돈을 벌려는 관심과 영혼을 구한다는 관심으로 좁혀진 것은 얼마나 일반적이며 우리 가운데 얼마나 많은 이가 그러한가! 또한 얼마나 전적으로 우리의 세속적 사업에 대한 편협하고 기계적인 관념이 우리의 종교적 사업에 대한 편협하고 기계적인 관념에서 비롯된 것인가! 이 관념이 결합하여 우리의 삶을 어떤 쑥밭으로 만드는가! 이 두 주요 관심사 가운데 두 번째 것이 우리에게 필요한 한 가지를 너무나 고정되고 편협하고 기계적인 방식으로 제시하기 때문에 첫 번째 것과 같은 천한 쪽 주요 관심사가 가능해지는 것이며, 일단 수락된 다음에는 다른 것[17]과 똑같이 경직되고 절대적인 성격을 띠게 되는 것이다.

가없은 스미스 씨한테는 천한 쪽의 주관심사만큼이나 고상한 쪽의 주

사무실에서 나와 권총을 사가지고 다시 사무실로 돌아가서 머리에 총을 쏘아 자살했다.
17) 두 번째 것, 즉 영혼 구제에 대한 관심.

관심사도 진지한 것이었으니, 돈을 벌려는 관심만큼이나 (영혼의 구제가 무엇인지에 관한, 청교도주의가 지닌 편협하고 기계적인 관념에 따라) 자신의 영혼을 구하려는 관심도 있었던 것이다. 그러나 쾌락이든 야외 스포츠든 신체운동이든 사업이든 대중선동이든 천한 쪽의 주관심사에 열중하는 사람들, 이 가운데 오로지 한 가지에만 열중하여 스미스 씨의 고상한 쪽 주관심사는 게을리 하는 사람들이 특히 스미스 씨가 속한 진지하고 양심적인 중간계급의 경계 바깥에 얼마나 많은지 주목해보자. 이처럼 게을리 하게 된 것 자체가 헤브라이즘이 이 고상한 주관심사에 부여한 기계적 형식 때문이다. 헤브라이즘은 우리가 앞서 말했듯 그것을 마치 무슨 주문같이 고립되고 온통 자족적인 무엇으로 세우고, 우리가 이 주관심사와 셈을 마치기만 했다면 신체운동이나 사업이나 대중선동에 일상적 자아를 자유롭게 발현해도 무방하다고 주장한다. 셈을 마치지 못했다면, 마치게 될 때까지 다른 것은 다 사소한 것이 되고 우리의 일상적 자아만이 우리가 따를, 우리가 지닌 모든 에너지를 쏟아 따를 유일한 것이 되게 한다. 모든 국면에서 완전함이라는 발상, 우리 자신 속에 의식의 자발성을 고무하며 생각의 자유로운 행사가 우리의 모든 활동을 감싸고 생생하게 흐르도록 하는 것, 우리 활동의 한 측면만이 전적으로 중요하고 전적으로 충분한 것이 되어 다른 측면은 사소한 것이 되어버리게 하지 않으려는 것— 이런 마음의 성향이야말로 그것이 무엇이든 천한 주관심사를 유보 없이 따르지 못하게 제어해줄 뿐 아니라 심지어는 헤브라이즘의 유일한 관심사인 그런 우리의 측면에조차 새로운 생명과 움직임을 불어넣어서 좀더 건강하고 덜 기계적인 활동을 일깨울지도 모른다. 이처럼 헬레니즘은 실제로 헤브라이즘의 기획을 증진하는 일을 할 수도 있다.

초기 기독교 시기에 그러했던 것은 의심할 여지가 없다. 앞서도 말했다시피, 기독교는 헤브라이즘처럼 인간의 도덕적 측면, 인간의 도덕적 감정과 도덕적 행위에만 집중했다. 그런 만큼은 그것도 헤브라이즘의 연장에 지나지 않았다. 그러나 그것은 헤브라이즘을 변형하고 갱신했으니, 기계적인 것이 되어버려서 생생한 동력(動力)을 상실해버린 고정된 규율을 비판하고, 이 해묵은 규율에 대해 사고를 자유롭게 행사하여 그 부적절함을 짚어낸 것이다. 또 인간의 도덕적 의식이 생생하게 포착할 수 있고 공감하는 가운데 움직일 수 있을 새로운 동력을 발전시킨 것이다. 이것이야말로 헤브라이즘에 우리가 정의한 헬레니즘을 유입시키는 것이 아니고 무엇이었겠는가? 성 바울로는 유대인의 말과 실천 사이의 모순, 유대인이나 성 바울로 모두 가장 중요한 것으로 본 도덕적 감정과 도덕적 행위라는 바로 그 측면에서 유대인이 지닌 결함("도적질 말라, 반포하는 네가 도적질 하느냐. 간음하지 말라, 말하는 네가 간음하느냐")[18]을 들어 유대인이 기계적으로 파악한 해묵은 삶의 규율이 부적합하다는 증거로 삼았다. 그리고 이 규율에 대해 유대인이 의식을 자유롭게 행사하도록 만듦으로써—즉 이 규율을 매우 헬레니즘적으로 대함으로써—유대인을 구제하려 애썼다. 그럼에도 우리의 진지한 중간계급에서 상업적 부도덕성이 늘어난다든지, 빨리 부자가 되어 세상에서 두각을 나타내겠다는 유혹 앞에 엄격한 청렴함의 습관이 녹아 없어진다는 숱한 이야기를 들을 때, 우리나라의 이 위대한 대표적 계급에서 어쨌든 그토록 많은 사고와 실천의 혼란을 목격할 때, 율법의 옛 동력이 유대인에게 그랬던 것처럼 청교도의 은총과 이른바 의로움의 새로운 동력이 청교도에게는 기계적인 것으로 바뀌었고, 과거와 마찬가지로 그의 실천을 통어할 능력을 상실하게 되어버렸음을 이런 혼란이 보여준다고 말하고 싶은 생

---

18) 「로마서」, 2장 21~22절.

각이 어찌 일어나지 않겠는가? 그리고 치유책은 성 바울로가 취한 것과 똑같이 청교도의 헤브라이즘 속에 우리가 헬레니즘이라 불러온 것을 유입하는 것, 그의 화석화된 삶의 규율에 그의 의식을 자유롭게 흐르게 만들어 그것을 갱신하는 것이라고 말하고 싶은 생각이 어찌 일어나지 않겠는가? 다만 이런 차이는 있다. 성 바울로는 우리의 도덕적인 부분을 여전히 가장 중요한 것으로 취급하며 그 경계 속으로 헬레니즘을 유입한 반면, 또 오로지 그 측면으로만 유용하게 유입해 들일 가능성을 이를테면 거의 다 써버리다시피 하며 그 최대한도까지 사용한 반면, 우리는 그것을 우리 활동의 모든 노선들 속으로— 모든 면에서 조화롭게 완전한 인간성의 이상을 지침 삼아— 유입해 들이려 애써야 하는 것이다. 그렇게 함으로써만 헤브라이즘이 호소하는 바로 그 본능, 이제는 심한 좌절에 빠져 있는 그 본능을 제대로 소생하게 하고 원기를 회복하게 하고 갱신할 수 있다.

그러나 지금 충분히 가시화된 우리 사고와 행위의 혼란을 보고도 우리가 헤브라이적인 측면만을 그렇게 배타적으로 발전시키는 반면, 헬레니즘적인 측면은 그렇게도 미약하게, 그것도 아무렇게나 되는 대로 발전시키고 사물의 이해가능한 법칙보다 고정된 행동 규칙을 사랑하는 그릇된 노선을 걸어왔다는 경고를 듣지 못한다면, 주변 세상의 견해가 제공하는 놀라운 증언에 귀를 기울여보자. 오랫동안 우리한테 매우 소중했던 세 가지 대상에 지금 온 세상이 매우 큰 가치를 부여하고 있고, 또 갈수록 더 그러하며 그 나름대로 그 대상을 추구하고 있거나 추구하려 애쓰고 있다. 이 세 가지 대상이란 산업적 기획, 체육 그리고 자유다. 분명 우리는 주변 국민보다 이 세 가지를 빨리 시작하기도 하고 훨씬 더 뜨거운 정열을 바쳤으며 높은 성공을 거두었다. 그리고 이는 주변 국민도 인정하지 않을 수 없는 일이니, 그들 자신이 여기에 관심을 돌릴 때 우리의 본보기를 눈여겨보고 우리의 실천에서 무언가 얻어야 할 것이다.

그런데 일반적으로 사람들이 어떤 추구 대상에 관심을 둘 때는 이미 그것에 성공적으로 매진해온 사람들에 대해, 그리고 그들의 성공에 대해 열중하지 않을 수 없다. 그들은 이 사람들을 연구할 뿐만 아니라, 이들에게 사랑과 경탄을 느낀다. 말하자면 전쟁 기술에 관심 있는 사람은 위대한 장군들의 성취를 열심히 익힐 뿐만 아니라 그들에게 경탄하고 열중한다. 마찬가지로 화가나 시인이 되려는 사람은 앞서서 그에게 길을 보여준 위대한 화가나 시인을 사랑하고 경탄하지 않을 수 없다.

그러나 세상은 우리와 우리의 자유, 우리의 체육, 우리의 산업적인 능력에 대해서는 관심을 두기 시작하면서도, 이상하게 사랑이나 경탄 또는 열중은 거의 보여주지 않는다. 왜 그런가? 우리가 이것들 각각을 기계적인 방식으로, 인간의 완성이라는 전반적인 목적과 관련해서가 아니라 그것만을 위해 그 자체를 하나의 목적으로 추구하기 때문이 아닐까? 그리고 바로 이 때문에 이것에 대한 우리의 추구가 세상이 진실로 원하는 것이 되지 못하고 인류에게 흥미 없는 것이 되는 것이 아닐까? 우리가 식견을 가지고 그들에게 숭배하도록 가르칠 수 있는 것은 그들에게는 한낱 기계 장치, 한낱 물신으로 보일 뿐이다. 영국의 자유, 영국의 산업, 영국의 강한 체력, 우리는 맹목적으로 이 세 가지 가운데 하나하나를 위해 일할 뿐, 각각에 온당한 비율과 몫을 부여할 생각도 없는데, 우리의 일을 작동하고 인도할 조화로운 인간 완성의 어떤 이상도 우리 정신 앞에는 없기 때문이다. 그래서 다른 세상 사람들은 산업이나 자유나 신체적 힘을 욕망하기는 하되 우리처럼 이것을 절대적인 것으로서가 아니라 무언가 다른 것을 위한 수단으로 욕망하면서, 우리의 실천 가운데 자신들에게 유용해 보이는 것은 모방하면서도 그들의 모방 대상인 우리에게는 사랑도 경탄도 품지 않는 것처럼 보인다.

반면에 바로 이런 것을 위해 매진한 다른 사람들이 자아내는 사랑과 열중에 주목해보자. 우리가 산업적인 기획이라 부르는 것에 관해서는 어쩌면 과거에서 예를 찾기가 쉽지 않을지 모른다. 그러나 그리스의 자유와 그리스의 체육[19]이 우리에게는 거의 사랑과 칭찬을 보내주지 않는 인류에게서 얼마나 큰 사랑과 칭찬을 이끌어냈는지 생각해보자. 이런 차이가 왜 생기겠는가? 분명 그리스인은 자유를 추구하고 단련을 추구하되 기계적으로가 아니라 온전한 인간 완성과 행복이라는 어떤 이상을 끊임없이 염두에 두면서 그렇게 했기 때문이다. 따라서 이런저런 과오와 결함에도 그들은 그런 추구를 통해 모든 다른 인류의 관심을 끌고 그들에게 기쁨을 준다. 인류는 사물이 이 이상과 관련해 추구될 때만 가치가 있음을 본능적으로 느끼는 것이다.

따라서 여기서 다시 우리는 경고를 얻는 듯하다. 즉 우리 가운데 가장 성실한 계급의 사고와 행위마저 말려들고 있는 그 혼란에서, 우리가 우리의 헤브라이화하는 본능, 즉 행동의 성실함을 생각의 섬세함과 유연성보다 선호하는 성향을 너무 배타적으로 길러왔고 그 본능 때문에 기계적이고 성과 없는 굳은 틀 속에 빠지고 말았다는 경고가 그것이다. 그리고 다시 우리는 배우게 되는 듯하다. 우리의 헬레니즘화하는 본능, 사물의 이해가능한 법칙을 열심히 추구하고 신선한 생각의 흐름이 우리의 고정된 관념과 습관 주위로 자유롭게 흐르도록 만드는 본능의 발전이 현재 우리한테 가장 필요한 것임을 말이다.

그렇다면 모든 면에서 볼 때, 우리가 사태의 핵심으로 파고들면 들수록 모든 흐름은 수렴되어 우리를 교양을 향해 데려가는 것 같다. 우리 바

---

19) 체육과 음악(문학을 포함)은 소크라테스가 묘사한 초등교육 프로그램에서 두 가지다. 플라톤의 『공화국』에 그 내용이 있다.

깥의 세상을 볼 때, 우리는 확실한 권위가 불안스럽게도 부재한 것을 보게 된다. 오로지 올바른 이성에서만 확실한 권위의 원천을 얻을 수 있다는 것을 우리는 알고, 교양은 우리를 올바른 이성으로 데리고 간다. 우리 내부의 세상을 볼 때, 우리는 온갖 양태의 혼란이 생겨난 것은 불과 힘, 열심, 행동에 대한 지나치게 배타적인 숭배 때문에 우리가 처하게 된 저 지성적이지 못한 굳은 틀과 일면적인 성장의 습관 때문이라는 것을 알게 된다. 우리한테 필요한 것은 우리 인간성의 좀더 충만하고 조화로운 발전, 우리의 굳은 관념에 자유로이 사고를 행사함, 의식의 자발성, 단맛과 빛이며, 이것들은 바로 교양이 낳고 기르는 것이다. 명칭 따위는 고집하지 않겠다. 교양이라는 명칭이야 쉽게 포기할 수도 있다. 경박하고 현학적인 종류의 교양을 비난하면서도 마음 깊이에서는 우리와 똑같은 것을 소망하는 그런 사람들이 가짜 교양을 헐뜯고 깎아내리다가 자기도 모르게 진짜 교양까지, 그것도 교양에 대한 타고난 존중심이 거의 없는 그런 민족 사이에서 헐뜯고 깎아내리게 되지 않도록 주의만 해준다면 말이다. 우리가 관심을 두는 것은 명칭이 아니라 실체(the thing)다. 그리고 그 실체를 무슨 이름으로 부르든 간에, 독서를 통하든 관찰이나 사유를 통하든 현재 세상에서 알려져 있는 것 가운데 최상의 것을 알게 됨으로써, 사물의 확고하고 이해가능한 법칙에 가능한 한 근접함으로써 덜 혼란스런 행동의 기초와 우리가 현재 가진 것보다 더 온전한 완전함을 얻을 수 있게 만드는 것, 바로 그것이다.

따라서 이제 교양 있는 비행동의 정신을 설파하고 행동을 진심으로 사랑하는 사람들을 자극하며 어떤 특정한 악덕을 뿌리뽑는 데 손을 빌려주지 않으려 들며 이 시대의 병든 영혼에게 제시할[20] 무언가 영구불변

---

20) 『맥베스』, 5막 3장 40절. "당신은 병든 영혼을 다스릴 수 없습니까?"

의 진리를 발견하는 데 절망한다는 비난을 받을 때, 우리 자신이 어떻게 답할지 심한 혼란과 당혹에 빠지지는 말아야 할 것이다. 우리는 과감히 말해야 할 것이다. 이 시대의 병든 영혼에게 제시할 어떤 영구불변의 진리를 발견하는 데 절망하는 것이 전혀 아니라고. 오히려 우리는 이 진리를 발견해내는 최선의 방식이 무엇인지 말해주어야 한다. 즉 어떤 특정한 악덕을 없애려는 우리 친구들과 동포들의 실제 작업에 손을 빌려주는 것보다는 우리 친구들과 동포들이 교양을 추구하고, 그들의 현재 작업과 그 작업의 기초가 되는 고정관념에 대해 의식을 자유롭게 행사하여 이것들이 무엇이며 이해가능한 사물의 법칙에는 어떻게 관련되고 또 진정한 인간의 완성에 어떻게 도움이 되는지 보여주는 데 있다고.

6 우리의 자유주의 실천가들

그러나 상호의존적·종속적인 일관된 원리들에 기반을 둔 철학을 지니지 않은 겸손한 필자라면 일반론에 지나치게 몰두하는 자세를 지녀서는 안 된다. 누구나 공유하는 사실이라는 평지 가까이 머물러야 하니, 과학적 장비를 갖추지 않은 지식에는 이것만이 유일한 안전한 지반인 것이다. 따라서 어떤 특정 해악을 제거하기 위하여 내 친구와 동포들이 지금 이 순간 행하는 실제적인 작업에 대해 내가 얕보듯 말해왔으니, 이야기를 마치기 전에 그 몇몇 작업을 예로 하여 그것이 지금까지 내가 주장해 온 바의 진실성을 입증하도록 하지 않으면 안 되겠다.

이런 작업의 첫 예로 현재 진행되고 있는[1] 아일랜드 교회의 비국교화 운동을 들겠는데, 실은 추론이나 논쟁에서 나 자신이 인정할 수밖에 없는 서투름을 보여주기에 이보다 더 큰 증거도 없을 것이다. 이 작업은 우리의 자유주의자 친구들이 벌이고 있으며, 또 만일 누가 선뜻 나서서 도와주지 않으면 불평을 터뜨리고 짜증을 내면서 교묘한 보수주의적 회의주의와 교양있는 비행동을 지니고 있다[2]고 질타할 권리를 지닌, 어떤

---

1) 1868년에 쓴 글-저자.

명백한 해악을 뿌리 뽑겠다고 나선 작업 가운데 하나임이 너무도 명백해 보인다. 실로 자명하다고 해도 좋겠다. 하여간 이 순간[3] 이 작업은 우리 앞에 너무도 두드러지게 다가오기 때문에—모든 이의 관심을 너무나 강요하는 나머지—못 본 체하면 비겁해 보일 정도다. 따라서 이 현저한 작업이 우리가 우리의 의식을 자유롭게 행사하여 그것을 실행하는 우리의 정신이 대체 어떤 상태에 있는지 밝혀야 하는 그런 작업 가운데 하나인지, 아니면 우리의 이 같은 교리가 적용되는 것을 절대 용납하지 않고 우리로선 당장 손을 빌려주어야 마땅한 그런 작업인지 한번 보기로 하자.

1

아일랜드 국민 가운데 극소수 국교회가 국민의 모든 교회재산을 독차지하고 있는 만큼, 아일랜드의 현 국교회가 이성과 정의에 반하는 것은 분명해 보인다. 그리고 종교 예배가 한 가지였을 때 국민의 종교예배를 지원할 목적으로 이 재산이 할당되었기 때문에, 예배가 여러 형태로 나뉘었으니 국가는 마땅히 여러 형태에 골고루 재산을 나누어주어야 한다고 생각할 법하다. 그러나 이런 배분은 정황을 충분히 감안하여 영속적으로 남을 법한 커다란 차이와 심원하고 광범위한 종교적 특징을 대표할 만한 종파만을 대상으로 해야 한다. 별로 지속될 만한 이유가 없는 사소한 차이라든지 우리의 공통된 본성의 광범위하고 필수적인 종교 양태를 표현한다고 보기 힘든 사소한 종파들은 무시해야 한다. 이것은 우리

---

2) 교양론에 대한 당시의 대표적인 논박 가운데 하나인 「교양과 행동」(Culture and Action)의 한 구절이다.
3) 1868년–저자.

가 이미 여러 차례 사용한 국가에 대한 금언, 국가는 모든 시민의 종교에 해당한다고 할 수 있되 일부 시민의 광신주의는 제외된다[4]에도 딱 들어맞는다. 이 금언을 부인하는 사람은 국가를 너무 하찮게 여긴 나머지 종교가 구태여 국가와 접촉하는 꼴을 보고 싶어하지 않거나, 아니면 종교를 너무 하찮게 여긴 나머지 국가가 구태여 종교와 접촉하는 꼴을 보고 싶어하지 않는 것이다. 그러나 훌륭한 정치인이라면 섣불리 국가든 종교든 이렇게 하찮게 여기지는 않을 것이다.

우리 두 정당의 정치인은 국가의 의무라는 자연스런 노선에 따라 아일랜드에서 완전히 분열된 이 나라의 커다란 교파들에게 교회재산을 어느 정도 공정하게 배분하려는 쪽으로 기울었던 것처럼 보인다. 그러나 그때 대영제국에서 이른바 민족정신이란 것이 종교를 위한 기본재산에 점점 적대적이 되고 새로운 기본재산을 형성하지도 않을 것이 분명해졌다. 그리고 이 사실은 그 자체만으로도 충분히 일반적이고 심각한 현상으로 보이지만, 여기에 더욱 커다란 일반성과 심각성의 외관을 부여해주는 정치철학자들[5]이 나타나 강력하고 아름다운 언어를 능란하게 구사하여 영국의 민족정신이 내리신 이 칙령을 전 세계의 종교적 변천과 진보의 대법칙을 표현하는 일종의 공식으로 추어올린 것이다.

그러나 어떤 일관된 철학도 없기에 철학자를 자처하지는 말아야 할 우리한테 보이는 것은 오로지, 영국과 스코틀랜드의 비국교도들이 국교화와 종교를 위한 기본재산을 끔찍이 싫어하며 그것이 예수 그리스도가 "내 나라는 이 세상에 속한 것이 아니"[6]라는 말로 금했던 것이라고 주장

---

4) 『프랑스의 대중교육』이라는 책(1867)을 가리킨다.
5) 초판에는 백스터(Mr. Baxter)와 벅스턴(Mr. Charles Buxton)이라고 명시해 두었다. 이들에 대해서는 「서문」의 주를 참조할 것.
6) 「요한복음」, 18장 36절.

한다는 점, 그리고 비국교도들은 어떤 교회든 비국교화하는 일에서는 정치인을 기꺼이 도우려 들며, 그럴 수만 있다면 국교화되거나 기본재산을 부여받는 일은 일절 하지 않으려 한다는 것뿐이다. 다음으로 보이는 것은, 비국교도들이 하원에서 자유주의 다수당의 근간을 이루고 있고, 따라서 자유주의 정치 지도자들은 비국교도들의 지원을 얻기 위해 아일랜드의 교회 재산을 주요 종파들한테 공정히 분배한다는 생각을 버리고 새롭게 기본재산을 가지지 못하게 하는 것이 민족정신이라고 하면서, 어떤 교회도 국교화하지 않고 또 기본재산을 부여하지 않은 채 아일랜드의 현 국교회를 비국교화하고 그 기본재산을 폐지할 것을 제안할 뿐이라는 점이다. 간단히 말해 하원의 자유당은 이성과 정의의 힘이 아니라 국교회에 대한 비국교도의 반감의 힘에 의존하여 현재의 아일랜드 교회를 비국교화하려고 애쓴다는 것이다.

그것이 반감의 힘임은 분명하다. 왜냐하면 자유주의 정치가들이 이성과 정의의 힘에 의지해 제안한 것은 현재 제안하는 것과는 딴판이었기 때문이다.[7] 또 그들이 현재의 제안을 하면서 민족정신의 결정 운운했는데, 그것은 그들이 영국과 스코틀랜드의 비국교도들에게 의존해야 했기 때문이다. 그리고 비국교도들은 아일랜드 교회 재산의 현재의 전유가 공정치 못하고 불합리하다는 데 대한 반감이 아니라 국교회들에 대한 반감에 이끌린 것이 분명하다. 왜냐하면 스퍼전 씨도 기억할 만한 응

---

7) 글래드스턴은 1868년 4월 3일, 아일랜드 국교화에 대한 논쟁의 한 국면을 다음과 같이 결론지었다. "보수당 정부가 하려 한 것은 영국 국교회와 함께 다른 국립화된 교회들을——모두 정리공채기금에서 재산기부를 받은 장로교회, 로마 가톨릭과 군소 정파들을 함께 세우려는 것이다. 〔……〕 이것은 한 세대 전에 자유주의 정치가들이 열심히 하려 했던 바이기도 하다. 〔……〕 '그러나 지금 와서 그것은' 이 나라의 인민에게 채택될 수도 없고 되지도 않을 것이다. 스코틀랜드가 그것을 싫어하고, 잉글랜드가 원하지 않으며, 아일랜드가 거부한다."

변적인 서한에서 공언하기를, 로마의 성상(聖像)을 세우는 일 따위를 하기보다는 — 즉 구교에 교회재산의 공정하고 합당한 몫을 배분하기보다는 — 차라리 아일랜드의 현상태를 그대로 내버려두는 것이 낫겠다, 즉 현 전유제도의 불공정과 불합리를 그대로 존속시키는 것이 낫겠다고 하기 때문이다.[8] 그러므로 우리가 다음처럼 주장해도 논박할 여지가 별로 없을 것이다. 아일랜드 국교회를 전복하기 위해 자유당이 구사하는 실제 동력이란 국교회에 대한 비국교도의 반감이지 이성과 정의에 대한 감각은 아니라고. 혹시 이성과 정의가 이 반감 속에 포함되어 있다면 별 문제겠지만, 현재의 상황은 엄연히 이러한 것이다.

아일랜드 국교회라는 이 해악을 구태여 이런 식으로 뿌리 뽑겠다는 것이 얼마나 많은 불편한 일을 야기하는지 우리 모두 알아야 마땅하다. 산업과 자유와 체육에 관해서도 말한 것처럼, 이런 식으로 일해서는 우리는 결코 사랑과 감사를 일깨우지 못할 것이다. 이성과 정의와 인간완성 같이 사람들의 열정에 불을 지르는 것들 때문에 추구되는 것이 아니라, 국교회를 금기시하는 비국교도들의 특정한 고정관념 내지 물신(物神)

---

8) 1968년 4월 22일에, 브라이트는 아일랜드 교회의 비국교화를 추구하는 글래드스턴을 지지하는 집회를 주제했다. 스퍼전(1834~92, 영국 침례교 선교사)은 자기의 매트로폴리탄 성전에 7,000명 이상의 사람들이 모였는데, 다리에 류머티스성 통풍이 도져서 참석을 못하게 되자 브라이트에게 다음과 같은 편지를 보낸다. "우리 주님의 왕국은 이 세상에 있지 않습니다. 이 진실은 우리의 비국교의 주춧돌입니다. [……] 잉글랜드의 비국교도들이 걱정하는 한 가지 일이 있다면, 국교회의 재산의 어떤 몫이라도 가톨릭 교도들에게 주어지면 어쩌나 하는 것입니다. 인간에게 우리는 이를 책해야 합니다. 현재의 악이 아무리 나쁘더라도 우리는 교황이 국가 재산을 소유하는 것을 보느니 차라리 그 악을 그냥 내버려두는 것이 낫습니다. [……] 우리는 '교황은 안 된다'(No Popery)라는 죽은 말에 선동되지는 않지만, 아일랜드의 비참한 현실을 제거한다는 명목 아래 기본재산이 있는 교회들을 교환하고 로마적인 성상을 세우려고 영국 국교회를 없앴다는 말을 들어서는 결코 안 된다는 점에는 매우 단호합니다."

때문에 추구되기 때문이다. 그럼에도 아일랜드 교회에 대한 조치로 얻을 수 있는 주된 이득 가운데 하나가 아일랜드 국민의 애정을 획득하는 것임은 분명하다. 이 점 말고는 새로운 기본재산에 반대한답시는 영국 민족정신의 결의 같은 기계적 규칙이나 물신의 힘으로 수행해오던 조치는, 이성과 정의의 힘으로 행함이 명백한 조치와는 달리, 쉽게 적대자들의 존경심을 불러일으켜 반대의 목소리가 약화되어 더 나오지 않게 하지는 못한다. 이성과 정의는 그 안에 설득력 있고 거역할 수 없는 무엇을 지니고 있으나, 이 비국교도의 것 같은 물신이나 기계적 금언에는 애정이든 이해든 불러일으킬 만한 아무것도 담겨 있지 않다. 아니, 그것은 상대편에서 또 다른 물신이나 기계적 금언을 역으로 구사하도록 자극하며, 그럼으로써 이미 만연한 혼란과 적대를 가중시킬 뿐이다. 비국교도의 물신에 대항해서 보수주의 쪽에서 나오기 시작한 또 다른 물신— 헌법 위험에 처하다! 영국적 자유의 보루가 위협받다! 종교개혁의 등불 꺼지다! 천주학 타도! 등등—의 출현은 이런 식으로만 설명이 가능하다. 이성과 정의의 뒷받침을 받은 조치를 배경으로 한 이런 물신들을 고취시키기는 국교회에 대한 비국교도의 반감의 뒷받침을 받은 조치를 배경으로 한 물신들을 고취시키는 것보다 그다지 쉽지 않고, 인간의 약한 마음을 더 파고들지도 않는다. 결국 '천주학 타도!'란 슬로건도 '국교회 타도!'라는 슬로건과 인간 정신에 절실하게 호소하는 정도로 본다면 마찬가지 않은가. 다시 말해 이것이나 저것이나 그 자체로는 절대 인간 정신에 절실한 호소를 하지 않는다는 것이다.

그렇다면 그들의 이런 조치와 그것의 만족스러운 성취를 위해서라도 그 조치를 뒷받침해주는 고정 관념 내지 습관에 대해 우리의 의식을 자유롭게 행사하는 편이 그 조치에 즉각 손을 빌려주는 것보다 더 중요하다고 말한다고 해서 행동 신봉자들이 우리한테 그렇게 꼭 화를 내야 하겠는가? 분명 그럴 필요가 없다. 왜냐하면 이성과 정의만큼 일을 수행하기에 효율적인 것도 없기 때문이며, 생각의 자유로운 행사는 비국교도의 물신 속에 숨어 있는 이성과 정의를 해방시켜 제대로 작용하게 하거나 아니면 이 물신을 일소하여 정치인에게 이성과 정의의 길로 자유롭게 나아갈 수 있게 도와줄 것이기 때문이다.

그러니 예수 그리스도가 "나의 왕국은 이 세상의 것이 아니니라"라고 했다고 해서 국교회는 나쁜 것이라는 스퍼전 씨나 비국교도들의 기계적 금언, 이 절대적 규칙을 한번 예로 들어보자. 우리의 의식이 이 화석 한 조각 — 이제 실로 화석이라고 하겠으니 — 을 물에 넣어 띄우고 우리 사유의 살아 있는 움직임의 흐름 속으로, 그리고 이해가능한 사물의 법칙 전체와의 관계 속으로 끌어오려고 애쓰고 있다고 해보자. 적대적인 논객[9]이라면 이렇게 말할 수도 있겠다. 비국교도들 자신이 사용하는 많은 기구들 — 이미 존재하는 '해방협회'(the Liberation Society)와 스퍼전 씨가 창립을 보고 싶어하는 '비국교도 연합'(the Nonconformist Union)[10] — 도 국교회만큼이나 그 같은 그리스도의 말씀에 해당된다고. 그러나 이것은 비국교도 금언에 대응하여 말다툼을 벌이는 소극적인 방식일 뿐이다. 반면 우리가 바라는 것은 이 금언을 우리 사유의 적극적이고 생생한 운동 속으로 끌어들이는 일이다. 따라서 우리는 이렇게 말한다. 예수 그리스도의 말씀의 뜻은 그의 종교가 영혼에 작용하는 내적인 설득의 힘이지 육신에 가해지는 외적인 속박의 힘이 아니라는 것이며, 국교회와 교회 기본재산을 반대하는 비국교도의 금언이 그리스도의 이 뜻에 부합하는 것이라면, 비록 '해방협회'의 문제에서 그들 자신의

---

9) 즉 비국교도에 적대적인 논객을 말한다.
10) 국가후원 및 통제로부터의 종교해방협회(The Society for the Liberation of Religion from State Patronage and Control)는 마이얼이 1853년에 설립했다.

실천은 여기에 어긋난다고 할지라도, 그 금언만큼은 선하다고.

그리고 여기서 종교와 코브 양과 뉴로드(New Road)의 영국보건대학교에 관해 우리가 한 말을 기억할 수밖에 없게 된다.[11] 종교에는 두 측면, 사유와 성찰의 측면과 예배와 헌신의 측면이 있다. 예수 그리스도의 뜻은 영혼에 작용하는 내적 설득의 힘으로서 그의 종교가 두 측면을 가능한 한 완전하게 가동하는 것임이 분명하다. 그런데 사유와 성찰은 특히 개인적인 사안이며, 예배와 헌신은 특히 집단적인 사안이다. 다른 수천 명이 똑같은 생각을 하는 것이 내가 어떤 사안에 대해 명석하게 사고하는 데는 도움이 안 된다. 그러나 다른 수천 명이 나와 함께 예배드리고 있다면 내가 더 열정적으로 예배드리는 데 도움이 된다. 공동의 합의, 오랜 전통, 공적인 확립, 오래 사용해온 예식, 국가적 건축물 등을 신성화하는 것은 종교 예배에서 모든 것이다. "예배를 인상적으로 만드는 것은 바로 공공성, 외적인 현시, 음향, 장엄함, 우리의 외적·내적 삶 모든 세목을 빠짐없이 나타나게 하는 식전(式典)"이라고 주베르는 말한다.[12] 그러므로 예배는 우리를 갈라놓는 요소를 될 수 있는 대로 적게 포함해야 하며, 될 수 있는 대로 공통의 공적인 행위가 되어야 한다. 다시 주베르가 말하듯 "최선의 기도란 특히 두드러진 데가 있는 것이 아닌 단순한 경배의 성격을 띤 것이다." 왜냐하면 그가 다른 곳에서 말하듯 "동일한 경배

---

11) 코브(Cobbe) 양은 콜렌소(Colenso) 주교의 책을 서평하면서 그것을 르낭(Renan)의 업적과 동등하게 취급하여 다룸으로써 종교에 대한 섬세한 이해를 결한 인물로, 그리고 뉴로드의 보건대학교 건물은 공공건물이 마땅히 갖추어야 품격을 결한 사례로 아널드가 다른 곳(「현시기 비평의 기능」)에서 거론했다. 아널드는 이 같은 지성과 비평적 판단의 부재가 실천을 중시하는 자유주의적 경향을 나타내는 것으로 보고 신랄하게 비판한다. 콜렌소(J. W. Colenso, 1814~83)는 네이틸(Natal)의 주교였다.
12) 주베르(Joseph Joubert)의 『명상록』(Pensees)에서.

란 동일한 생각과 지식보다도 사람들을 훨씬 더 결합하게 하는" 까닭이다. 앞서 말했듯 생각과 지식은 특히 개인적이며 우리 자신의 것이다. 우리가 그것을 확실히 우리 것으로 하면 할수록 그것은 우리한테 더 많은 힘을 지닌다. 그러므로 인간은 예배는 공동체와 함께일 때 가장 잘 드리며, 철학은 혼자일 때 가장 잘한다.

따라서 자신의 종교는 영혼에 가하는 내적 설득의 힘이라는 예수 그리스도의 말씀에 진실로 부응하려는 사람이라면, 기독교의 지적인 측면에 대한 생각은 가능한 한 개인적인 것으로 남겨두고, 기독교의 예배는 가능한 한 집단적인 것으로 만들려고 할 것이다. 따라서 예배는 특히 공적이고 국가적인 교회의 사안으로 여겨진다. 스퍼전 씨의 성전에 서서 찬탄을 금하지 못하는 브라이트 씨조차도 이 성전과 그곳에서 드리는 예배가 그 자체로 사원으로서도, 종교적 예식으로서도 국립 웨스트민스터 사원이나 노트르담 성당 그리고 그 예배의식만큼 인상적이고 감동적이라고 말하지는 않을 것이기 때문이다.[13] 그리고 그 성전에서 나온 직후에, 뉴로드의 영국보건대학교가 그런 것처럼 공적이고 국가적인 설비에 크게 미흡한 수많은 사립 또는 개인의 종교적 예배소들을 곧장 마주치게 되면, 종교를 영혼을 설득하는 힘으로 만들라는 예수 그리스도의 명령이 완전히 무위로 돌아갔다는 느낌이 들지 않을 수 없다. 그런 곳에서 대체 어떤 설득이 가능하겠는가?

그러나 어쩌면 비국교도의 예배가 그처럼 인상적이지 못한 것은 그들

13) 브라이트는 스퍼전의 매트로폴리탄 성전에서 아일랜드 교회의 비국교화를 위해 "자, 우리가 '임의기부주의'가 할 수 있는 것의 증거와 그것이 해온 기념비를 원한다면, 한번 주변을 둘러봅시다(큰 박수). 아일랜드의 프로테스탄트 감독과 회중 전부의 임의기부적 노력이, 이 건물에 매주 모이는 이 거대한 회중이 해온 것만큼, 프로테스탄티즘을 위해 지난 한 세대 동안 해내지 못했다고 말하고 싶지는 않습니다"(다시 박수) (『타임스』, 1968년 4월 23일자)라고 연설했다.

이 빈틈없이 사색하기 때문일 수 있지 않을까? 종교의 한 측면, 즉 공적인 국가적 예배의 측면을 다른 측면, 즉 개인적인 생각과 지식의 측면에 종속시킨 탓이 아닐까? 그러나 그들의 회중 조직을 보면 선뜻 인정할 수 없게 된다. 그들은 고립된 사유인이 아니라 회중의 성원이며 개인적 사유의 자유로운 행사가 방해받기로는 대규모 교회의 성원이 되거나 작은 회중의 성원이 되거나 거의 다를 바 없다. 50명 무리로 사유함은 1,000명 무리로 사유함만큼이나 자유로운 사유에 충분히 치명적이다. 따라서 우리가 이미 앞서도 지적했듯이, 비국교회가 신과 세상의 질서에 대해서 국교회보다 더 가치있거나 더 많은 철학 사상을 가지고 있어서 국교회와 다르다거나 하는 일은 전혀 없다. 이 질서에 대해서 비국교회는 국교회와 거의 똑같은 사상을 가지고 있으되, 그 예배가 훨씬 덜 집단적이며 덜 국가적인 일이라는 점에서 국교회와 다르다.

그러므로 스퍼전 씨와 비국교도들은 내 왕국은 이 세상의 것이 아니니라라는 그리스도 말씀의 참뜻을 잘못 이해한 것 같다. 그리스도의 말씀은 그의 종교가 영혼에 작동하는 것임을 뜻한다. 그리고 종교가 작동하는 영혼의 두 측면—생각하며 성찰하는 측면과 느끼고 상상하는 측면—가운데 비국교회는, 첫째 측면의 경우 자기들이 그리스도의 말씀을 들어 비판한 국교회보다 별로 더 충족시켜주는 바가 없고, 둘째 측면의 경우에는 오히려 국교회보다도 못하다. 결국 저울대는 국교회가 낫다는 쪽으로 기우는 듯하다. 그리고 국교회가 그리스도의 말씀을 아주 합당하게 이해하고 적용해온 것은 아니라 할지라도 최소한 비국교도들보다는 나은 듯하다.

그렇다면 종교적 예배를 공적으로 설립하거나 기본재산을 마련하는데 대한 비국교도의 반감의 힘으로 아일랜드 국교회를 뿌리 뽑으려는 조치 앞에서 어떻게 하는 것이 옳은가? 적어도 이 조치에 곧장 손을 빌려주고 비국교도와 함께 헤브라이식으로 구는 것—즉 특정한 성경 말씀을 우리의 절대적인 행위 준칙이라고 무비판적으로 해석하는 것—이 아님을 강력하게 주장해도 무방하지 않겠는가? 스퍼전 씨처럼 타고난 헤브라이화꾼들한테는 헤브라이화하는 것도 좋을 것이다. 그러나 자유주의 정치인들이 헤브라이화하는 것은 분명 안전하지 않고, 자신의 진정한 자아가 일종의 소극적 헬레니즘—지적인 열정이 없는 도덕적 무관심 상태—에 속하는 저 가엾은 자유주의 일꾼들이 헤브라이화하는 것을 보는 것은 고통스럽기까지 하다. 그리고 우리가 헤브라이화함으로써 정치인들이 좀더 나은 정신으로 해낼 수도 있었을 것을 못하게 만들고, 우리가 화해하려 한 국민의 애정도 얻지 못하고, 그렇다고 우리의 반대파들의 반대를 수그러지게 하지도 못한 채 오히려 고조시키기만 할 때, 얼마간 헬레니즘화해보는 것, 제안된 작업과 그 동기에 대해 생각과 의식을 자유롭게 행사해보고, 그 동기가 불건전한 것일 때는—그럴 공산이 최소한 외견상으로라도 커 보이는데—그것을 해소하고, 그럴 경우 그 대신 좀더 견실한 작업으로 인도하는 일련의 더 건전하고 더 설득력 있는 동기를 만들어내는 것도 분명 불합리하지 않을 것이다. 이를 촉구하는 사람이야말로 당대의 병든 영혼에 처방할 뭔가 영구적인 진리를 발견하는 데 최선의 도움을 주는 것이 아니겠는가? 그러니 행동을 믿는 자들이 그를 점점 참지 못하는 것이 과연 정당한 처사겠는가?

2

그러나 이제 아일랜드 교회의 비국교화만큼 현재 사람들의 감정을 자극하지는 않지만, 특정의 폐해를 제거하려는 목적에만 충실하여 내 생각으로는 단순하고 실질적이며 상식적인 개혁 조치[14]가 아닌가 하는 또 다른 작업을 예로 들어보자. 자유주의자라면 이 조치에 손을 빌려주어야 마땅하고 그렇게 하지 않으면 다른 자유주의자들이 그에게 화를 낼만한 일이다. 이 조치가 하원에서 논의되고 저 유명한 연사 브라이트 씨가 강력한 연설[15]로 옹호하는 것을 내 귀로 직접 들었다는 것이 큰 이점이겠다. 다들 내가 이런 실질적 개혁에 대해 유약하게도 두려움을 가지고 있다는데, 이제 그 두려움은 철저한 검증을 받게 된 셈이다. 이런 검증을 거치고도 두려움이 살아남는다면, 두려움에는 그 나름대로 이유가 있을 것이고, 지금 같은 그런 낙인이 찍힐 까닭이 없지 않나 생각한다.

내가 말하는 조치란 '무유언 부동산 유산 법안'(Real Estate Intestacy Bill)이 수행하려는 것으로, 이 법안에 관한 토론을 나는 하원에서 들었다. 다들 알다시피 이 법안은 유언 없이 죽은 남자의 토지가 현재처럼 장자한테 가는 것을 막으려는 것으로, 찬성자나 반대자 모두 이 법안을 우리가 야만인이라 부르는 사람들이 이 나라의 토지를 이제 거의 독점한 현상을 완화하는 조치로 간주했다. 브라이트 씨를 비롯하여 그의 편에 선 연사들은 한 남자가 죽은 뒤 그의 재산에 대해 동등한 몫을 누릴 권리를 모든 자식에게 부여하는 것이 일종의 자연법 내지 사물의 합목적성 같은 것이라고 여기는 듯했다. 그리고 본인 뜻대로 유언을 작성하면 되는 것이니 자기 내키는 대로 하는 영국인의 제1의 특권을 빼앗지 않은

---

14) 아널드가 당시 신문에 비판받은 대목을 활용한 것이다. 당시 한 신문은 '무질서와 권위'라는 첫 글이 나오자, 아널드가 "어떤 특별한 남용을 없애자는 것을 목표로 삼는, 그 목적에 엄격하게 한정되어 있는 단순하고 실질적이고 상식적인 개혁에 대해서 실로 유약하게도 두려움"(1868년 1월 4일자)을 가졌다고 썼다.

15) 무유언 부동산 유산 법안의 2차 독회(법안에 대한 일반원칙 논의)에서 벌인 논쟁에서 브라이트가 한 발언(1866년 6월 6일)이다.

셈이고, 유언을 작성하지 않았을 경우에만 그의 토지가 가족한테 분배되게끔 만든다면, 사물의 합목적성을 법률로 인가하는 것이요, 현재 이를 위반하는 야만인의 행위를 제어하는 셈이라고 여기는 듯했다.

브라이트 씨와 그 친구들이 이런 식의 논리를 펴나가는 것을 보면서 나는 한번 이렇게 자문해보면 어떨까 하는 생각이 들었다. 이 나라 토지를 야만인이 거의 독점하는 것이 나쁜 일이라면, 이 문제에 대처하는 가장 효율적이고 최선의 방책이 자유주의자들의 이 실질적 조치와 그것이 의존하는바, 자식들이 아버지가 돌아가신 뒤 그의 재산을 동등하게 누려야 마땅하다는 천부의 권리에 관한 고정관념인가? 아니면 우리의 생각과 의식이 자유롭고 자연스럽게 야만인, 이 자유주의적인 조치 그리고 그것의 바탕에 깔려 있는 고정관념에 대해서 작용하게끔 함으로써, 그리고 그것들 각각에 대한 사물의 이해가능한 법칙에 한껏 가까이 가려고 노력함으로써 가장 잘 대처할 수 있는가?

자기의 의식을 단순하고 자연스럽게 읽는다면, 어느 누구라도 도대체 자기에게 무슨 권리라도 있음을 발견하겠는가? 나로서는 나 자신의 의식 속으로 더 깊이 들어가면 갈수록, 그리고 그 의식에 나 자신을 더 순전하게 맡겨버리면 버릴수록, 나에게 아무런 권리가 없고 다만 의무만 있다는 것이 더욱 분명해지는 듯 보인다. 그리고 사람들이 이런 권리 관념을 가지게 되는 것은, 자기가 타인에 대해서 의식하는 의무를 타인도 자기에 대해서 의식해야만 한다고 추론하는 식의 추상적인 논증 과정을 통해서지 의식의 직접적인 증언에서 나온 것이 아님도 더욱 분명해지는 듯 보인다. 그러나 이런 식으로 획득하는 권리 관념은 우리를 속이고 오도하는 형식적이고 석화된 것이기 쉽다는 것이 명백하다. 또한 우리의 의식에서 직접 획득하는 관념이 의식에 영향을 미치고 그것을 통제하게 마련이라는 것도 명백하다. 따라서 우리 자식들이 우리에 대해 권리를 가진다고 말하는 것은 확실치도 않고 오해를 불러일으키게 된다. 확실하게 진실이라고 말할 수 있는 것은, 우리가 우리 자식들에게 의무가 있다는 것이다. 그러나 우리의 의식이 우리에게 지워놓은 이 타고난 의무 가운데, 자식들 모두에게 우리 재산을 동등한 몫으로 나누어주어야 하는 책무가 있다고 누가 말해준다는 말인가? 아니면, 의식은 우리에게 자식들의 복리를 위해 대비해야 한다고 말하지만, 대체 누구의 의식이 재산을 누리는 것이 복리라는 말을 한다는 것인가? 우리 자식들이 모두 우리 재산을 동등하게 나누어 가지는 것이 복리를 가장 잘 누리는 길인지 아닌지는 그때 상황에 달려 있고 우리가 살고 있는 공동체의 상태에 달려 있다. 이처럼 똑같이 나누어 가졌다면 사회는, 이를테면 로마제국이 멸망되면서 남긴 혼란에서 벗어나 새롭게 조직되지 못했을 것이다. 그리고 자식의 복리를 위해서는 삶의 터전인 조직된 사회가 있다는 것이 자기 아버지의 재산을 동등하게 나누어 가지는 것보다 더 낫다.

그래서 우리는 무유언 부동산 유산 법안이 기초하는 고정관념—사물의 본성과 합목적성에서 볼 때 한 남자의 자식은 모두 그가 남긴 재산을 동등하게 누릴 권리가 있다는 관념—이 사실 얼마나 설득력이 없는 것인지 알게 된다. 따라서 습관과 이해관계가 달라서 그런 법안에 내켜하지 않는 사람을 설득하여 동조를 얻어내는 일이 얼마나 소득 없는 짓일 수밖에 없는지 알게 된다. 다른 한편, 제안된 실질적 조치가 야만인의 현재의 관행을 바꾸는 데 어떤 효과가 있느냐는 그것이 신성하게 여기려는 관념이 과연 진실하고 설득력이 있는지에 전적으로 달려 있다. 왜냐하면 그런 조치는 야만인이 자기네의 현재의 관행을 지속할 완전한 자유를 주기 때문이다. 그들의 모든 습관과 이해관계를 그 같은 관행 쪽으로 기울게 하는 것이다. 우리가 앞에서 본 것처럼 우리의 의식에 별 영향도 미치지 못하고 장악력도 없는 그런 관념이 널리 퍼져 그들을 방해라도 하지 않는다면 말이다.

정말 우리가 이런 종류의 조치를 그것이 무언가를 하려고 한다는 이유만으로 온갖 긍정적인 형용어들, 소박하다느니 실제적이라느니 상식적이라느니 확실하다느니 하는 형용어로 찬양해야 할까? 행동 신봉자들의 모든 열정을 그 조치 쪽에 가담시키고, 거기에 냉담한 것을 유용한 개혁에 대한 유약한 공포라고 불러야 할까?[16] 야만인과 그들의 토지소유에 대한 자유롭고 사심 없는 생각의 발휘가 우리가 지금까지 이야기해온 것과 같은 그런 조치보다 천 배나 더 실제적이고 천 배나 더 무언가 효과적인 결과를 낳을 것임을 보여주는 것은 나에게는 아주 쉬워 보인다. 왜냐하면 만약 고정관념과 기계적 행동의 방해를 벗어던지고 이 나라에 존재하는 것과 같은 그런 거대한 토지소유 계급을 설명하는 이해가 능한 사물의 법칙을 찾으려고 한다면, 우리의 의식은 스스럼없이 말해주지 않겠는가? 이러한 계급의 영속화가 그 계급의 실질적인 이익을 위하고 공동체의 실질적인 이익을 위한 것인지는 그 계급과 공동체의 실제 상황에 달려 있다고. 그리고 부, 권력, 존경이—무엇보다도 일해서 획득한 것이 아니라 물려받았을 경우에—본디 난처하고 위험한 것들이라고. 윌슨 주교가 훌륭하게 말하다시피, "부는 매우 특별한 은총 없이는 거의 늘 남용된다."[17] 그러나 이 특별한 은총은 대부분 봉건시대의 상황에서 주어졌으니, 우리의 토지소유 계급과 상속의 규칙도 거기서부터 솟아났던 것이다. 막 태어나 거칠게 싸우는 그런 사회의 고역과 고투가 그것을 제공했다. 이런 고역과 고투가 이 계급을 끊임없이 시험하고 징벌하고 또 형성해나갔으며, 이 계급의 지배는 일종의 사회적 통합을 위해

---

16) 주 14)를 참조할 것.
17) 『금언집』(1898) 중에서.

서 사회에 필요한 것이 되었고, 늘 심한 시련과 단련을 받고 있었으므로 그것이 이 계급 자체에도 그다지 해롭지 않은 것이었다. 그러나 부유하고 정착되고 편한 사회에서, 즉 부가 천 배나 더 많은 즐길거리를 제공하고, 그것을 남용하고 싶은 유혹이 그래서 천 배나 더 커지는 그런 사회에서는 훈육이란 것도 그와 함께 휩쓸려가 버리고, 이 봉건계급은 프랑스의 모랄리스트가 멋지게 표현한 자연법──즉 앎 없는 힘은 무척 위험하다──의 전적인 작용을 받게 되고 만 것이다. 그리고 나로서는 이 계급의 젊은이들이 무엇보다도 삶의 환경에 따라 그들의 복리가 시련을 겪고 난파된다는 것에 놀란다. 만약 그들 가운데 열에 아홉에게는 얼마나 더 나았을 것인가? 자기 나름으로 세상을 살고, 꼭 필요한 특별한 은총을 받지 못한 그런 조건의 시험을 받지 않았더라면!

다시 말하건대, 혹 인간이 자기 의식에게 물어본다면 그 의식이 그 인간에게 우리의 야만인 자신의 현재 복리에 관해 말해줄 법한 것이 바로 이것이다. 그러면 만약 한 계급이, 부와 권력과 존경을 거머쥐고 있어서 공동체의 나머지에게 일종의 이상이나 표준이 되어 있는 그런 계급이, 편함과 쾌락의 시험을 힘에 부치게 당하고 있고 탁월함과 패기를 도리 없이 박탈당하고 있다면, 그것이 어떻게 공동체의 복리에 유익한 영향을 미칠 수 있겠는가? 이것이 바로 솔로몬이 "미련한 자에게 영예를 주는 것은 돌을 물매에 매는 것과 같으니라"[18]라고 한 말이 의미한 바가 틀림없다.

왜냐하면 이처럼 지성과 패기가 아니라 부와 지위, 쾌락과 편함이라는 그릇된 이상을 존중하는 것은, 우리의 위대한 중간계급, 속물이라고 불리는 우리에게서 앞에서 말한 그 욕망, 즉 영원히 모든 인간을 사랑스러

---

18) 「잠언」, 26장 8절.

운 것으로 데려가는 것을 본성으로 하는 그런 욕망을 새총의 돌멩이로 쏘아 죽이는 것과 같다는 것을 누구라도 알 수 있기 때문이다. 또 그런 욕망 대신에 우리 자신에게도 다만 그 그릇된 이상에 대한 맹목적이고 타락한 추구만을 남겨둔다는 것을 알 수 있기 때문이다. 그리고 우리 속물 가운데서 그 욕망을 그래도 간직하고 있는 사람들도 그것을 키우고 견실하게 하기 위한 훌륭한 이상이 전혀 없기 때문에, 그 욕망은 그것과 함께 태어날 때부터 인간의 가슴속에 심어져 있는 범상함이라는 저 타고난 경향과 만나게 되고, 그 힘에 의해서 비틀려 휘어져 이리저리 끌려다니며 마침내 우리 속물 가운데서 그래도 존중할 만한 부분이 모든 아름다운 것을 좇는 인간의 욕망의 진정한 목적으로 오해하는 저 기괴하고 끔찍스러운 형태의 대중 종교로 내던져지고 마는 것이다. 그리고 우중에게 이 그릇된 이념은 그런 욕망이 미처 생겨나기도 전에 그것을 죽여버리는 돌멩이다. 아름다운 것의 조건이 이 이상에 따르면 그토록 불가능하고 도달할 수 없는 것처럼 보이고, 소수가 이 조건에 도달하기 위해서는 필연코 다수가 거기에 미달해야만 하는 것처럼 보이는 것이다. 그래서 우리 속물의 현재의 조악함과 우리 우중의 난폭함은, 뜻하지 않게도 야만인과 그들 봉건적 습관, 정당한 시간과 장소를 벗어나서까지 지속되는 그 같은 습관에 아마도 대개는 기인하는 것이다. 그리고 우리가 앞에서 보았다시피 그들은 자기 자신의 복리를 해치는 동시에 공동체의 복리도 해친다.

그러나 교양, 즉 알려진 최상의 것을 알려고 노력하면서 읽고 생각하고 관찰하기를 사심 없이 적극적으로 하는 일에 동반하게 마련인 그런 고려를 해보는 것이 무유언 부동산 상속 법안 같은 조치보다도, 그리고 한 남자의 자식 모두가 재산을 동등하게 나누어 가질 타고난 권리가 있다는 식의 고정관념보다도 땅의 봉건적 습관과 계승 규칙을 와해시키는 데 사실상 훨씬 더 효과적일 수 없단 말인가? 우리는 이 기계적인 금언이 불건전하고 또 그것이 불건전하다면 거기에 의존하는 조치도 도무지 효과적일 수 없다는 것을 보아오지 않았던가? 우리가 믿고 있듯이 진실과 이성이 인간의 마음에 어떤 타고난 불가항력적인 영향력을 가지고 있다면, 마땅히 그러해야만 한다. 교양이 이 같은 고려를 소환하여 우리 마음속에 자유롭게 풀어놓을 때, 그 고려는 살아서 활동할 것이다. 그 고려는 분명 서서히 활동할 터이며 우리를 앞으로 불러내어 높은 자리에 앉게 해서 성과를 내게 하지는 않을 것이지만, 그 때문에 그것들은 더욱 유익할 것이다. 우리는 자연이 얼마나 서서히 모든 심원한 변화를 초래해왔는지를 모든 것에서 배우게 된다. 그리고 우리는 또한 봉건적인 습관을 불시에 완전히 중단해버린 것이 해를 입힌 경우도 볼 수 있다. 그리고 진실과 이성에 대한 의식에 호소함으로써 이러한 고려는 심지어는 야만인 자신 가운데서도 진실과 이성에 대한 감각이 자기 동료들보다 예민한 (우리 속물의 일부도, 그리고 우중의 일부도 그러하듯이) 그런 사람들을 감화시키고 움직일 것은 의심할 여지가 없다. 왜냐하면 사실상 이것은 불과 힘에 대해 가지는 단맛과 빛의 이점 가운데 하나일 뿐이니, 단맛과 빛은 봉건계급의 봉건적 습관이 진실과 이성에 어긋나는 것을 알기 때문에 그 계급에게 그 습관을 말없이 서서히 버리게 하는 것이다. 이에 비해 불과 힘은 습관을 열정적으로 찢어 없애자는 쪽이니, 노동계급이 술 취하고 돈에 좌우된다는 로 씨의 발언(또는 그렇게 추정되는)에 이 계급이 박수갈채를 보낸 까닭이다.[19]

---

19) 제3장 주 25)를 참조할 것.

3

그러나 우리가 일단 실질적인 조치, 우리의 자유주의 친구들이 명백한 폐해를 제거하기 위해서 동원하는, 그리고 우리가 동참하지 않는다고 조급해하는 경향이 있는 그런 실질적인 조치를 재검토하기 시작했으니, 어찌 저 매우 흥미로운 조치—남성이 자기의 죽은 아내의 자매와 결혼할 수 있게 하려는 시도를 그냥 넘겨버릴 수 있겠는가? 이 조치 또한 땅의 계승에 관한 봉건적 관습을 약화시키기 위한 조치처럼, 나의 자유주의 친구들이 관철하려고 애쓰는 그 현장을 몸소 듣고 보고 할 수 있었던 것이다.

나는 운 좋게도 체임버스 씨가 남성이 자신의 죽은 아내의 자매와 결혼을 가능하게 하는 법안을 하원에 제출하던 그 자리에 있었고, 체임버스 씨가 자기의 법안을 옹호하는 연설을 들었다.[20] 그의 첫 번째 논점은 신의 법—「레위기」[21]를 그는 늘 이렇게 부르는데—은 남성이 자기의 죽은 아내의 자매와 결혼하게 하는 것을 진정으로 금하지는 않았다는 것이다. 신의 법이 그것을 금하지 않으므로 자유주의자의 금언, 즉 인간의 최고의 권리와 행복은 자기가 하고 싶은 대로 하는 것이라는 금언이 즉각 앞으로 나서서 죽은 아내의 자매와 결혼하는 것을 막는 것은 개인적 자유의 주장을 저지하는 행위니 이런 것은 없애버려야 마땅하다고

---

20) 체임버스(Thomas Chambers, 메릴레번 출신의 하원의원)는 1866년 5월 2일, 상처한 사람이 처형이나 처제와 결혼하는 것을 허용하는 법안에 대한 2차 독회에서 이렇게 말했다. "'이 법안의 지지자들'이 원하는 것은, 이 법이 한 사람의 행동의 자유가 다른 사람들의 양심에 따라서 제한되지 않아야 한다는 것이다." 이 법안은 부결되었다.

21) 구약의 셋째 서(書)로, 레위족이나 제사·유대교의 의식, 제식 등에 대해 적혀 있다.

한다. 체임버스 씨를 지지하는 한 고매한 자유주의자께서는 그 법안의 소개에 뒤이은 토론에서 자유주의적 관념을 요약하여 전해주는 아주 아름답고 말끔한 공식을 하나 다음과 같이 만들어냈다. 즉 "자유는 인간의 삶의 법칙이다"라고 그는 말했다. 따라서 신의 법인 「레위기」가 그 길을 중단시키지 않는다는 것이 확인되는 순간, 인간의 법인 자유의 법은 그 권리를 확실히 내세워 우리가 우리의 죽은 아내의 자매와 자유롭게 결혼하게 해주는 것이다.

그리고 이것은 사랑과 결혼에서의 콜렌소라고 불러도 좋을 딕슨 씨[22] —마치 콜렌소 박사가 종교에 대한 우리 생각에 그러듯이, 사랑과 결혼이라는 문제에 대한 우리의 생각에 대단한 혁명을 일으키고 있으니[23] —가 미국에 있는 미국의 우리 동포의 관념과 실행에 대하여 말하는 바와 꼭 일치한다. 앞에서도 본 것처럼 헤브라이적인 특질과 유사한 특질을 가지고, 양심의 저 확고하고 완벽한 지고의 법칙인 성서가 명시적으로 통제하지 않는 한 자유가 바로 인간의 삶의 법칙이라는 우리 민족의 강한 믿음을 가지고서, 우리의 미국인 동포는 딕슨 씨가 전하듯이 다시 그들의 성서에게로 가나니, 모르몬들은 족장들과 구약으로 가고, 노이스(Noyes) 수사는 성 바울로와 신약으로 가고, 그리고 성서 외에는 전에는 아무것도 읽은 것이 없기 때문에 그들은 이제 그들의 성서를 다시 읽고 거기서 온갖 위대한 것을 발견하는 것이다.[24] 이 모든 발견은 자유에 우호적이고, 우리 속물의 특징이자 저 왕관을 쓴 속물인 헨리 8세에서 그토록 두드러지게 예증된 저 이중적인 욕구[25] —금단의 과일에 대한 욕

---

22) 제3장 주 18) 참조.
23) 콜렌소는 그의 첫 저서 『모세 오경』(Pentateuch)에서 산술적인 불일치를 입증한 것 때문에 자유주의자들의 상찬을 받았으나, 아널드는 이를 조소했다.
24) 딕슨, 『새로운 아메리카』에 나오는 내용이다.

구와 법적 정당함에 대한 욕구——는 이렇게 충족된다.

딕슨 씨의 웅변적인 글은 이러한 중요한 발견을 이곳에다 유포시킨다. 그래서 사랑과 결혼에 관해서, 우리는 이제 바야흐로 우리의 모든 돛을 펼치고 그 사도이자 복음 전달자인 딕슨 씨가 고딕 부흥(Gothic Revival)이라고 부르는 것으로 진입하기 시작한다.[26] 딕슨 씨의 유연하면서도 힘찬 문체를 너무 찬미하며 그것을 본뜬 많은 신문 가운데 하나가 사용한 훨씬 더 과감하고도 눈에 번쩍 뜨이는 비유를 쓰면 '우리 앵글로 튜튼 민족의 위대한 성적 부활'이라는 것으로 말이다. 이 목적을 위해서 우리는 헬레니즘적이고 공상적인 모든 것에서부터 우리의 눈을 돌려서 성서와 자유라는 두 기점에 굳건히 눈길을 박아두어야만 한다. 그리고 자유당이 개입하고 우리더러 동참하라고 촉구하는 저 실질적인 조치 가운데 하나[27]가 앞에서 보았다시피 이 두 기점을 향해 있거니와 그것을 우리의 앵글로 색슨 민족의 위대한 성적 부활의 일종의 일차분 납부 또는 공적이고 의회적인 서약으로 간주해도 아마 무방할 듯하다.

---

25) 헨리 8세(Henry VIII)는 왕비 캐서린과 이혼하고 앤 불린과 결혼하기 위해 이혼을 금하는 로마 교황청과 결별한 뒤 영국 국교회(Anglican Church)를 세우고 그 수장이 된다. 이 과정에서 성경 구절에서 그 합법적 근거를 찾아낸다.

26) 딕슨의 『영적인 부인들』(Spiritual Wives, 1868)의 마지막 장은 「고딕 부흥」(The Gothic Revival)이다. "모든 튜튼의 예언자들과 기록자들은 통상적인 부부생활보다 더 높은 정도의 성적 끌림을 다소간 의식하고 있었다. [……] 스톡홀름에서 런던까지, 베를린에서 뉴욕까지, 이 모든 우리의 고딕적인 수도에서—— 우리는 구식의 혼인관계가 급속히 느슨해지고 풀리는 것을 본다. [……] 우리는 아직은, 새로운 삶의 이러한 낯선 시작이 고딕적인 피가 갑작스레 끓어오름에 기인한다는 것을 알 수 있을 만한 단계에는 도달하지 못한 듯하다. [……] 아마도 우리 조상이 소나무 숲에서 나온 이후로, 그리고 역사의 전면으로 던져진 이래로 지금 이 시대보다 더 고딕 계통이 고귀한 열정의 압박과 폭풍을 더 많이 보여준 적은 결코 없었을 것이다."

27) 즉 죽은 아내의 자매와 결혼할 수 있게 하는 법안이다.

그러나 다른 곳에서처럼 여기서도 우리가 찾는 것은 이 속물의 완성, 그의 최상의 자아의 발전이지 단순히 그의 통상적 자아를 위한 자유만은 아니다. 그리고 우리가 그의 판박이 금언, 즉 자유는 인간의 삶의 법이라는 금언의 절대적 타당성을 인정하지 않는 것은, 그 정반대되는 금언이자 마찬가지로 진실인 포기가 인간의 삶의 법이라는 금언[28]에 그리함과 마찬가지다. 왜냐하면 우리는 유일한 완전한 자유는 우리 종교가 말하다시피 하나의 복무임을 알기 때문이다.[29] 어떤 판박이 금언에 복무하는 것이 아니라, 우리의 최상의 자아를 높이 올리고 이러한 자아에 그리고 완성된 인간이라는 이념에 우리의 통상적인 자아의 모든 다양하고 거칠고 맹목적인 충동을 복종시키면서 조화를 이루는 일이다. 그런데 속물의 커다란 결함은 지각이 섬세하지 못하다는 데 있기 때문에 이 섬세함을 길러주고 그것을 외적이고 기계적인 규칙에서 독립시켜 그 자체에 대한 법칙으로 삼는 것, 이것이 그의 완성과 그의 진정한 인간성을 도모하는 최선의 길인 듯 보인다. 그리고 그의 진정한 인간성, 그러니까 그의 행복은 사랑과 결혼 문제에 관한 한 이 관계 내에서 일어나는 감정의 섬세한 음영을 생생하게 느끼는 일에 달린 것처럼 보인다. 즉 자기의 삶이 함께 엮이게 되는 사람의 미묘한 본능적인 이끌림과 거부반응 속으로 눈치와 동감을 가지고 진입해, 그러한 감정을 자기 것으로 하고, 그것들과 조화를 이루어 개인적인 행동의 자의적인 범위를 지도하고 통제하여 정신적·지적 삶과 자유를 확장할 수 있게 되는 것이다. 이러한 섬세한 감정의 음영과 미묘한 동감에 무감각하고, 개인적인 것에 지나지 않는 행동에 아무 제한도 가하지 않고, 기계적인 외적 법칙이 부과하는 것

---

28) 칼라일은 괴테(Johann Wolfgang von Goethe)의 『빌헬름 마이스터』에서 따와서 이것을 『의상철학』(*Sartor Resartus*) 주제 가운데 하나로 삼았다.

29) "오 신이여, 당신의 복무는 완벽한 자유이나이다." 「기도서」의 한 구절.

을 제외하고는 여기에 어떤 제한이나 다스림도 허용하지 않고, 그리하여 자기의 통상적 자아의 만족을 위해서 정신적·지적 삶과 자유를 사실상 좁히는 것보다는 훨씬 더 행복을 주는 것이다.

인간 생활의 어떤 다른 관계에 대해서보다 사랑과 결혼이라는 이 특정 주제에 대해 최종적이고 궁극적인 지침을 제공하기에는 아마도 덜 적당한 그런 원천에서부터 그가 자신의 확고하고 영원한 규칙, 즉 신의 법을 끌어올 때에 훨씬 더 그러할 것임은 틀림없다. 윌슨 주교가 한 사례일 텐데, 그에게는 헤브라이즘 자체의 한계 안에서 저 결실 많은 헬레니즘화를 구현한 예, 즉 헤브라이즘의 굳고 경직된 관념에 우리가 이미 성 바울로에서 보았다시피 신선한 사상과 의식의 조류를 들이댐으로써 그것을 쇄신한 예로 가득 차 있다. 그는 신의 법(다시 말해서 「레위기」)이 우리의 부인의 자매와 결혼하는 것을 금하는가?— 신의 법(다시 「레위기」 말인데)은 우리의 부인의 자매와 결혼하는 것을 허용하는가? 라고 질문하는 체임버스 씨 같은 경직된 헤브라이즘 주창자들에게 다음과 같이 말함으로써 새겨들을 만한 교훈을 준다. 즉 "기독교인의 의무는 이성에 토대를 두지 자신이 원하는 것을 명령하는 신의 지고한 권위에 토대를 두지 않는다. 신의 모든 명령은 우리 본성의 필수 요소에 토대하고 있기에 그분은 믿거나 행하기에 부적당한 것을 우리에게 명령할 수 없다."[30] 그리고 헤브라이 민족과 그 특질에 대한 우리의 빚이 아무리 막대하다고 해도, 우리의 인간적 본성의 어떤 심원하게 중요한 면에 대한 그것의 권위에 비할 것이 아무리 없다 해도, 그것이 그 중요한 면에서 우리 본성의 가장 깊은 필수 요소의 목소리, 성스럽고 영원한 사물의 질서의 법령, 신의 법 등을 언표한 것이라고 여길 만한 가치가 있다 해도, 헤브라이즘에 족쇄

---

30) 『금언집』에 나오는 말.

채워지고 현혹되지 않은 사람이라면 누가 도대체 사랑과 결혼에서 우리의 이성과 우리 인간성의 필수 요소의 진정하고 충분하고 성스러운 법칙이 헤브라이인 같은 동양의 일부다처적인 민족의 목소리를 통해 표현을 얻는다고 믿을 수 있겠는가? 이 문제를 제대로 생각해본 사람이라면 누가 도대체 믿을 수 있겠는가? 여성적 본성, 여성적 이상, 그리고 그것들에 대한 우리의 관계가 문제되는 마당에 뮤즈(Muse)와, 기사도와, 마돈나를 창안한 인도유럽족의 섬세하고 주의 깊은 정신이, 이 문제에 대한 최종적인 답변을 셈족 — 가장 현명한 왕[31]이 700명의 부인과 300명의 후궁을 거느렸던 민족 — 의 제도에서 발견해야 한다는 것을?

4

그런고로 우리의 자유주의 친구들이 손에 잡고 있는 조치에 나서서 손을 빌려주는 것이 아니라 그것에 대해 생각하게 인도해줌으로써 우리 시대의 병든 정신을 더 잘 보살피는 셈이라면, 우리는 여기서 우리의 자유주의 친구들의 실질적인 조치를 제쳐놓기 전에 그들의 유명한 산업적·경제적 노력에 대해서도 과연 똑같은 말이 적용될 수 있는지를 한번 살펴보자. 이 분야에서 이들의 위대한 작업은 물론 자유무역 정책이다. 이 정책이 가난한 자에게 세금 안 붙은 빵을 먹을 수 있게 해주었고, 무역을 놀라우리만치 배가시켰다는 점에 대해서, 우리는 엄숙한 감사의 말씀을 드리는 데 익숙하다. 브라이트 씨는 주로 이 정책에서 우리의 지도자였다는 점을 빙자하여 자기 자신과 자기 친구들을 눈먼 이의 안내자로, 무지한 자의 선생으로, 그가 **지성의 성장**이라고 부르기를 좋아하는

---

31) 솔로몬 왕을 가리킨다. 「열왕기 상」, 11장 3절.

것을 보수당과 이 나라 안에 서서히 그리고 부지런히 발전시켜주는 시혜자로 자임하고 또 기회 있을 때마다 주장하고는 한다.[32] 그런데 지성의 성장이야말로 잘 알려져 있다시피 교양의 모든 친구들의 목적이기도 하고, 우리가 설교하는 교양의 위대한 목표이기도 한 것이다.

이제 온갖 존경을 담아 자유무역과 그 박사님들에게 먼저 인사를 드렸으니, 여기서조차도 우리의 자유주의 친구들이 어떤 확고하게 이해 가능한 사물들의 법칙, 전체로서의 인간의 삶 그리고 인간의 행복에 비추어 보지 않고서 기계적인 방식으로 그들의 조치를 추구하지나 않은지를 한번 보자. 그리고 그들처럼 헤브라이적으로 자유무역을 일종의 물신으로 숭배하는 대신에, 또 그들이 자유무역 자체를 목적으로 추구하게 도와주는 대신에, 그들이 자유무역을 처리하는 방식에 우리의 생각의 자유로운 흐름을 불어넣어 이것이 어떻게 인간의 삶의 이해가능한 법칙과 국가적인 복지·행복에 관련되는지를 살피는 것이, 하여간 이 시기에는 우리에게 더 이득이 아닌지 한번 보자. 요컨대 자유무역 문제도, 우리가 무유언 부동산 상속 법안과 종교적 국교화에 대한 비국교도의 반감의 힘에 기댄 아일랜드 국교회의 비국교화 문제에서 그러했듯이, 이를 약간 헬레니

---

32) 예를 들어 서문에서 아널드도 일부 인용하는 브라이트의 다음과 같은 연설이 대표적이다. "지난 25년 동안 제가 개입한 모든 공개적 토론에서, 저는 인민의 무지가 우리의 민족적 성격에서 가장 통탄스런 것이라고 늘 주장해왔습니다. 음식이 더 쌀 수 있다면, 무역이 더 자유로울 수 있다면, 산업이 더 정상화되고 임금이 더 높아질 수 있다면, 그 결과는 우리 국민의 정신적 상황을 높일 것이라는 점을 주장했지요. 나는 그것이 높아져왔고 또 높아지고 있다고 믿습니다. 〔……〕 내가 느리고 보수적이라고(웃음) 생각하는 사람들한테 나를 위해서 이런 것을 한번 해보라고 해야겠어요. 우리 국민의 지적·도덕적인 고양에 조금이라도 보탤 수 있을 것 같은 것이 대중에게 그리고 의회에 제공되면 그것이 무엇이든 간에 저는 기꺼이 내가 할 수 있는 온갖 지원을 아끼지 않을 것입니다" (1968년 2월 6일).

증화해보기로 하자. 그래서 우리를 비난하는 사람들이 우리 시대의 병든 정신을 보살피는 것이라고 멋지게 지칭하는 그 일이 헬레니즘 방식으로 더 잘 수행되는 것인지 아니면 다른 방식이 더 나은지 보자.

그러나 우선 자유무역 정책이 우리의 자유주의 친구들에게 실지로 어떤 형태를 취하는지, 그리고 그들이 어떻게 실질적으로 그것을 국민적 행복과 구원의 도구로 사용하는지를 이해하기로 하자. 왜냐하면 아일랜드의 교회 재산이 소수자의 교회의 이익에 모두 귀속되어버리는 것을 막는 일이 분명 옳아 보인다고 우리가 말했다시피, 가난한 사람이 세금 붙지 않은 빵을 먹어야 한다는 것은, 그리고 일반적으로는, 특정의 인물이나 인물의 계층에게 혜택을 주려고 물가를 인위적으로 여기서는 높게, 저기서는 낮게 만들어 무역과 상업의 자연스런 흐름에 간섭하는 제한과 규제를 없애버려야 하는 것은 명백히 옳은 것처럼 보이기 때문이다. 그러나 우리의 자유주의 친구들의 정책에서 자유무역은 이 이상을 뜻하니 이를테면 부의 생산에 대한, 그리고 이 나라의 무역, 사업, 인구의 증가에 대한 자극제로 특별히 높이 평가된다. 우리는 어떻게 이것들—무역, 사업, 인구—이 그 자체 소중한 목적으로서 우리가 기계적으로 추구하고, 또 우리가 물신이라고 부르는 것으로서 숭배하는지를 이미 보아 왔다. 그리고 앞에서 말한 것처럼 브라이트 씨는 무엇이 영광이며 위대함인지를 노동계급이 생생하게 느끼게 해주고 싶을 때는, 자기네가 세워온 도시, 자기네가 만들어온 철도, 자기네가 생산한 공산품을 보라고 한다. 우리의 자유주의 친구들이 그토록 엄숙하고 경건하게 칭송하는 자유무역은 영광과 위대함의 이런 관념에 봉사해온 것이다. 즉 무역, 사업, 인구의 증가에 봉사해왔고 이 때문에 존중받는다. 따라서 국민적 행복을 이런 관점에서 생각하면, 가난한 사람의 빵에 세금을 매기지 않은 것은 현존하는 가난한 사람의 빵을 더 싸거나 더 풍성하게 제공하기 위해서라기보다 그것을 먹을 더 많은 가난한 사람들을 만들어내기 위해서 이용되어온 것이다. 그래서 자유무역 이전보다도 더 적은 수의 가난한 사람들이 있다고 꼭 집어 말하기는 어렵지만, 이른바 산업의 중심들과 사업, 인구, 공산품이 훨씬 더 많이 있다고 말하는 것은 사실에 어긋나지 않는다. 그리고 비록 가난한 사람 다수가 때때로 약간 신경이 쓰이더라도 우리는 공산품과 인구의 증가가 그 자체로 너무나 유익한 일임을 알고 있고, 우리가 저곳의 가난한 사람들에 관하여 생각하는 사이에도 자유무역 정책은 이곳의 산업의 새로운 중심과 새로운 가난한 사람들을 만들어내는, 너무나 찬양할 만한 움직임을 배태하고 있기 때문에, 우리는 완전히 현혹되고, 벅차오르게 되고, 더욱더 많은 산업적 움직임이 필요하고 우리의 사회적 진보는 속된 말로 '순사 따돌리기'라고 때때로 불리는 것[33]을 의기양양하게 즐기는 그런 과정이 되는 것처럼 보인다.

그렇지만 만약 우리가 인간의 복지 기준을 그가 세운 도시와 그가 산출한 공산품과는 다른 것에 두면서, 우리 가운데 그렇게 가난한 사람들이 그토록 많지 않다면 우리의 사회적 진보가 더 멋질 것이라는 생각을 굽히지 않으면, 그리고 가난한 사람과 사업을 기계적이고 맹목적으로 증식시키지 않고 그 둘을 어떤 식으로든 서로 조정하려는 생각을 견지하려 하면, 그때 우리의 자유주의 친구들, 이 자유무역의 박사님들께서 우리를 매우 날카롭게 꾸짖고 나서신다. 『타임스』는 이렇게 쓴다. "예술은 길고 인생은 짧다. 대개는 우리는 먼저 일을 정하고 그 뒤 그것을 생각한다. 가능한 한 이론을 적게 가지자. 필요한 것은 사색의 빛이 아니다. 이론으로 완전히 이해되지 않는다고 하여 아무것도 제대로 돌아가지 않는다면, 우리는 슬픈 혼란에 빠질 것이다. 우리가 듣기로는, 노동과 자본의

---

33) 속담적인 표현으로, 자기 수입 이상을 소비하는 것이라는 의미다.

관계는 이해는 되지 않으나 전체적으로 무역과 상업은 만족스럽게 돌아간다."[34] 바로 일전의 『타임스』에서 인용한 것이다. 그러나 이와 같은 생각은 내가 종종 지적했다시피, 철저히 영국적인 생각이며, 우리는 오랫동안 여기에 친숙해져 왔다.

또는 이 문제에 대한 철학이 이것보다 더 필요하다고 하면, 우리의 자유주의 친구들은 우리를 위해 두 가지 원리, 존경받아 마땅한 그들의 박사님들이 세워두신 원리를 마련해두고 있다. 이것을 보면 우리가 완전히 만족할 수밖에 없을 것이라고 그들은 생각한다. 하나는, 다른 조건이 동등하다면, 인구가 증가할수록 생산은 인구와 보조를 맞추어 증가한다는 것이다. 왜냐하면 인간은 그들의 수효와 접촉에 따라서 인간이 얼마 안 되고 흩어져 있을 때는 결코 발전하지 않은 모든 양식의 활동과 자원을 서로 그리고 자연 속에서 불러내기 때문이다. 다른 하나는, 비록 인구가 늘 생계 수단과 보조를 맞추는 경향이 있다 하더라도, 무엇이 생계인지에 대한 사람들의 관념은 문명이 진전함에 따라 확대되어 단순한 생활필수품만이 아닌 수많은 것을 포함하게 된다. 따라서 필요한 만큼의 인구에 대한 억제는 그런 식으로 이루어지게 마련이라는 것이다. 그러나 우리 친구들의 오류는 아마도 다음에 있다. 즉 그들은 우리가 자유무역, 사업, 인구를 열렬하고 꿋꿋하게 추구하기만 한다면 우리 편의 수고나 계획 같은 것이 없이 저절로 작동될 자동적 법칙인 것처럼 이런 유의 원리를 적용한다는 것이다. 그러나 진상은 이와 다르다. 환경이야 다를 수도 있겠지만, 이제 이 문제를 다룰 때 생계 개념이 더 확장된다 하더라도 겨우 생필품을 얻게 되는, 심지어는 그것조차 얻지 못하는 수많은 사람이 세상에 생겨나는 것을 막아주지는 않는다는 것이다. 그리하여 생산

---

34) 1868년 7월 7일자 머리기사.

은 인구가 증가함에 따라 증가할지 모르나, 그 생산이 인구와 관계를 맺는(아니 차라리 무관하다고 하는 편이 나을지도 모르는) 방식은 인구가 생산 때문에 조금도 더 나아질 것 없으리라는 것이다.

예를 들어 엘리자베스 여왕 시대 이래로 인구가 증가하면서 비단양말의 생산도 놀랍게 증가했고, 비단양말은 훨씬 더 값싸졌고 많은 사람이 넉넉하게 구입할 수 있게 되었으며, 인구와 공산품이 증가함에 따라 아마도 점점 더 값이 떨어져 마침내 바스티아[35]가 즐겨 쓰는 표현으로는 마치 빛과 공기처럼 인류가 마음대로 쓰는 공유 재산이 될 법도 하다. 그러나 빵과 베이컨은 엘리자베스 여왕 시대 이래 인구의 증가와 함께 훨씬 더 싸지지는 않았고, 더욱 많은 사람이 훨씬 더 넉넉한 양을 손에 넣을 수 있는 것도 아니었다. 또한 마치 빛과 공기처럼 인류가 마음대로 쓰는 공유 재산이 될 전망도 전혀 없다. 그리고 만약 빵과 베이컨이 우리의 인구와 보조를 같이 하지 않았고, 이것이 부족한 사람들이 현재 엘리자베스 여왕 시대보다 더 많다면, 비단양말이 우리의 인구와 보조를 맞추어왔다거나 그 이상이었으니 그로부터 우리가 위안을 얻어야 한다는 말은 헛소리처럼 들린다.

한마디로 자유무역에 대한 우리의 추구는, 다른 많은 것에 대한 추구가 그러하듯이, 너무 기계적이었음이 드러난다. 우리는 어떤 목적, 즉 이 경우에는 부의 생산과 자유무역을 통한 공산품, 인구, 상업의 증가를 일종의 필요한 한 가지 일 또는 목적 그 자체로 고정시킨다. 그러고 나서 우리는 그것을 꿋꿋하고 기계적으로 따르면서, 그렇게 하는 것이 우리의 의무라고 말한다. 그것이 어떻게 사물의 전체적인 이해가능한 법칙과 완전한 인간의 완성에 연관되어 있는지를 본다거나, 사물의 이해가능한 법

---

35) 바스티아(Frédéric Bastiat, 1801~50): 자유무역을 주장한 프랑스의 경제학자다.

칙과 맺은 관계가 변함에 따라 변하는 그런 기계 장치──실상이 그러한데──로서 취급하는 것이 아니라고 한다.

그래서 『타임스』에게 그리고 자유무역이라는 부적을 지닌다는 것에 즐거워하는 우리 자유주의 친구들에게, 우리 인구 열아홉 명당 한 명 정도는 거지[36]며 그렇기 때문에 무역과 상업이 만족스럽게 작용한다고 해서 노동과 자본의 관계가 이해되느냐 아니냐가 아무런 중요성이 없음이 입증된다고 하기는 어렵다고, 아니 우리가 슬픈 혼란에 빠져 있지 않다고 하기는 어렵다고 말해보아야 아무 소용이 없다. 왜냐하면 고정된 목표를 꿋꿋이 기계적으로 추구하는 데 대한 우리의 믿음이 이 대목에서 등장하여, 우리가 앞에서 보았던 『타임스』의 저 당당하고도 거대한 필연론에 뒤덮여버리기 때문이다. 그리고 이 필연론은 무역과 인구의 증가가 그 자체로서 하나의 선, 선 가운데서 가장 주된 것에 속함을 당연시하면서, 무역과 사업의 조류, 전체적으로는 꾸준히 상승하는 이 조류에서 썰물과 밀물로 야기되는 인간 행복의 동요는 피할 수 없고 논의거리가 못 된다고 우리에게 말한다. 나는 업무차 종종 런던 동부에 가는데 그럴 때면 이 견고한 철학을 마음에 새기려고 해본다. 그리고 이곳에서 우리를 엄습하는 침울한 광경에 맞서 마음을 다잡기 위해서, 실지로 『타임스』에서부터 가장 훌륭한 경제 원칙으로 가득 차 있는 이런 종류의 가락 하나를 베껴서 늘 챙기고 다닌다. 그 구절은 다음과 같다.[37]

---

36) 『타임스』, 1868년 7월 10일자에 인용된 통계로, 수치는 같은 해 1월 1일자.

37) 1867년 12월 11일에 『타임스』는 런던의 이스트엔드에서부터의, 평소보다 더 빠르고 무거운 항의를 예고했고, 이런 항의를 무마하려는 것은 사실상 혜택이 아니라 악이라고 주장했다. 그것이 인민에게 노동시장이 빈약한 곳에 머물러 있기를 부추긴다는 이유에서다. "더 큰 에너지와 융통성을 가지고서, 도움을 받을 것이라고 이야기된 사람들의 상당수는 이제 좋은 임금을 받으며 런던의 이스트엔드와는 아주 떨어진 곳에 채용될 수 있을지도 모른다." 본질적으로 이

"이스트엔드는 이 대도시에서 가장 상업적이고 가장 산업적이며 가장 변동이 심한 지역이다. 이곳은 늘 가장 먼저 고통을 겪는다. 왜냐하면 이곳은 번영의 산물이며 그 번영을 유지해줄 것이 없으면 즉각 땅에 떨어지기 때문이다. 이 지역은 전부 거대한 도크들, 조선소들, 공장들 그리고 작은 집들이 뒤엉켜 있으며, 번성기에는 생기와 행복으로 온통 가득 차지만 마치 우리가 동부에서 책에서 읽은 사막들처럼, 침체기에는 시들고 생기가 없어지게 된다. 이제 그들의 짧은 봄은 끝났다. 여기에 대해서 탓할 사람은 아무도 없고, 그것은 자연의 가장 단순한 법칙의 결과인 것이다!" 우리는 이보다도 더 굳건한 것은 있을 수 없으며, 또는 우리의 자유주의 친구들이 이해하고 사용하는 대로의 자유무역의 활동에 대해 이 이상 더 확고한 신념을 보여주는 것도 있을 수 없다는 데 모두 동의해야 한다.

그러나 우리가 공장들과 작은 집들의 한없는 증식이 가난한 사람들의 한없는 증식을 상쇄할 만큼 그 자체로 절대적인 선일 수 있는지 여전히 의심한다면, 가난한 사람들의 이러한 증식 또한 그 자체로 절대적 선이며 성스럽고 아름다운 법칙의 결과라는 가르침이 우리에게 베풀어진다. 이것은 사실상 우리 속물 친구들이 가장 좋아하는 주제다. 그들이 감사 어린 엄숙한 언어로 우리의 인구의 웅대한 증가에 대해서 부연설명

분란은 목조선에서 금속선으로 수요가 이동하고 북잉글랜드와 스코틀랜드의 조선소에서 후자가 상대적으로 싸게 제작하면서 생겨난 것이다. 런던의 조합들은 어떤 형태의 임금 축소도 받아들이기를 거절했고, 노동자들에게는 일거리가 없었다. 재앙이 닥쳤고, 1월에 수많은 비상위원회가 생겨나 빈민들을 원조하겠다고 나섰고, 이런 노력을 도우려는 집회가 잇달았다. 다시 한 번 『타임스』는 조선공들이 경쟁적인 임금을 받아들이려 하지 않는 것을 통탄했고, 실업자들의 비참한 상황에 대한 일반적인 관심은 괜스레 오히려 해를 끼치는 겹치기 자선으로 이어질 따름이라고 주장했다.

하면서 『타임스』의 특정 기사에 자부심과 감사를 느낀다는 것은 이미 언급한 바 있다. 그러나 지금은 이 토픽에 대해서 차라리 명민한 젊은 스코틀랜드 문필가인 뷰캐넌 씨[38]의 말을 인용하고 싶은데, 왜냐하면 그는 인구의 증식이 본디 복되고 심지어는 성스러운 성격을 띠고 있다는 현재 통용되는 이념에다 상상력과 시를 듬뿍 입혀놓기 때문이다. "우리는 다수성(多數性)을 향해 나아간다"고 뷰캐넌 씨는 말한다. "신의 자질, 오직 신만이 가진 자질이 있다면 그것은 저 성스러운 다산성, 생물 속으로 분배·팽창되는 저 열정적인 사랑인 듯 보인다. 새로 생기는 동물 하나하나가 창조주에게는 새로운 황홀인 듯하며, 새로 생기는 생명 하나하나가 그의 사랑의 새로운 체현인 듯하다. 창조주는 이 땅을 생명으로 넘치게 하고 싶어하신다. 충분한 법이 없다. 생명, 생명, 생명—빛나는 얼굴들, 뛰는 가슴들이 모든 틈바구니를 채워야 한다. 한 구석이라도 비어 있게 두지 않는다. 온 땅이 번성하나니 신의 기쁨이로다."

이 다산성을 신에게만 귀속시키는 것이 아마도 약간은 부당한 것이, 영국 속물과 또 아일랜드의 빈곤층이 우리도 한몫하고 있다고 분명 요구하고 나올 것이기 때문이다. 그렇지만 이 글에서 나타난 생각의 전체적인 곡조야말로 얼마나 힘을 주는가! 그리고 나 또한 이 아름다운 말을 런던의 동부로 가지고 다니며 종종 거기서 읽는다. 그 말은 아이들을 보내주신 것으로 묘사하는, 아이들과 대가족에 관해 익히 듣는 유행어와 꼭 일치한다. 그리고 뷰캐넌 씨가 내가 인용한 시적 산문 다음에 바로 넣

---

38) 부캐넌(Robert Buchanan, 1841~1901): 시인이자 비평가로 아널드의 논적 가운데 한 명이다. 이 대목은 그의 평론집 『데이비드 그레이』(*David Gray and Other Essays, Chiefly on Poetry*, 1868)에 나온다. 당대의 시인들과 근대적 삶의 문제를 다룬 다른 평론에서 그는 아널드의 시가 "현대적 사고의 단단한 토대를 건드리지 못했다"고 비판하며, 엘리자베스 브라우닝(Elizabeth Barrett Browning)과 비교해서 훨씬 열등하다고 한다.

는 시 한 행,

　　이것은 무화과나무 시절의 옛이야기

라는 이 멋진 시행 또한 런던 동부에 있다 보면, 이 땅을 생명으로 넘치게 하려는 신의 욕망이라는 관념과 자연스럽게 결합된다. 왜냐하면 런던 동부에서 땅을 생명으로 넘치게 한다는 것은 그야말로 무화과나무 시절의 옛이야기를 되살리는 듯 보이기 때문이다. 거기서 부딪치는 그토록 수많은 사람이 몸을 덮을 누더기 한 조각조차도 거의 없어 보이니 말이다.[39] 그리고 생명의 넘침이 진행되면 될수록, 이 옛이야기가 되살아나게 될 전망은 더 커진다. 그리고 이 이야기가 완전히 되살아나고 생명의 넘침이 완벽히 이루어져 모든 틈새기가 꽉꽉 채워질 때, 그때면 또한 런던 동부의 얼굴이 환하게 빛날 것임은 의심할 여지가 없을 것이다. 뷰캐넌 씨의 말로는 그것이 신의 소망이시니 말이다. 비록 지금은 그 얼굴이 그렇기는커녕 반대로 매우 비참하다는 것을 누구나 볼 수밖에 없지만.

　　그러나 우리가 이 모든 철학과 시에 완전히 압도되어서 『타임스』와 함께, 또 우리의 실제적 자유주의자인 자유무역론자와 함께, 그리고 영국 속물 일반과 함께 집과 공장의 증가라든지 인구의 증가가 그 자체로 궁극적인 선, 기계적으로 추구되고 물신처럼 숭배되어야 하는 궁극적인 선이라고 생각하지 못하게 하기 위해서, 우리는 확고부동한 우리의 생각을 견지해온 것이다. 내가 오래전부터 말했다시피 교양, 즉 완성에 대한

---

39) 에덴 동산에서 아담과 이브가 발가벗고 다니던 이야기를 헐벗은 런던 동부의 빈민의 삶에 빗대어 자유주의파를 야유했다.

공부는 우리와 관계가 있는 우리의 동포를 모두 포괄하는 **일반적** 완성
이 아닌 완성은 진정한 것이 아님을 알게 해준다는 생각이 바로 그것이
다. 인간을 서로 묶어주는 동감이 이러하니, 우리의 종교가 말하다시피
우리는 사실상 한 몸의 지체(肢體)들이고,[40] 한 성원이 고통을 받으면 모
든 성원이 함께 고통을 겪는 것이다. 개인적 완성은 인류의 나머지가 우
리와 더불어 완성되지 않는 한 불가능하다. "현자들 다衆이 세계의 복리
다"[41]라고 저 현인이 말한다. 그리고 이런 뜻으로, 저 훌륭하고 자주 인
용되는 우리의 인도자인 윌슨 주교는 몇 가지 주목되는 말을 하고 있다.
그는 말하기를, "우리가 우리의 이웃을 사랑하는 것은 그의 이익이 아니
라 우리 자신의 이익이다." 그리고 다시 그는 말한다. "우리의 구원은 어
느 정도로는 다른 사람의 구원에 달려 있다."[42] 그리고 『그리스도를 본
받아』의 저자는 이런 말로 그와 똑같은 내용을 경탄할 만하게 표현한다.
즉 "완성으로 가는 길을 따르는 사람이 적으면 적을수록, 그 길을 찾기
는 더 어려워진다." 그래서 런던 동부에서건 다른 곳에서건, 우리가 공언
한 대로 우리 자신이 진정으로 완전하기를 원한다면, 우리의 모든 동포
를 완성을 향한 진보의 길에 동반해야 하는 것이다. 그리고 우리는 공산
품이나 인구 같은, 완성과는 달리 그 자체로 궁극적인 선은 아닌 — 우리
는 궁극선이라고 생각하지만 — 물신이나 기계 장치를 숭배하는 나머지
비참하고 앙상하고 무지한 인간을 너무 많이 산출한 탓에, 모두 동반한
다는 것을 불가능하게 하고 어쩔 수 없이 대다수를 타락하고 비참한 상
태로 남겨둘 수밖에 없게 되어서는 안 된다. 그러나 우리의 자유주의 친

---

40) 「고린도전서」, 12장 12~27절.
41) 「지혜서」, 6장 26절. 「지혜서」는 구약 외경 중의 하나로 여기서 현인은 솔로몬
을 지칭한다.
42) 『금언집』에 나오는 말.

구들이 크게 자랑 삼으면서 국민 번영의 비밀을 찾아낸 것인 양 생각하는 자유무역의 개념이 부의 생산을 향한 고삐 풀린 추구일 뿐임은 너무도 명백하고, 이런 목적을 위해서 공산품과 인구를 단지 기계적으로 증식하기만 하는 것은 저 광대하고 비참하고 통제할 수 없는 앙상한 인민 대중을 만들어주겠다고——아직 만든 것이 아니라면 말이지만——협박하는 것과 진배없다. 그런데 우리가 앞에서 보았다시피, 『타임스』의 철학과 뷰캐넌 씨의 시가 우리를 설득하기 위해서 하는 갖은 말씀에도 불구하고 우리는 이 인민 대중의 존재를 절대 용납할 수 없는 것이다.

일반적으로 헤브라이즘은 계속 늘어만 가는 우리의 거지 대중을 효과적으로 다루기에는, 그리고 그들이 더욱 늘어나는 것을 막기에는 거의 우리의 자유무역 자유주의 친구들만큼이나 무력한 듯 보인다. 헤브라이즘은 실지로 이 대중을 위해서 교회를 짓고, 그들 가운데로 전도사를 파견한다. 헤브라이즘은 무엇보다도 『타임스』의 사회적 필연론에 맞서고, 그들의 타락을 피할 수 없는 것으로 받아들이기를 거부한다. 그러나 거지 대중이 계속 증가하고 누적되는 것에 대해서는, 헤브라이즘은 그 나름의 관점에서이긴 하지만, 우리의 자유무역 자유주의자 친구들과 아주 동일한 결론에 이르는 듯 보인다. 헤브라이즘이 성서의 문자를 기계적으로 해석하고 잘못 사용한다는 점은 이미 지적한 바 있지만, 헤브라이즘은 체임버스 씨가 신의 법의 칙령이라고 말하는 "생육하고 번성하라" 같은 성구라든지 그가 신의 말씀이라고 부르곤 하는 시편의 구절, 즉 자식을 많이 가진 남자는 그로써 복을 받는다는 선언에 지배된다. 그리고 이와 같은 성구들과 결합하여, 헤브라이즘은 또 다른 성구, "땅에는 언제든지 가난한 자가 그치지 아니하겠으므로"를 내세우는 경향이 있다.[43] 따

---

43) 각각 「창세기」, 10장 28절, 8장 17절; 「시편」, 127장 3~5절("자식은 여호와의

라서 헤브라이즘은 대중의 마음과 뷰캐넌 씨와 거의 똑같은 생각에 도달하게 된다. 즉 아이들은 보내주신 것이고 런던의 이스트엔드를 거지들로 넘치게 하는 것에 즐거워하는 것이 신의 본성이라는 것이다. 다만, 그들이 아무 대책 없이 비참하게 죽어가고 있을 때, 헤브라이즘은『타임스』처럼 "이제 그들의 짧은 봄은 지났다. 여기에 대해서 탓할 사람은 아무도 없다. 그것은 자연의 지극 단순한 법칙의 결과다!"라고 말하는 대신, 그들을 구제하는 기독교의 의무를 주장한다. 그러나『타임스』처럼 헤브라이즘도 앎에서부터 오는 어떠한 도움도 단념하고 "필요한 것은 사색의 빛이 아니다"라고 말하는 것이다.

바로 얼마 전 일인데, 나는 런던에서 비참한 지역 가운데 한곳에서 우리 앞에 모인 수많은 아이들, 병에 찌들고 왜소한 몸집에 제대로 먹지도 입지도 못하고 부모에게서 방치되고 건강도 가정도 희망도 없는 아이들을 나와 함께 보고 있던 한 훌륭한 분[44]이 나에게 이렇게 말하던 것을 기억한다. "정말로 필요한 것은 이 아이들이 찬물 한 잔이라도 서로서로 나누어 먹도록 가르치는 일인데, 지금 이 나라의 한쪽 끝에서 다른 쪽 끝까지 들리는 것이라고는 앎, 앎, 앎을 위한 외침뿐입니다!" 그렇지만 이 아이들이 이렇게 곪아가는 군중을 이루어 건강도 가정도 희망도 없이 팽개쳐져 있는 한, 그리고 이들의 무리가 끊임없이 팽창하고 있는 한, 찬물 한 잔으로 서로 돕든 돕지 않든 그들은 자신도 비참에서 벗어나지 못할 것이며, 우리에게도 비참한 상황을 만들어낼 것이다. 그리하여 이들이

주신 기업이요 태의 열매는 그의 상급이로다. 젊은 자의 자식은 장사의 수중의 화살 같으니 이것이 그 전통에 가득한 자는 복되도다");「신명기」, 15장 1절(위의 구절을 이어서, "내가 네게 명하여 이르노니 너는 반드시 네 경내 네 형제의 곤란한 자와 궁핍한 자에게 네 손을 펼치거라").

44) 타일러(William Tyler, 1812~90)인 듯 보인다는 것이 연구자들의 추정인데 타일러는 조합교회(Congregational Church)의 목사다.

증가하는 것을 막는 방법을 아는 것이 필요하니, 그들의 도덕적 삶과 성장에 정당한 기회를 주기 위해서라도 그러하다.

따라서 이 앙상한 무리를 위해 기꺼이 도움이 되려는 이 훌륭한 분의 진정한 헤브라이즘도, 자유무역을 주장하는 우리 자유주의 친구들—부의 생산이라는 그리고 공산품과 인구의 증가라는 그네들의 물신을 기계적으로 숭배하면서, 이 증가가 지속되는 한 다른 곳은 쳐다볼 줄 모르는—의 이를테면 가짜 헤브라이즘도, 여기서는 큰 소용이 닿지 않는다고 말해도 좋지 않을까? 그리고 다시 이 대목에서 우리에게 필요한 것은 헬레니즘이라고, 우리 앞에 놓인 사실에다 우리의 의식을 자유롭고 단순하게 활동하게 하여 그것이 그 사실에 관련된 사물의 이해가능한 법칙에 대해 말해주는 것에 귀 기울이는 일이라고 말해도 좋지 않을까? 그리고 우리의 의식은 우리에게 이렇게 말한다. 한 남자의 자식들이 정말로 보내주신 것이 아님은 그의 벽에 걸린 그림들이나 마굿간의 말들이 보내주신 것이 아님과 같고, 자신과 자식들이 버젓하게 별 탈 없는 생활을 유지할 정도로 대비가 되어 있지 않으면서 식구를 늘리는 것, 즉 부양할 능력이 없는 자식을 세상에 나오게 하는 것은, 『타임스』와 뷰캐넌 씨가 무슨 말을 한다 해도 신의 뜻이나 자연의 단순 소박한 법칙의 성취가 전혀 아닐뿐더러, 마치 그럴 만한 여유가 없으면서 말이나 마차나 그림을 소유한다거나 여유 이상으로 많이 소유하는 것이 잘못된 만큼이나 잘못이며 그만큼 이성과 신의 뜻에 위배되는 것이다. 그리고 어느 경우에도, 이성의 법칙의 위반 정도가 크면 클수록, 그리고 오래되면 오래될수록, 혼란과 종국의 곤란도 더 커질 것이 틀림없다. 실로 자유무역에 대한 어떤 찬미도, 런던 이스트엔드에서의 주교들과 목사들의 어떤 회합도, 어떤 신문과 보고서를 읽는 일도, 그것보다 우리가 더 알 필요가 있는 우리의 사회적 조건에 대해서 알려주지 못한다. 그리고 단순히 아는 것만이 아니라 습관적으로 그 앎이 늘 현존하게 하는 것, 그리고 마치 물이 젖고 불이 탄다는 앎에 따라서 행동하듯이 그 앎에 따라서 행동할 것! 그리고 그것을 아는 것은 비단 우리 큰 도시들의 앙상한 우중, 우리 인구의 극빈층 20분의 1의 문제일 뿐 아니라, 중간계급의 우리 속물에게도 그리고 완성에서 진전을 이루어야만 하는 모든 이에게 필요한 것이다.

그러나 누군가 말할 것이다. 우리는 모두 이미 그것을 알고 있다고! 신중함이라는 가장 단순한 법칙이 아니냐고 말이다. 그러나 그것을 아무리 알고는 있어도 현실성은 거의 없는 것이 아닌가! 거의 실행에 옮길 수 없지 않은가! 그것이 우리 인구의 가난하고 생존을 위해 애쓰는 사람들 사이로 뚫고 들어가 우리의 조건을 개선할 가망성은 거의 없는 것이 아닌가? 비지성적인 헤브라이즘의 한 부류가 자식이 많은 사람이 복되다고 말하는 시편의 구절을 신의 절대적이고 영원한 말씀이라며 계속 읊어대는 판에, 또는 비지성적인 헤브라이즘의 다른 부류—즉 특정의 고정관념이 절대 오류가 없는 것이라고 하며 맹목적으로 따르는 것—가 공산품과 인구의 증식을 국민적 번영의 절대적인 증거라고 계속 내세우고 있는 판에 말이다! 전자의 헤브라이즘 주창자들이 실로 알아두어야 할 것은, 그들의 시편 구절이 바빌론 유수 이후 예루살렘 재정착 시기에, 즉 예루살렘의 유대인 수가 얼마 안 되어 손이 모자랐던 수비대 정도의 규모여서 아이들이 태어날 때마다 축복을 받았던 때에 지어졌다는 사실이다. 신의 말씀이라든지 사물의 신성한 질서의 목소리가 분명히 하는 것은, 실제로 그런 경우에만 많은 아이를 두는 것이 복이라는 말이 해당된다는 점이다! 그리고 또 후자의 헤브라이즘 주창자들은 다음을 배워야 하지 않겠는가? 예를 들어 자기네가 사적으로 아는 사람들이 부양할 만한 수입이 아예 없거나 불안정한 수입밖에 없으면서도 많은 수의 자식을 두는 경우에 신중치 못하다거나 불운하다고 말한다면, 공산품과 시민이 증가한다는 이유만으로, 그 공산품─마치 시민을 배태하기나 한 것처럼 새로운 시민을 태어나게 만드는데─이 지탱할 수 있는 이상으로 또는 잠시는 지탱한다 해도 너무 불안정해서 계속 지탱할 수는 없는 그런 시민을 태어나게 하는 그런 사태를 두고, 국가가 잘 운영되고 번성한다고 말해서는 안 된다는 것을.

헬레니즘, 즉 사물의 이해가능한 법칙을 늘 염두에 두는 습관은, 유일한 절대적인 선─즉 신의 법 또는 사물의 신성한 질서가 우리에게 명한 유일하고 절대적이고 영원한 목적─은 완성을 향한 진전이라는 것, 완성을 향한 우리 자신의 진전과 인류의 진전이라는 것을 깨닫게 해주기 때문에 아주 유익한 것이다. 따라서 개별 인간이나 인간 집단에서, 자식을 두고 늘리는 것의 옳고 그름은 말과 그림의 소유와 증식처럼 그 자체로서가 아니라 이와 같은 목적과 그 목적을 향한 진전에 비추어서 판단해야 한다. 그리고 말이나 그림을 소유한 사람이 만약 그의 소유가 자신이나 다른 사람들의 완성을 향한 진전을 방해하고 그들이 노예처럼 천한 삶을 영위하게 만든다면 변명의 여지가 없듯이, 자식이 있는 사람이 그 소유로 자기와 타인에게 그런 누를 끼친다면 마찬가지로 변명의 여지가 없을 터다. 이렇게 확연한 생각은 우리가 우리의 사회적 조건을 있는 대로 보고 그에 관한 우리의 고정관념과 고정된 습관에 우리의 의식을 자유롭고 사심 없이 작용시키게 되면 그 의식에서부터 저절로 생겨나는 것이다. 그런 생각은 근거가 확실하고 간명하게 표현된 것이기 때문에, 그 조건을 개선하는 일에 우리의 자유주의 친구들의 자유무역에 대한 기계적인 추구보다도 더 큰 기여를 할 것임이 틀림없다.

5

그래서 다른 곳에서처럼 여기서도, 우리의 자유주의 친구들의 실질적 조치, 그들이 무척이나 중히 여기고 우리도 동참하여 브라이트 씨가 훌륭한 관심이라고 부른 것을 보여주기를 바라는 그런 조치는, 그들의 생각만큼 그다지 진정한 선에 실제적인 도움이 되지 않는 것처럼 보인다. 그리고 우리의 자유주의 친구들은, 그렇게 대단한 열의와 확신으로 자기네의 현재의 실질적 조치를 추구할 것이 아니라, 약간 헬레니즘화될— 즉 진정한 선의 본성을 조사하고 의식이 그것에 관해서 들려주는 것에 귀를 기울일— 필요가 있는 것처럼 보인다. 그리고 우리가 지금까지 점검해온 그들의 몇 가지 조치에 관한 한, 미묘한 보수주의적 회의주의[45]라고 우리를 비난할 아무런 정당한 이유가 그들에게 없다는 것은 명백하다. 왜냐하면 종종 우리는 헬레니즘화하기를 통해서 굳은 보수주의적 관념과 용법을 전복하는데, 이는 그들이 헤브라이즘화하기를 통해서 그리하는 것보다 더 효과적인 것처럼 보이기 때문이다. 그러나 사실상, 의식의 자유롭고 자발적인 활동을 통해서 교양은 우리의 굳은 사고와 행동 습관을 떠 있게 하려고 애쓰며, 그러한 활동은 앞서 말한 것처럼 본성상 사심이 없는 것이다. 그것을 떠 있게 하는 것의 결과가 때로는 이쪽에 유리할 수도 있고, 때로는 저쪽에 유리할 수도 있다. 우리의 소위 자유주의자들에게 환영받지 않을 때도 있고, 우리의 소위 보수주의자들에게 그럴 때도 있다. 그러나 교양이 추구하는 것은 무엇보다도 그것을 떠 있게 하는 것, 그것이 더 이상 딱딱하게 굳은 화석처럼 되지 않게 하는 것이다. 만약 우리나 우리 친구들이 우리의 의식이 드러내주는 것이 마음

---

45) 「교양과 행동」(Culture and Action)에서.

에 들지 않을 때마다 바로 멈추고는 그것이 자유롭게 작용하는 것을 거부한다면, 그것은 단지 헤브라이즘화하기일 뿐이다. 이것은 인간의 완성 대신에 자유당 또는 보수당을 우리에게 필요한 한 가지로 만드는 일이다. 그리고 자유당이나 보수당보다도 훨씬 더 커다란 것— 인간의 도덕적 측면의 지배— 을 우리에게 필요한 한 가지로 함으로써 많은 폐단이 발생했음을 우리는 살펴보았다. 그러나 우리의 의식의 자유로운 작용이 우리를 어디로 데려가든, 우리는 따라야 할 것이다. 이렇게 하여 우리에게 결여된 것을 모든 점에서 보충하고, 우리의 완전한 인간적 완성에 더 다가갈 것임을 믿으면서 말이다.

한마디로 행동을 믿는 사람들은 입맛이 너무 쓰겠지만, 모든 것이 우리의 원칙을 지지해준다. 즉 현재 우리가 주로 해야 할 일은 우리 마음속에 훤히 보이는 특정의 조악한 개혁에 종사하는 것이 아니라, 처음부터 우리가 칭찬하고 추천한 그 교양의 도움을 받아서 어떤 정신의 틀— 진정으로 성과 있는 개혁이 시간이 감에 따라 자라나오게 될— 을 만들어내는 것이다. 어떻든 우리는 우리 친구들의 조급함과 교양있는 비행동에 대한 비난을 참아내야 하고, 최소한 우리 자신만이라도 진정한 선의 본성에 관하여 좀더 분명히 알고 진정으로 성과 있고 견실한 조치가 솟아나오게 될 정신의 조건에 더 가까이 다가갈 때까지는, 그들의 실질적인 조치에 손을 빌려주기를 여전히 거부해야만 한다.

그동안에는, 우리의 자유주의 친구들이 큰 목소리로 단호하게 현재 그들의 실제적인 조치의 성과와 견실함을 우리에게 계속 확신시키려 할 것이기 때문에, 경우마다 이 조치를 앞에서 언급한 단순한 방식으로, 즉 우리의 의식의 자연스런 흐름을 그것들 위로 자유롭게 흐르게 두는 방식으로 계속 시험해보자. 그리고 이 조치가 이 시험을 성공적으로 견뎌내면, 그때 거기에 우리의 관심을 둘 일이며 아니면 말자.

맺는 말

이윽고 우리는 교양을 기리기 위해, 또 우리가 처해 있는 환경과 우리를 에워싸고 있는 혼란에서 교양의 특별한 유용성을 밝히기 위해 해야만 한 발언을 마치려고 한다. 완성을 향한 길뿐 아니라 심지어 안전을 향한 우리의 길도 교양을 통하게 되어 있는 듯 보인다. 우리 자유주의 친구들의 불완전한 조치에 손을 빌려주기를 단호하게 거절하고, 그들의 성화와 조롱과 비난을 무시하고, 사물의 이해가능한 법칙에서 우리가 현재 가지고 있는 어떤 것보다도 미래의 실천을 위한 더 견실하고 건전한 토대를 찾으려는 굳은 각오를 다지고, 우리 세대와 환경을 위해서는 이 탐색과 발견이 실천보다도 훨씬 더 살아 있고 절박한 중요성이 있다고 믿으면서, 우리 조롱받는 가련한 교양의 추종자들은 현재와 우리가 살고 있는 사회의 틀이 어떤 풍파에도 견딜 수 있게 단단해지도록 함에 있어, 부산을 떨어대는 우리의 정치인보다 더 많은 일을 할 수 있을 것이다.

왜냐하면 우리는 우리의 무질서와 난처한 상황의 얼마나 많은 부분이 야만인이든 속물이든 지금까지 우리 사회를 통치해온 계급들과 단체들의 정당한 이성에 대한, 그리고 지고한 최상의 자아에 대한 불신에 기인해 있는지 보아왔기 때문이다. 또한 그런 계급과 단체들이 오랫동안 사용해온 통치 조직들——그들은 이 조직들을 통해 자기네의 통상적 자아만을 주장하고 표현해왔는데——이 이제 어쩔 수 없이 쇠퇴하고 무너지게 된 데 기인한다는 것을 우리는 보아왔고, 또 올바른 이성이 아닌 자기들의 통상적 자아로 만들었고 또 여전히 그런 자아로 운영해왔음을 그들의 양심도 알고 있는 그 사회가 거세게 흔들리는 때에, 그 사회를 전복하려는 사람들에 맞섬에서 그들이 보여주는 우유부단함에 기인한다는 것을 우리는 보아왔다. 그러나 우리에게는―올바른 이성을, 우리의 최상의 자아를 구출하여 고양할 의무와 가능성을, 완성을 향한 인간의 진보를 믿는 우리에게는―사회의 골격, 이 장엄한 드라마가 펼쳐져야 하는 무대는 신성하며, 누가 그것을 운영하더라도, 그리고 아무리 우리가 그들의 운영권을 박탈하려 애쓴다 할지라도, 그들이 운영을 맡고 있는 한 우리는 변함없고 일사불란한 마음으로 그들이 무질서와 혼란을 억누르는 것을 지지한다. 왜냐하면 질서가 없이는 사회가 있을 수 없고 사회가 없으면 인간의 완성도 있을 수 없기 때문이다.

무질서는 참을 수 없다는 이런 견해를 우리는 결코 버릴 수 없으니, 아무리 우리의 자유주의 친구들이 약간의 폭동과 그들이 대중 시위라고 부르는 것을 때때로 자기 자신의 이해관계에 그리고 그들이 현재 추진 중인 소중한 실제적 조치의 이해관계에 유용하다고 생각한다 하더라도, 그리고 그들이 아무리 영국인의 권리란 자기가 하고 싶은 것을 마음껏 하도록 내버려두는 데 있으며 정부의 의무는 그를 얼러주고 가능한 한 눈감아주며 억압이라는 가혹행위는 완전히 금하는 것이라고 설교한다 하더라도 말이다. 그리고 그들이 교활하게도 노예무역의 폐지 같은 분명히 소중한 조치를 보여주고, 의도가 선한데다 반대를 이겨내기도 어렵다는 점을 고려하여, 그들을 위해서도 우매하고 고집스런 정부야 약간의 소동에 놀라보는 것도 건강에 나쁠 것 없지 않은가라고 묻는 때조차도, 그때도 여전히 우리는 아니라고 하겠다. 아무리 이처럼 의도가 좋다는 옹호가 피력된다 할지라도, 길거리에서의 저러한 난폭한 행진과 폭력

적으로 공원에 돌입하는 행위는 추호의 물러섬 없이 금지되고 억압되어
야 하며, 그것을 허용함으로써 얻는 것보다 잃는 것이 훨씬 더 많다고 말
하겠다. 인간이 현재 소중하고 지속적인 무언가를 성숙시키고 미래를 위
해서 소중하고 지속적인 무언가를 세우자면, 법이 권위를 가지고 주인이
되는 그런 국가가, 공공질서가 굳건하게 지켜지는 것이 반드시 필요하기
때문이다.

따라서 우리의 눈에는, 누가 국가를 경영하더라도 국가의 틀과 외적인
질서 자체가 신성하다. 그리고 교양은 우리에게 국가에 대한 큰 희망과
계획을 키우라고 가르치기 때문에 무질서의 가장 단호한 적이다. 그러
나 우리가 올바른 이성을 믿고 또 완성을 향한 인간의 진보에 대한 신념
을 가지고 이 목적을 위해 늘 애쓰는 가운데, 올바른 이성의 이념을 그리
고 완성의 요소와 그 소용을 더욱 분명히 보게 되고 그것들로 국가의 골
격을 점차 채우고 또 내부 조직과 모든 법과 제도를 그것들에 맞게 구성
해내서, 국가가 말하자면 우리의 최상의 자아— 잡다하고 조악하고 불
안정하고 투쟁적이고 늘 변하는 것이 아니라, 하나이고 고귀하고 안전하
고 평화롭고 모든 인류에게 동일한—의 표현으로 더욱 다가갈 때, 우리
는 그때 어찌 무질서를 혐오감을 가지고 보지 않을 수 있겠으며, 어찌 확
고한 태도로 그것을 저지하지 않을 수 있겠는가! 그 무질서 때문에 위험
스럽게 될 귀중하기 짝이 없는 것이 그렇게 많은데 말이다.

그래서 현재를 위하여, 아니 현재보다 훨씬 더 미래를 위하여, 교양을
사랑하는 사람들은 한 치의 양보도 없이 양심을 다하여 무질서를 반대
하는 사람들이다. 그러나 야만인이나 속물로서가 아니다. 이들의 정직성
과 유머 감각은 우리가 앞에서 보았다시피 이들에게 국가를 그렇게 심
각한 것으로 취급하지 못하게 하고, 국가에 너무 많은 힘을 실어주지 못
하게 만들기 때문이다. 사실 이들이 알고 있고 또 경영한다고 생각하는

244

유일한 국가는 이들의 통상적인 자아의 표현이다. 그리고 이들 가운데 완고하고 격렬한 극단파들은 기꺼이 국가를 온통 권위로 무장시킬 지도 모르지만, 중용을 지키는 유덕한 자들은 우리가 말했다시피 그런 일에 양심의 가책을 느끼게 된다. 그리하여 우리의 야만인 장관들이 하이드 공원의 철책이 깨져나가게 그냥 내버려두고, 우리의 속물 참사-대령들은 런던 불한당이 구경꾼을 약탈하고 구타하게 내버려둔다. 그러나 우리는, 국가가 우리의 통상적인 자아의 표현이 아니라 현상태에서 이미 우리의 최상의 자아를 담기로 마련된 틀이자 그릇이며 또 미래를 위해서는 우리의 최상의 자아의 강력하고 유익하고 성스러운 표현이자 기구라고 보는 우리는, 지금에도 기꺼이 그리고 단호하게 무질서에 맞서 우리의 야만인 내무관리들의 떨리는 손과 우리 속물 참사-대령들의 연약한 무릎에 힘을 불어넣으려 한다. 그리고 그들이 공원 철책을 보호하고 런던 불한당을 억제하라고 불려나온 것은 사실 자기네의 통상적 자아를 위해서가 아니라, 미래에 그들 자신과 우리 모두의 최상의 자아를 위해서라고 말하려 한다.

무질서에 저항하기 위해서 교양을 사랑하는 자들이 불과 힘을 찬양하고 사용할 수도 있지만, 그런데도 세상은 단맛과 빛보다 불과 힘을 더 필요로 하고 일이란 대개 먼저 정해놓고 이해는 나중에 해야 한다는 대다수 사람들의 말이 지금 이 시기에 진실이 아님을 또한 늘 명심해야 하는 것이다. 우리가 현재 당하는 난처한 상황과 혼란의 얼마나 많은 부분이 우리 중 대다수 사람들의 이 진실하지 못한 관념 때문에 초래되었고 또 지속되고 있는지는 이미 살핀 대로다. 따라서 교양의 친구들이 지금 진정으로 해야 할 일은 다음과 같다. 즉 이 그릇된 관념을 일소하고, 올바른 이성과 사물의 이해가능한 견실한 법칙에 대한 믿음을 퍼뜨리고, 사람들에게 불완전한 지식을 가지고 비타협적으로 행동하는 것보다는 행동의 기반이 될 모종의 더 확실한 지식의 토대를 획득하기 위해 노력하게 하는 것이다. 교양의 친구와 애호자들이 해야 할 일은 바로 이것이니, 우리가 이렇게 말한다고 아무리 행동의 신봉자들이 성화를 부리면서 그들의 실질적인 조치에 손을 빌려주고 훌륭한 관심을 보여달라고 계속 요구할지라도 말이다.

이러한 요구에 대해서 우리는 사실상 마이동풍해야 한다. 그러나 다른 한편으로 교양의 친구들은 행동의 신봉자들을 단숨에 제압한다거나, 세상에서 급속도로 두각을 나타내어 세상을 지배하는 중요한 인물로 부각되기를 기대해서도 안 된다. 아리스토텔레스는 일반적으로 이념과 사물의 이해가능한 법칙에 대한 추구에 크게 끌리는 사람들은 주로 젊은이들, 폭넓은 정신과 완성에 대한 열정으로 가득 차 있는 젊은이들이라고 말한다. 그러나 그는 또, 인간 대중은 겉보기의 선을 진짜로 알고 따르고, 진정한 단맛과 빛에 대해서는 생각조차 하지 않으려 한다고 말한다. "그리고 그들의 생활에, 누가 또 다른 더 나은 리듬을 부여할 수 있겠는가?"[1] 라고 우울하게 덧붙인다. 그러나 비록 단맛과 빛에 주로 이끌리는 사람들이 십중팔구 늘 젊고 열정적인 사람들이며, 교양이 인간 대중을 단숨에 획득하기를 희망해서는 안 된다 하더라도, 우리는 우리 자신의 시대를 위해서나 우리 자신의 인민을 위해, 아리스토텔레스의 낙담어린 선고를 받아들여 거기에 안주하지는 않을 것이다. 왜냐하면, 때가 무르익어 우리 민족이 이성과 아름다움을 제공받고 있는 그대로 사물의 법칙을 지니게 되는 때, 이윽고 우리 민족은 전에 불완전한 빛을 따라 걸었던 것과 똑같이 꿋꿋하고 열정적으로 이 진정한 빛을 따라 걷게 될 테며, 이것은 헤브라이즘의 오랜 훈련이 가져다준 정당한 왕관이자 인류가

---

1) 『니코마코스 윤리학』.

수백 년 동안 수행해온 자기 정복에 대한 고통스러운 학습의 정당한 열매며, 무엇보다도 자신을 정직하게 다루고 알고 있는 최상의 빛에 따라 흔들림 없이 걷는 데서 보여주는 우리 자신의 민족과 동포의 불굴의 에너지에 대한 정당한 보상이 아닌가? 그리고 이리하여 인간의 두 위대한 타고난 힘, 즉 헤브라이즘과 헬레니즘은 더는 분리되어 적대적이지 않을 것이며, 바르게 생각하기와 힘 있게 행하기는 결합하여 인간을 완성으로 데려가는 힘이 될 것이다. 교양을 사랑하는 사람이라면 아마도 우리 같은 민족에서 이 같은 일이 일어날 것이라고는 예감해도 좋을 것이다.

따라서 아무리 커다란 변화가 이루어져야 한다 하더라도 야만인, 속물, 우중의 군세(軍勢)가 아무리 조밀하다 하더라도, 우리는 절망도 하지 않을 것이요, 그렇다고 격렬한 혁명과 변화를 옥박지르지도 않을 것이다. 우리는 즐거운 희망을 품고 웰링턴 공작의 말처럼 "법의 정당한 진행에 따른 혁명"[2]을 기대할 것이다. 비록 우리의 자유주의 친구들이 현재 자기들의 실제의 빛으로 우리에게 제공하고 싶어하는 그런 법과 꼭 같은 것은 아니겠지만.

이처럼 낙담과 폭력 둘 다 교양의 신봉자에게는 금하는데, 그렇다고 공적인 삶과 직접적인 정치 행동도 그에게 별로 허용되어 있지 않다. 왜냐하면 우리가 앞에서 보았다시피, 그가 할 일은 현 행동의 신봉자와 정치적 언동의 애호자들이 자신의 마음으로 되돌아가 그들의 고정관념과 습관을 심도 있게 점검해보게 하고 그들의 현재의 언동에 높은 가치를 두지 않도록 하는 것이기 때문이다. 좀더 명백하게 생각하는 법을 배움으로써, 그들이 결국에는 훨씬 덜 혼란된 상태에서 행동하게 되도록 하자는 것이다. 그러나 어떻게 우리의 야만인이 자기의 봉건적 관습을 가

---

2) 제2장 주 50)을 참조할 것.

벼이 여기도록 설득할 수 있겠으며, 어떻게 우리의 비국교도에게 교회의 국교화를 폐지하려 안달하는 데 시간을 보내느니 차라리 신과 이 세계의 질서에 관한 더 가치 있는 이념을 얻는 것이 낫고, 교육에서 임의기부제를 위해 싸우는 데 시간을 보내느니 공적이고 국민적인 교양을 평가하고 세우기를 배우는 것이 나을 것이라고 설득할 수 있을 것이며, 마지막으로 우리의 참사회위원-대령에게 판단을 내리는 방법과 군인들을 지휘하는 법도 모르면서 법정에 앉아 있거나 군인들의 선두에 서서 행진하는 데 만족하면 안 된다고 설득할 수 있겠는가? 도대체 어떻게 우리가 이들 모두에게 이런 설득을 할 수 있겠는가? 우리의 참사회 위원-대령이 우리가 그의 지휘봉과 그의 판결저울을 우리 손아귀에 넣기를 원하는 것으로 알고 있는 판에, 비국교도는 우리가 그의 연단을 빼앗기를 원하는 것으로 알고 있고, 또 야만인이 우리가 그의 높은 지위와 기능을 빼앗기를 원하는 것으로 알고 있는 판에? 다만 우리는 사물의 이해가능한 법칙이 그 자체로 바람직하고 귀중한 무엇이며 그것 없이는 모든 자리, 직무, 분주함이 공허한 것이라는 점을 그들이 믿어주기를 바란다. 만약 우리 자신이 이 법에 만족할 수 있고 또 거기서 만족을 얻지 그것을 우리 자신의 자리, 직무, 분주함을 얻는 데 이용하지 않는다는 것을 안다면, 그들은 분명 그런 믿음을 조금은 더 빨리 얻게 될 것이다.

그리고 비록 시지윅 씨가 사회적 유용성은 "불쾌하고 어렵고 기계적인 세부의 더미 속에서 자신을 잃어버리는 것"[3]을 사실상 뜻한다고 말하지만, 그리고 행동의 신봉자들 모두 똑같은 주장을 하기를 좋아하지만, 우리가 원하는 것은 우리 자신을 잃어버리는 것이 아니라 사물의 이해가능한 법칙을 찾음으로써 우리 자신을 발견하는 것이므로, 이 주장

---

3) 「교양의 예언자」(The Prophet of Culture).

또한 맹목적으로 받아들여서는 안 되며 일단 좀 걸러내고 시험해보아야 할 것이다. 그리고 만약 행동 신봉자들이 "행하기는 쉽고 생각하기는 어렵다"는 괴테의 금언[4]을 망각하고서 기계적인 세부 속에 빠져버리는 것에 어떤 놀라운 미덕이 있다고 상상하여 이 세부를 지배하여야 마땅한 명백한 이념에 관해서 충분히 생각해야 하는 의무를 방기하고 있다면, 그때 우리는 그러한 이념을 찾아내고 내세우는 일에 우리의 주된 관심과 수고를 기울여야 할 것이다. 우리가 그 이념을 확고하고 명백하게 견지하고 있으면 그 이념을 실행하기 위한 기계적 세부는 지금의 예상보다는 훨씬 더 간단하고 쉽게 나올 것이라고 믿는 까닭이다.

지금은 새로운 이념의 애호자들 가운데 아주 많은 이들이 우리가 그렇듯이 우리의 자유주의 친구들이 정치무대에서 행하는 판에 박힌 공연들에 지겨워진 나머지 어디 한번 직접 나서보자고 이 공적 무대로 용감하게 돌진하려고 드는 아주 흥미진진한 국면인데, 우리는 새로운 이념의 현명한 애호자에게는 이 무대가 전혀 어울리지 않는다고 잘라 말하겠다. 우리가 아니더라도 수많은 사람들——사교클럽을 찾는 시골신사들, 통으로 된 연단을 찾는 선동가들, 자리를 찾는 변호사들, 양반신분을 찾는 산업가들——이 있을 것이니, 이들은 동에서 서에서 나타나 과거 수년 동안 영국의 공적 생활이던 저 티에스테스적인 가식적 연회[5]에 앉아 있을 것이다. 그리고 우리가 그 부적합성을 지적해온 저 구조직들——야만인이든 속물이든 우리의 통상적 자아의 표현——이 세력을 떨칠 곳

---

4) 『빌헬름 마이스터』에 나오는 말로, 아널드는 「현시기 비평의 기능」에서도 이를 언급한다.

5) 그리스 신화에 따르면 미케네의 왕위를 둘러싼 싸움 과정에서 아트레우스 (Atreus)는 연회에서 티에스테스(Thyestês)의 세 아들을 죽여 만든 고기요리를 티에스테스에게 먹인다. 뒤에 티에스테스의 다른 아들이 복수하고 미케네 왕위는 티에스테스에게 돌아간다.

이 어디 있다면, 그곳은 의회가 될 것이다. 거기서 야만인이 보낸 사람은 야만인의 통상적 자아와 범상함에 대한 그들의 타고난 취향을 만족시켜 줄 도리밖에 없고, 속물이 보낸 사람은 속물의 그것을 만족시켜 줄 도리밖에 없다. 의회 보수주의는 거기서, 야만인이 세습적 권리를 지켜야 한다는 것을 오랫동안 뜻할 것이고 또 그래야만 하고, 의회 자유주의는 야만인이란 앞으로 그리될 것이다시피 사라져야 하며, 그들의 세습적 권리를 속물이 인계해야 한다는 것이다. 이 진정하고 확실한 전망은 사실상 우리의 자유주의 친구들과 브라이트 씨가 그 상속자로 자처하는 듯 보이는 것이며, 저 위대한 인물의 노고의 목적인 듯 보인다. 이제 바야흐로 아마도 오저 씨와 브래들로 씨가 야만인과 속물을 모두 쫓아내고 우중을 위해서 그 세습적 권리를 획득하려는 사명을 띠고 거기에 자리 잡고 있을 것이다.[6]

이와는 달리 우리는 세습적 권리를 야만인에게 주자는 것도 속물에게 주자는 것도 아니며, 그렇다고 우중에게 주자는 것도 아니다. 우리는 완성의 법칙에 따라서 이들 각각 그리고 모두를 변화시키자는 것이다. 우리 국민 사이 여기저기서 구조직에 넌덜머리를 내고 이를 변화시키겠다는 욕망이—아직은 모호하고 흐릿하지만—생겨나고 자라난다. 하원에서 구조직이 가장 지속적이고 강하다는 것은 할 수 없고, 변혁이 드러나는 데 가장 긴 시간이 걸린다는 것도 피할 수 없다. 따라서 현재의 국면에서 움직임의 중심이 하원에 있지 않다고 잘라 말해도 좋을 것이다. 그것은 국민의 들끓는 마음속에 있다. 그리고 다음 20년 동안 진정한 영향력을 가질 사람은 국민의 마음에 호소하는 사람일 것이다.

페리클레스(Pericles)는 아마도 역사상 가장 완벽한 대중연설가였으니,

---

6) 브래들로는 의회에 선출되었고, 오저는 그러지 못했다.

그는 생각과 지혜를 감정과 웅변과 가장 완벽하게 결합한 사람이기 때문이다. 그렇지만 플라톤은 알키비아데스의 입을 빌려 말하기를, 사람들은 페리클레스의 연설을 듣고 아주 훌륭했어, 아주 좋았어라고들 하고는 그 뒤에는 거기에 대해서 더 생각하지 않는다는 것이다. 그 연설에서 떠나버린다는 것이다. 그러나 소크라테스가 하는 말은, 떠나버리고 난 뒤에도 그들의 마음속에 꽉 달라붙어 있어서 지워버릴 수 없었다는 것이다. 소크라테스는 사약을 마시고 죽었다.[7] 그러나 누구나 자기의 고정관념과 습관에 사심 없이 작용하는 저 힘을 통해 가슴속에 저 나름의 소크라테스를 간직하고 있는 것이 아닐까? 그 힘의 위대한 모범을 이 현명하고 찬양할 만한 사람은 자기의 전 생애를 통해서 제시했고 그 힘이야말로 그의 비길 데 없는 영향력의 비밀이기도 했던 것이다. 그리고 사람들이 이 힘을 소환하여 발휘하게 하고 자신도 부지런히 그 힘을 소환하여 발휘하는 사람은, 마치 소크라테스가 자기 시대에 그러했듯이 바로 현시기에, 어떤 하원 연사나 정치를 실제로 하는 사람보다도 사람들의 마음의 살아 있는 작용과 더 잘 어울리고 더 실질적인 의미를 가진다고 할 것이다.

누구나가 지금, 사람들의 마음을 교육하기 위해 그리고 그들이 현재 누리고 있는 것을 주기 위해 자기가 한 일을 자랑한다. 디즈레일리 씨는 교육하고,[8] 브라이트 씨는 교육하고, 빌스 씨는 교육한다. 그런데 정작 우리는 누구도 교육하는 척하지 않는다. 여전히 우리 자신을 정화하고 교육하기 위해 노력하는 일에 종사하는 까닭이다. 그러나 우리는 확신하

---

7) 플라톤의 『향연』.
8) 디즈레일리는 1867년 10월 29일에 에든버러에서 "저는 이 나라의 정신을 준비하고 교육해야 — 이런 말을 쓰는 것이 건방질지 몰라도 — 하고 우리의 당을 교육해야 했습니다. 개혁이라는 이 문제에 대해서 말입니다"라고 연설했다.

는 바다. 교양을 통해서 사물의 이해가능한 확고한 법칙에 도달하려는 노력, 우리의 고정관념과 습관에서 벗어나는 일, 의식의 좀더 자유로운 작용, 단맛과 빛을 향한 증가된 욕망 그리고 우리가 헬레니즘화하기라고 부르는 그런 온갖 경향이, 지금에도 우리 국민과 인류의 삶의 주된 충동—지금 당장에는 아마도 다소 희미하지만, 곧 다가올 미래에는 결정적이고도 분명하게—이라는 것을. 또 이를 위해서 일하는 사람들이 최고의 교육자라는 것을.

영원한 목소리의 유순한 반향이자 한없는 의지의 고분고분한 기관인 이러한 일꾼들은 세계의 본질적인 움직임과 함께 나아가고 있다. 이것이 그들의 힘이며 하늘이 내려준 기막힌 행운이다. 만약 우리에게 성화를 부리며 우리를 유약하다고 하는 행동의 신봉자들이 이와 똑같은 행운을 누린다면, 우리의 것을 능가하는 그들의 재능과 에너지를 온통 발휘하여 이 살아 있는 영향력이라는 면에서 우리를 능가했을 것이 분명하다. 그러나 이제 우리는 인류가 가는 그 길을 가고 있고 반면 그들은 국교회화에 대한 비국교도의 반감의 힘으로 아일랜드 국교회를 폐지하거나, 한 남자가 자기의 죽은 아내의 자매와 결혼할 수 있게 한다.

252

1869년판 서문

이 서문을 쓰는 내 첫 번째 의도는 기독교지식진흥협회[1]에 한마디 고언하기 위해서다. 뒤에 나오는 글[2]에서, 독자는 윌슨 주교가 인용되는 것을 자주 보게 될 것이다. 나에게도 그렇고 기독교지식진흥협회의 회원들에게도 그의 이름과 글이 아직도 친숙한 것은 말할 나위 없다. 그러나 세계는 그분과 같은 구식 인물한테서 빠르게 떠나고 있고, 경악스럽게도 나는 최근 한 명민하고 탁월한 자연과학 애호자[3] 한 분이 윌슨 주교에 대해서 별로 들어본 바도 없고 내가 지어낸 인물인 줄 알았다는 이야기를 듣게 되었다. 법정은 내가 알고 지내는 훌륭한 분들도 포함해서 많은 사람들이 일요일마다 해온 저 기분전환 종교(recreative religion)의 금지

---

1) 기독교지식진흥협회(Society for Promoting Christian Knowledge): 1698년에 세워진 조직으로 영국 국교회에서 가장 중요하고 활발한 활동을 벌여온 조직이다. 학교를 세우고 교사를 양성하고 자선단체를 지원하고 종교서적을 간행하는 등 아널드 당대까지 그리고 이후에도 활발하게 활동했다.
2) 즉 여기서는 앞의 글들. 이 서문은 논쟁문을 묶어서 책으로 낼 당시 새로 써서 붙인 것이며, 옮긴이는 번역 텍스트인 슈퍼(R. H. Super) 편, 『매슈 아널드 산문전집』, 제5권에 따라, 이 서문을 뒤에 두기로 했다.
3) 당시의 유명한 생물학자이자 자연과학의 중요성을 주장한 헉슬리를 말한다. 아널드는 「문학과 과학」에서 헉슬리를 논적으로 삼아 자연과학이 아닌 인문학의 중요성을 주장한다.

조치를 해제했고 그래서 성 마틴스 홀과 알람브라 극장이 곧 다시 그들의 단상 설교로 쩌렁쩌렁 울리기 시작할 바로 그 순간에,[4] 새로운 지도 인사들이 옛 종교의 설교자들을 일반적으로 아주 폄하할 뿐 아니라 더구나 이들 설교자들이 할 수 있는 최상의 것을 알지도 못하고서 그러지 않나 생각하면 참으로 곤혹스럽다. 그리고 그들이 이렇게까지 된 것에는 기독교지식협회의 태만 탓도 분명히 있다. 예전에 그들은 윌슨 주교의 『경건과 기독교에 관한 금언집』(*Maxims of Piety and Christianity*)을 인쇄하여 널리 배포했다. 내가 사용하는 판본은 그들이 낸 출판물 가운데 하나인데, 그들의 간기(刊記)가 들어 있고, 우리가 어린 시절에 익히 접했던 저 유명한 갈색 송아지 가죽으로 제본되어 있다. 그러나 내 판본의 날짜는 1812년이다. 나는 이것 외의 다른 판본에 대해서는 알지 못하며, 이제는 협회가 더는 이 책을 출판·유통하지 않는 것이 아닌가 생각한다.[5] 그래서 앞서 말한 저명한 물리학자의 착오가 나온 것인데, 솔직히 나로서야 듣기 좋지만 그 자체로는 안타까운 일이라고 하겠다.

그러나 윌슨 주교의 『금언집』은 종교서적으로서 유포될 가치가 있다. 종교서적이라는 명칭을 달고 현재 유포되는 쓰레기더미에 비해서만이 아니라, 그 자체로서 그리고 같은 저자의 다른 작품들에 비교해서도 그

---

4) 1868년 11월 19일, 상고심 법정(Court of Common Pleas)은 롱에이크(Longacre)의 성 마틴스 홀에서 '기분 전환 종교가들'로 자칭하는 모임이 행한 '민중을 위한 일요일 저녁'이 주일날에 공개적인 여흥이나 공개 토론을 못하게 해온 18세기 법령을 위반한 것은 아니라고 결정했다. 이 모임은 청중을 교육하고 과학을 종교의 시녀로 만들기 위한 목적으로 사회적 주제나 과학에 대한 담론으로 구성되었다. 성가가 연주되기는 했지만 예배는 하지 않았다고 한다. 알람브라는 1851~53년 레스터 스퀘어의 동쪽에 '과학과 예술의 팬옵티콘'으로 세운 동양풍의 거대한 건축물로, 1857년 알함브라로 개칭되고 나서 이후 서커스, 음악 공연 등을 유치했다.

5) 기독교지식협회는 1869년 이래 윌슨 주교의 『금언집』을 재출판해왔다—저자.

러하다. 훨씬 더 잘 알려진 『사크라 프리바타』(*Sacra Privata*)에 비해 이 책의 장점은 『사크라 프리바타』가 대중을 위한 것인데, 이 책은 자기 자신의 사적인 용도로 마련했다는 점이다. 『금언집』은 원래 출판을 의도하지 않았던 것이고, 그 때문에 말할 것도 없이 더욱 심원한 정서와 힘이 있는 마르쿠스 아우렐리우스의 『명상록』처럼,[6] 각별한 진지함과 직접성 같은 것이 있다. 『금언집』의 최상의 부분 일부가 『사크라 프리바타』에 들어가 있다. 그러나 원래 모습은 『금언집』에서 접할 수 있다. 또한 『사크라 프리바타』에서 저자는 목사 계층의 한 사람으로서, 또 목사계층을 상대로 하여 말하는 때가 허다하지만, 『금언집』에서는 거의 언제나 오직 한 사람의 인간으로서 말한다. 나 자신 매우 높이 평가하는 『사크라 프리바타』를 흠잡자는 것이 아니라, 다만 나에게는 『금언집』이 더 훌륭하고 더 교훈적인 책으로 보인다는 것이다. 이 책은 주베르가 니콜의 책[7]에 대해서 한 말처럼, 실행을 직접 목표 삼는 자세로 읽어야 한다.[8] 독자는 시대의 변화와 이 변화가 불가피하게 초래하게 마련인 변화된 관점에서, 자기에게 더 이상 맞지 않는 것은 한쪽으로 치워둘 것이다. 그렇지만 우리 국민과 민족이 종교적인 글을 쓰면서 내놓을 수 있는 아마도 최상의 것의 본보기로 쓰이기에는 충분할 것이다. 미슐레 씨는 『그리스도를 본받아』의 진짜 저자에 대해 온갖 의혹이 난무하는 가운데도 그 누구도 영국인이 쓴 것이라 주장할 생각은 꿈에도 하지 않았다는 점을 들어, 이를 우리에 대한 비난으로 삼는다.[9] 『그리스도를 본받아』를 영국인이 쓸

---

6) 마르쿠스 아우렐리우스(Marcus Aurelius, 121~180): 로마의 황제이자 스토아 철학자로, 『명상록』이 유명하다.
7) 니콜(Pierre Nicole, 1625~95): 프랑스의 유명한 얀센주의자로 여기서의 책은 『도덕론』(*Essais de Morale*, 1671)을 말한다.
8) 주베르(Joubert)의 『팡세』에 나오는 말.
9) 잔다르크 취급에 대해 다루면서 미슐레(Jules Michelet)는 자신의 『프랑스의 역

수 없었을 것이라는 말은 사실이며, 그 찬탄스러운 책의 종교적 섬세함
과 심원한 금욕주의는 우리의 본성에서 찾기 힘들다. 만약 우리 민족이
정신적 인식의 진정한 섬세함이 종교의 경우 못지않게 요구되는 시에서
위대한 일을 해내지 못했더라면, 이것은 우리에게 더욱더 큰 비난이 되
었을 터이다.[10] 그리고 『그리스도를 본받아』가 절묘하기는 하지만, 내가
다른 곳[11]에서 언급한 것처럼, 인간 본성의 완전한 균형이 상실되어 있
고, 따라서 정신적 산물로서의 성격으로 보아 내용에는 무언가 병적인
면이, 형식에는 무언가 부실한 면이 있는 책이 아니었더라면 더욱 그랬
을 것이다. 윌슨 주교의 『금언집』은 『그리스도를 본받아』보다 급이 떨어
지고, 우리 본성의 시적이고 섬세한 현을 건드리지는 못하지만, 종교적
인 저서로서는 훨씬 더 견실하다. 윌슨 주교는 『금언집』에서, 가장 진지
한 열성과 종교적 열정을 저 순전한 정직성과 명료한 양식(良識)과 결합
한다. 이 정직성과 양식을 우리 영국 민족은 종교의 성스러운, 인간의 능
력을 벗어난 것에 그토록 힘차게 적용한 것이며, 이 정직성과 양식으로
영국 민족은 종교를 실제 생활에 대폭 끌어들였고 지상에서 신의 왕국
을 건설하는 일에서 자신에게 맡겨진 소임을 다해온 것이다.

사』에서 영국 민족에 대해서 이렇게 쓴다. "어떤 민족도 품위와는 더 이상 멀 수
없다. 『그리스도를 본받아』를 써낼 수 없는 유일한 민족이니, 독일인도 하고 이
탈리아인도 하겠지만 영국인은 결코 할 수 없다." 결국 토마스 아 켐피스(Thomas
á Kempis)의 저작으로 결론이 났지만, 『그리스도를 본받아』의 저자가 누구냐에
대한 논란이 많았다.
10) 아널드가 영국의 특질이 '지성'보다는 '천재성'에 있으며, 산문보다는 시에서
탁월하다고 말하면서, 프랑스는 이와 반대임을 지적하는 예는 「아카데미의 문
학적 영향」의 다음 구절을 참조할 것. "우리 민족은 산문보다는 시에서 얼마나
더 위대한가! 일반적으로 우리 민족의 정신의 산물은 지성의 특징보다는 천재
의 특징에 얼마나 더 훌륭하게 나타나는가! 〔……〕 프랑스 문학의 힘은 그 산문
작가에 있고, 영국 문학의 힘은 그 시인에 있다."
11) 아널드의 평론 「마르쿠스 아우렐리우스」.

모두 아는 바지만, 열성과 열정으로는 종교는 역시 광신적이 될 수 있다. 정직성과 양식으로는 종교는 역시 산문적이 될 수 있다. 그리고 정직과 양식이 열성과 열정과 결합하여 맺어진 결실도 단지 광신적인 주장을 담은 산문적 종교일 뿐인 경우도 허다하다. 윌슨 주교의 탁월함은 이 네 가지 성질이 균형을 이루게 하고, 충만하고 완성된 상태로 있게 하기 때문에 이러한 불운한 결과가 빚어지지 않는다. 그의 열정은 매우 완전하고 그의 양식과 아주 행복하게 맺어져 있어서, 애정과 뜨거운 자비가 된다. 그의 양식은 매우 완전하고 그의 감동과 아주 행복하게 맺어져 있어서, 중용과 통찰이 된다. 따라서 『금언집』에 나타난 종교의 유형은 영국적이기는 하지만, 일반적으로 윌슨 주교의 동포가 도달하는 것보다 훨씬 더 높은 종류라고 할 수 있다. 그렇지만 영국적이기에 그들 동포에게도 가능하고 또 획득될 수 있는 것이다. 그래서 내가 서두에 말한 것과 같은 결론이 나오는데, 이런 종류의 저작을 기독교지식증진협회가 절판시켜 유포되지 않게 해서는 안 될 일이다.

그리고 이제 다음의(즉 앞의) 글에서 논의된 문제로 돌아가보자. 이 글의 전반적인 목표는 우리가 현재 당면한 어려움에서 벗어나는 데 큰 도움이 되는 것으로서 교양을 추천하려는 것이다. 교양이란 우리가 가장 관심을 두는 모든 문제에 대해 세상에서 생각하고 말해진 최상의 것을 알게 됨으로써 우리의 총체적인 완성을 추구하는 것이며, 이 지식을 통해 우리의 고정관념과 습관에 신선하고 자유로운 생각의 줄기를 갖다 대는 것인데, 현재 우리는 이런 고정관념과 습관을 꿋꿋이 그러나 기계적으로 따른다. 꿋꿋이 따르는 것이 기계적으로 따르는 폐단을 보완해주는 미덕이라도 되는 양 모호한 생각에 빠져서. 이것, 오로지 이것만이 다음에(즉 앞에) 실린 글의 목표다. 그리고 우리가 높이 치는 교양이란 무엇보다도 내적인 작용이다.

그러나 교양의 도움을 받아 이런저런 불완전한 행동을 비판하면, 그런 행동과 대치되는 무슨 잘 알려진 계획 같은 것을 우리가 섬기고 추천하려는 것으로 이해되는 일이 허다하다. 이를테면 우리에게 프랑스 학술원 같은 감식과 권위의 중심이 없는 탓에 우리의 문학이 감수하게 되는 위험과 불편을 자유롭게 지적해온 셈인데,[12] 그러면 프랑스의 학술원 같은 제도를 이곳 영국에 도입하기를 원하는 것이 아니냐는 소리를 늘 듣게 된다. 사실 우리가 그런 것을 원하는 것은 아니라는 것을 분명히 밝혔는데도 말이다. 그러나 이런 비난이 나오는 것부터가 우리의 기계 숭배, 외적인 행동의 숭배에 그 탓이 있음에 주목하자. 또한 교양의 내면성을 통해 우리는 우리에게 학술원이 없는 까닭에 감수하게 되는 결함을 파악하여 지켜보고 고칠 수 있게 되고, 청교도들의 말을 빌리면 육신의 팔에 의탁하지는 못하게 해준다는 점[13] ─ 즉 자신을 돕자고 학술원이라는 이 외적인 기계 장치를 향해 맹목적으로 달려들지는 않게 해준다는 점 ─ 에 주목하자. 교양과 사고의 자유로운 내적 작용은 학술원이 없는 까닭에 코린트 양식이나 한 가지 원시적 언어에 관한 변덕이 생겨나고[14] 기승을 부리는지를 드러내주지만, 그것은 또한 우리가 어떤 학술

---

12) 자신의 평론 「아카데미의 문학적 영향」에서 이 문제를 상세히 다루었다.

13) 「고린도후서」, 32장 8절에 나오는 표현. 아슈르의 침입에 대해서 유다의 왕인 히스가야가 부하들을 격려하는 말 중에서("저와 함께 하는 자는 육신의 팔이요 우리와 함께 하는 자는 우리의 하나님 여호와시라 반드시 우리를 도우시고 우리를 대신하여 싸우시리라").

14) 둘 다 아널드가 영국의 지성과 세련성이 부족함을 비판하면서 프랑스의 아카데미(학술원) 같은 비평의 중심이 있어야 함을 역설하는 사례로 제시된 것. 영국에서 상찬되는 코린트 문체는 "목표에 도달하는 것, 주장을 관철하는 것, 반대자들에게 타격을 주는 것, 찬양받고 승리하는 것"이지 여기에 "영혼이 깃들지" 않는다는 것이다. 『한 가지 원시언어』(The One Primeval Language)는 찰스 포스터라는 사람의 저서로, 그는 시나이의 비명(碑銘)에서 원시언어를 찾아냈다는, 별로 근거 없는 주장을 하여 프랑스의 르낭의 비판을 받는다. 아널드는

원을 가지더라도 그런 양식이나 변덕을 그리 뜯어고치지는 못할 것이라는 점도 보여주기 때문이다. 우리 국민 생활의 특징과 뒤의(즉 앞의) 페이지들에서 충분히 논의한 경향을 알고 있는 사람은 누구나, 영국 학술원이 어떤 모양을 취하게 될 것인지를 정확하게 알고 있다. 우리의 마음의 눈에는 마치 그것이 이미 구성되어 있는 양 행복한 가족이 훤히 떠오른다. 스태너프 씨, 성 바울로 성당의 부감독,[15] 옥스퍼드의 주교,[16] 글래드스턴 씨, 웨스트민스터 부감독, 프루드 씨, 리브 씨 등 하나같이 영향력 있고 학식 있고 명망 있는 인사들이다.[17] 그리하여 어느 화창한 아침, 이 빛나는 선택된 동아리에 대한 대중의 마음속 불만이 터지고, 코린트식 문체의 사설들이 일제히 사격을 시작하고, 살라가 난입한다.[18] 이

이를 인용하면서, 영국에 지성의 중심이 부재함으로써 이 같은 마구잡이 주장이 통제받지 않고 유통됨을 지적한다.「아카데미의 문학적 영향」중에서.

15) 고 밀맨 부감독-저자.

16) 고 윌버포스 주교-저자.

17) 스태너프(Philip, fifth Earl Stanhope, 1805~75): 1842년의 저작권법과 1856년 국립 초상화 화랑(National Portrait Gallery)을 세운 법령을 발기했다. 1869년 역사적 원고위원회(Historical Manuscripts Commission)의 창립자 가운데 한 사람이고, 1863년부터 죽을 때까지 왕립 문학 기금(Royal Literary Fund)의 회장을 맡았다.

밀맨(Henry Hart Milman, 1791~1868): 1859년부터 죽을 때까지 성 바울로 성당의 수석사제였다.

윌버포스(Samuel Wilberforce, 1805~73): 1845년부터 1869년까지 옥스퍼드의 주교였고, 그 뒤로 죽을 때까지 윈체스터의 주교였다.

스탠리(Arthur Penrhyn Stanley, 1815~81): 1864년부터 죽을 때까지 웨스트민스터의 수석사제였고, 아널드 가문과 가까운 친구여서 아널드의 부친인 토머스 아널드 박사의 전기를 집필했다.

프루드(James Anthony Froude, 1818~94):『프레이저스 매거진』의 편집인이며 아테나이움 클럽(Athenaeum Club)의 회원이고, 역사학자다.

리브(Henry Reeve, 1813~95): 1840~55년까지『타임스』의 외교정책을 인도했으며, 1855년부터 죽을 때까지『에든버러 리뷰』의 편집인이었다.

것이 우리에게 도움이 되지 않을 것은 분명하다. 학술원을 두는 것을 방해하고 우리 문학에 해로운 영향을 미친 것이 지적 양심의 민감성의 부족, 올바른 이성에 대한 불신, 권위에 대한 혐오 등의 결함이라면, 이 결함은 설령 학술원이 창설된다 해도 정말 그런 결함을 시정하는 방향으로 운영되는 것을 방해할 것이다. 그리고 교양은 시정되어야 할 결함이 무엇인지 우리에게 진실로 보여주지만, 이 사실 또한 마찬가지로 진실로 보여주는 것이다.

방금 지적한 것과 같은 오해는 앞에서도 말한 것처럼 자연스럽다. 그렇지만 우리의 유용성 여부는 과연 그런 오해를 일소할 수 있는지, 그리고 어떤 고정관념이나 조치에 기계적으로 복무하고 그 때문에 길을 잃고 헤매는 사람들이, 그것과 적대되는 다른 어떤 물신에 승리를 안겨주는 것이 교양의 일이나 목표가 아니라 현안 전체에 사고의 자유롭고 신선한 흐름을 가져다대는 것일 뿐임을 받아들이게 할 수 있는지에 달려 있다. 학술원이니 하는 문제보다도 지금 더 즉각적인 이해관계가 걸린 일에서 비슷한 오해가 널리 퍼져 있다. 그리고 이런 오해가 일소될 때까지 교양은 이 문제에서 제대로 작동하지 못한다. 이성과 정의의 힘이 아

---

18) 살라(George Augustus Sala, 1828~96): 언론인으로 1857년『데일리 텔레그래프』의 기고자가 되었고,『토요 평론』같은 비판자들에게 천하고 과장된 글쓰기풍을 세운 것으로 간주되었다. 아널드가 이런 논평을 하게 된 계기는 살라가 당시 펴낸 책(『로마와 베니스』, 1869)에서 자신에 대한 다음과 같은 불쾌한 언급을 했기 때문이다. "속물이라는 것에 대해서라면, 나는 이 용어가 지식인들 사이에 사용되지만 도대체 무슨 뜻인지 어떻게 적용되는지 별로 알지 못한다. 이런 냉소를 지어낸 좁아터지고 잘난 체하는 사이비학자는, 자기보다 더 넓은 마음과 관점이 있는 작가들을 모욕하기 위해서 그랬을 터인데, 자기의 고안에 대해서 아주 우쭐할지도 모르겠다. 그러나 20년이 지나면 내 생각에는 우리는 가련한 사우디(Southey)가 괜히 법석을 떨었던 저 '악마파'(Satanic School)에 대해서 우리가 더는 신경 안 쓰듯이, 문학적 속물이 무엇이었는지 신경도 쓰지 않게 될 것이다."

260

니라 국교화에 대한 잉글랜드와 스코틀랜드의 신교·비국교도들의 반감의 힘으로 아일랜드 교회를 비국교화하려는 현재의 조치를 비판하면, 우리를 일러 비국교도들의 적이며, 성직자의 편을 들어 비국교도에게 해를 입히려는 오직 한 가지 욕망에 사로잡힌, 영국 국교회의 맹목적인 파당이라고 부른다.[19] 이러한 비난이 얼마나 그릇된 것인지를 보여주기 위해 몇 마디 더 해야만 하겠다. 왜냐하면 만약 그런 비난이 사실이라면, 우리는 결국 우리 자신의 의도를 뒤집고서 우리가 추천하려는 그 교양에게 사기를 치는 셈이기 때문이다.

분명 우리는 비국교도들의 적은 아니다. 우리가 목표로 삼는 것은 오히려 그들의 완성이기 때문이다. 그러나 완성의 공부인 교양은, 우리가 뒤(즉 앞) 페이지에서 보여주었다시피, 진정한 완성이란 우리의 인간성의 모든 면을 개발하는 조화로운 완성이자 우리 사회의 모든 부분을 개발하는 일반적 완성이기도 하다는 것을 생각하게 해준다. 왜냐하면 한 구성원이 고통을 겪으면 다른 구성원이 그와 함께 고통을 겪는 까닭이다. 그리고 구원의 진정한 길을 따르는 이가 적으면 적을수록, 그 길을 찾는 것은 더 힘이 든다. 그리고 청교도들의 계승자요 대변자며 그들처럼 자기네가 가진 최상의 빛에 따라 꿋꿋하게 걷는 이 비국교도들은 이 나라의 가장 강하고 가장 진지한 국민의 다수를 이루고 있고, 따라서 우리의 존경과 관심을 끌고 있다. 이런 가운데 뒤의(즉 앞의) 글에 나오는 헤브라이즘과 헬레니즘에 대한 모든 논의가 보여주려는 바는 결국, 과거든 지금이든 우리의 청교도들이 하나같이 자기들이 가진 최상의 빛에 따라 꿋꿋하게 걸으려는 정성, 그 빛이 어두워지지 않게 하는[20] 그런 정

---

19) 자유주의자들은 아일랜드의 영국 국교회를 비국교화하는 이슈를 내세워 1868년 12월 정권을 잡았고, 비국교화 조치를 계속 밀고 나갔다.

20) 「마태복음」, 6장 23절; 「누가복음」, 11장 35절.

성에다 더 보탠 것이 어쩌면 그렇게 없는지, 그들이 어쩌다가 다른 모든 면을 희생시키고 자기들의 인간성의 한 가지 측면만을 발전시켜왔고, 결과적으로 불완전하고 훼손된 인간이 되었는가 하는 것이다. 조화로운 완성에 미흡하기 때문에 그들은 구원의 바른 길을 따르는 데 실패한다. 따라서 다른 이들이 그 길을 찾기가 더 힘들어지고, 일반적인 완성은 우리가 손닿지 않는 먼 곳으로 벗어나버렸고, 우리 사회가 처해 있는 이 혼란과 당혹은 비국교도들 때문에 약화되기는커녕 오히려 더 증가한다. 그래서 우리는 자기네가 가진 최상의 빛에 따라 꿋꿋하게 걸어나가는 비국교도의 열정을 찬양하고 높이 평가하고 그것을 털끝만큼도 줄이고 싶은 마음은 없지만, 여기에다 우리가 단맛과 빛이라고 부르는 것을 보태서 그들의 전체적인 인간성을 좀더 완전하게 개발하려는 것이다. 이를 추구하는 것이 비국교도들의 적이 될 수 없음은 분명하다.

그러나 이제 이런 생각을 염두에 두고, 우리는 종교의 국교화와 기본 재산에 대한 비국교도들의 반감의 힘에 의존해서 아일랜드 교회를 비국교화하려는 조치[21]와 마주친다. 그리고 우리는 자유주의 정치가들이, 자기네의 목적에 이 반감이 마침 써먹기 좋은 것이 되자 온 힘을 다해서 거기에 알랑거리는 것을 보게 된다. 자기들은 여기 잉글랜드의 영국 국교회 계열 교회처럼 효과적이고 대중적인 그런 국교회에 손댈 의도는 없지만, 종교를 그 주창자들의 자발적인 지원에 맡겨서 에너지와 독립성이 제고되게 하는 것은 추상적으로는 매우 훌륭한 일이라고 하면서 말이다. 그리고 글래드스턴 씨는 아일랜드의 로마 가톨릭 교도들이 국가보조를 거부한 것을 두고 무슨 말로 찬양해도 아깝지 않을 터인데, 사실 이

---

21) 글래드스턴의 자유당 정권이 추진했고, 1869년에 아일랜드 교회의 국교화는 폐지된다.

들 가톨릭 교도들은 보조를 받아달라고 정식으로 요청받은 적도 없거니와 만약 그들이 그것을 요구라도 한다면 그는 무척 당혹스러울 것이다. 그리고 이런 흐름에 편승하려는 성향이 있는 철학적 정치인들이 계시고, 비국교도들의 이 반감에 일반성과 엄숙함을 담은 일종의 장엄한 인장을 찍어 그것을 미래 인간의 진보 법칙으로 삼으려는, 그 정치가들과 성향이 동일한 철학적 성직자들이 계신다.[22] 이제 이 흐름에 편승하는 것보다 더 즐거운 것은 없고, 우리도 우리 특유의 비체계적인 방식으로긴 하지만 가능하다면 기꺼이, 철학과 인기라는 두 떡을 양손에 든 수고에 한몫 끼려고 애쓸 수는 있을 것이다. 그러나 우리의 마음속에는 다음과 같은 생각이 굳게 뿌리박혀 있다. 즉 비국교도들이 가장 부족한 것은 자기들의 인간성을 좀더 완전하고 조화있게 발전시키는 일이라는 점, 그들이 떠안고 있는 가장 큰 문제는 편협함과 일방성과 불완전성이라는 점이다. 한마디로 우리가 지방성(또는 촌스러움provinciality)이라고 말하는 것에서 이들은 넘치나, 우리가 전체성(totality)이라고 부름직한 것에서 이들은 모자란다.

그리고 이들은 국교회의 구성원보다도 더 모자란다. 일반적으로 문학, 예술, 과학에서뿐 아니라 종교 자체에서도, 전체성에 대한, 완전하고 조화로운 완성에 대한 인간 정신의 접근을 표현하여 온 저 위대한 업적, 인간 정신이 세계의 일반적인 완성을 자극하고 촉진할 수 있게 해주는 저 위대한 작업은, 비국교도들에게서가 아니라 국교회에 속하거나 국교회

22) 여기서 말하는 철학적 정치인들은 백스터(Baxter, 1825~90)와 벅스턴(Charles Buxton, 1823~71) 같은 사람들이고, 철학적 성직자들은 캔터베리의 수석사제인 알포드(Henry Alford, 1810~71)가 그 한 본보기다. 백스터는 스코틀랜드 출신의 자유당 의원으로, 1867년 즉각 아일랜드 국교회의 비국교화를 단행할 것을 주장한 바 있다. 벅스턴은 1857년 이후 독립적인 자유주의적 의원으로 활동했다.

에서 훈련받은 사람들에게서 나온다. 교회 국교화에 반대하는 온건하고 논리정연한 팸플릿을 쓴 비국교도 목사 화이트는,[23] "기본재산이 폐기되고 비국교화된 잉글랜드의 공동체들은, 국교화되고 기본재산도 받은 국교회 못지않게 정치인들의 행실을 도덕적이고 품격 있게 만드는 영향력을 미친다"고 말한다. 여기서 과연 도덕적이고 품격 있게 만드는 영향력이라는 말이 무슨 뜻인지가 문제일 것이다. 기계적 장치의 신봉자라면 정부가 교회세를 폐지하게 하거나 사별한 아내의 자매와의 결혼을 합법으로 하는 것이 정부에 대하여 도덕적이고 품격 있게 만드는 영향력을 행사하는 것이라고 생각할지도 모른다. 그러나 행실의 진정한 원천을 내적인 성숙에서 찾는 완성의 애호자라면 분명, 셰익스피어가 워츠 박사[24]보다도 우리 정치인들의 내적 성숙을 위해 더 많이 기여했고 따라서 그들이 도덕적이고 품격을 갖추게 하는 데 더 많이 기여했듯이, 후커, 배로, 버틀러[25]를 산출한 국교회가 비국교도 성직자들을 산출한 공동체들보다도 영국 정치인들과 그들의 행실을 도덕적이고 품격을 갖추게 하는 데 더 많은 기여를 한다고 생각할 것이다. 영국 청교주의와 비국교도의 생산적인 인물들, 즉 밀턴(Milton), 백스터, 웨슬리[26]는 국교회의 울타리 안에서 훈련받은 사람들이다. 국교회 바깥에서 한두 세대가 지나

---

23) 스탠리(Dean Stanley)의 친구인 화이트(Edward White)는 성 바울로 예배당의 목사다.
24) 워츠(Isaac Watts, 1674~1748): 영국 찬송가 작사가 가운데서 가장 유명한 사람이다.
25) 후커, 배로(Isaac Barrow, 1630~77), 그리고 더럼의 주교인 버틀러(Joseph Butler, 1692~1752)는 영국 국교회 목사 신학자 가운데서 가장 주요인물에 속한다.
26) 백스터(Richard Baxter, 1615~91): 영국 국교회에서 성직을 받았으나 강한 장로주의적인 신념으로 거기서 물러나 1662년 통합령(Act of Uniformity)의 통과를 지지했다. 웨슬리(John Wesley, 1703~91): 감리교(Methodism)의 창시자인데, 국교회에서 벗어나려고 하지는 않았다.

이제 청교주의는 국민적인 인물을 더는 산출하지 못한다. 동일한 교리와 규율과 더불어 국민적 인물이 스코틀랜드에서 산출되나, 국교회 안에서다. 동일한 교리와 규율과 더불어 국민적인, 나아가서 유럽적인 인물이 독일, 스위스, 프랑스에서 산출되나, 역시 국교회 안에서다. 마치 국교회 외부에서는 정신적으로 최고의 비중을 지닌 인물이 양성되는 것을 금하는 듯 보이는 법이라도 있는 것처럼. 그런데 단지 두 종교만 이 법의 작용에서 적어도 상대적으로는 제외된 듯 보인다. 이 둘이 로마 가톨릭과 유대교다. 그리고 이들은 국민적인 것은 아니나 코스모폴리탄적인 국교회들에 의존한다. 아마도 이 경우 개인은 자기가 이 같은 조건에서 길러진 탓에 잃는 것이 없지만, 시민으로서는 그리고 그 국가로서는 잃을 듯하다.

그러면 영국 청교도들과 신교 비국교도들의 이 부정할 수 없는 지방주의의 이유는 대체 무엇일까? 천재적이고 개성 있는 인물은 다른 여건에서와 마찬가지로 이런 여건에서도 태어나고 길러진다. 이런 인물은 대중의 과오에서 늘 상대적으로 벗어나 있고, 늘 우리의 관심을 불러일으킬 것이다. 그렇지만 이런 여건에서 자신들을 묶고 있는 것을 뚫고 나오기란, 그리고 그들의 전체성을 개발하기란 특히 어려울 것이라고 짐작된다. 그 이유는 분명한데, 비국교도는 국교회의 성원처럼 국민 생활의 주된 흐름과 접촉하지 않기 때문이다. 종교처럼 심원하고도 중추적인 관심을 담고 있는 문제에서, 국민 생활의 주된 흐름과 이처럼 분리되어 있다는 것은 특별히 중요한 의미를 띤다. 뒤의(즉 앞의) 글에서, 우리는 우리 속에 있는, 이름을 붙이면 헤브라이화하는 경향을 충분히 논의했다. 즉 종교적인 측면에 우리 존재의 다른 모든 면을 희생하는 것이다. 이 경향은 종교의 성스런 아름다움과 장엄함에 그 원인이 있고, 그 아름다움과 장엄함에 대한 감동적인 증언을 담고 있다. 그러나 우리는 이 경향이 우리에게 위험한 면을 지니게 한다는 것을, 우리의 종교적인 면 자체를 편협하고 뒤틀리게 성장하게 하고, 완성에 실패하게 한다는 것을 살펴본 것이다. 그러나 우리가 우리 주변을 흐르고 있고 또 인간 생활의 다양하고 충만한 온갖 방식을 우리에게 환기시키는——국가 자체가 역사적이듯 역사적이고 그 질서, 예식, 기념비들이 국가의 그것처럼 우리의 어떤 환상과 발상도 훌쩍 넘어선 그런 국교회를 따라서, 그리고 헤브라이화되면 자칫 무시하게 될 위험이 있는 바로 저 교양과 다방면의 발전을 지켜내고 진전시키기 위해 세워진 대학들과 같은 제도들을 따라서——국민 생활의 주된 흐름을 타고 있는 국교회 내에서조차 헤브라이화하는 경향이 있다면, 이러한 예방장치들이 없는 상황에서 우리는 얼마나 더 많은 것을 헤브라이화하고 말게 될 것인가. 국가적 교회의 성원으로 길러짐은 본디 종교적 중용의 학습이며 교양과 조화로운 완성을 향해 이끄는 것이라고 말해도 될 법하다. 표현할 수 없는 것을 표현하고 정의할 수 없는 것을 정의하는 자기 자신의 사적인 형식을 획득하려는 싸움 대신에, 자기 나라의 종교 생활에 가장 많이 추천되어온 형식을 취하게 된다. 그리고 그러한 형식을 통해 그 자신의 본성의 종교적인 면이 충족될 수 있다는 것을 확인하게 되고, 여유를 가지고서 담담하게 자기의 본성의 다른 면들도 충족시키는 것이다.

그러나 비국교도나 자생적으로 생겨난 종교 공동체의 성원에게는 얼마나 다른가! 괴테의 표현 그대로, 그 종파에 속한 사람의 독자적인 대발견(eigene grosse Erfindungen)[27]——그들만의 특이한 형식으로 표현할 수 없는 것을 표현하고 정의할 수 없는 것을 정의하기 위한 자신과 자기 친

---

27) 괴테가 에커만과 대화할 때 시쓰기에 대해 말하며(1823년 9월 18일) 한 말이다. 에커만(John Peter Eckerman, 1792~1854): 독일의 문필가로 만년에 괴테의 비서였고 괴테와 나눈 대화를 기록해 『괴테와의 대화』라는 책으로 출판했다.

구들의 소중한 발견은 자기의 마음을 온통 채우게 마련이다. 그가 그것을 자발적으로 택했고 개인적으로 그것에 책임이 있으므로. 그는 그것을 위해 싸우고 그것을 확인하려는 열망으로 가득 차 있다. 그 까닭은, 그것을 확인함으로써 그는 자신을 확인하고, 그것이 우리 모두원하는 바이기 때문이다. 그의 존재의 다른 면들은 그에 따라 무시되는데, 왜냐하면 종교적인 면은 진지한 사람에게는 늘 우리의 다른 정신적인 면들을 지배하는 경향이 있는 탓에, 그 자신이 선택한 자기 확인과 도전의 조건 때문에 다른 것을 흡수하고 독재를 행사하기 때문이다. 그리고 이것이 종교에서 본질적이 아닌데도 본질적인 것으로 오인하며, 자신이 택했기 때문에 천 배나 더 기꺼이 그리한다. 그리고 종교적 활동이란 것이 바로 그것을 위한 싸움에 있다고 그는 상상한다. 이 모두는 그에게 교양을 향한 여유나 이끌림을 거의 남겨두지 않는다. 거기에다 그에게는 자기가 만들지 않은 어떤 위대한 기관들, 예를 들어 국가적 국교회와 연결된 대학들같이 그를 교양으로 이끌어줄 기관도 없다. 있는 것이라고는 그의 종교 교단처럼 그가 자기 힘으로, 그리고 우리가 앞에서 보았듯이 그의 마음속에서 자라난 편협하고도 독재적인 종교관의 지배 아래서 창안했을 법한 그런 기관들밖에 없는 것이다. 따라서 종교의 국교화가 전체성을 선호하는 반면, 종교의 구석진(hole-and-corner)(딱 들어맞는 유행어를 사용하자면) 형식은 불가피하게 지방성을 선호한다.

　그러나 비국교도들과 그들과 어깨를 나란히 한 우리의 자유주의 친구들 대다수는, 그들도 아주 부정하기는 어렵게 이 지방성이란 것이 존재한다 해도, 그것을 제거해버릴 그럴듯한 계획이 있다. "우리 모두 같은 배에 탑시다"라고 그들은 소리친다. "모든 사람에게 대학들을 개방하고 거기에 종교의 국교화란 것은 발붙이지 못하게 합시다!"[28] 대학을 개방하라는 것은 백번 지당한 말이다. 그러나 국교화를 두고 말하는 두 번째 주장에 대해서는, 그 제안을 약간 거스르려 한다. 척 보기에 이 제안은 꼬리를 잃어버린 여우 이야기[29]를 상기시키는데, 이 여우는 다른 여우들을 모두 자기와 같은 처지로 만들려고 모두 꼬리를 자르자고 했다는 것이다. 그리고 교훈가들이 끌어낸 결론인즉, 이 그럴싸한 제안대로 모두 꼬리를 잘라내는 것이 아니라, 다들 자기 꼬리를 지키고 꼬리 없는 여우가 오히려 꼬리를 얻어야 한다는 것임을 우리는 안다. 그러니 우리로서는 비국교도들의 지방성의 해악을 치유하기 위한 올바른 길이 우리를 모두 온통 지방화하는 것이어서는 안된다는 주장을 펼 수밖에 없다.

그렇지만 아마도 우리는 지방화되지는 않을 것이다. 화이트 씨[30]가 말하기를, "모든 선량한 사람이 하나같이 종교적 평등이라는 조건을 누리게 되고 정부 교회(Government Church) 후견제도에 착잡하게 얽힌 전체적인 부정과 불법이 일소되면, 과거 어느 때보다도 더욱 큰 도덕적이고 품격을 높여주는 영향력이 정치인들의 행동에 미치게 될 것"이니 말이다.

우리는 이미 우리의 식민지들에서 종교적 평등의 한 사례를 경험했다. 『타임스』를 보면, "식민지들에서 종교공동체들은 국가 통제라는 족쇄에서 풀려나 있고 국가도 가장 난처하고 성가신 책임 가운데 하나에서 해방되어 있다."[31] 그러나 미국은 종교의 국교화를 반대하는 사람들이 내세우는 중요한 본보기다. 현재 우리의 화제는 교양에 미치는 종교적 국교화의 영향이다. 브라이트 씨의 말이 주목할 만한데, 그는 최근 다른 무

---

28) 국교회 신자에게만 옥스브리지 입학을 허용하던 관행을 혁파하고 비국교도에게 개방하자는 운동에 대해 언급한 것으로, 이들은 1871년에 개방되었다.
29) 이솝 우화.
30) 아마 화이트(Edward White, ?~1863)인 듯. 아일랜드 태생으로 미국 뉴욕 주에 이주하여 학교를 세우는 등 활동했다.
31) 1868년 8월 12일자.

엇보다 이성과 사물의 참되고 자연스러운 진실의 주창자로 나섰고, 지성의 성장을 촉진하는 것을 자신의 정책으로 내세워온—잘 알려져 있다시피 이것이 바로 교양의 목표이기도 한데—분으로, 버밍엄에서 교육에 관해 연설하면서 한 다음 말은 우리의 화제와 기가 막히게 맞아떨어지는 것 같다. 즉 "내가 믿기로 합중국의 인민은 지난 40년 동안, 모든 유럽을 합한 것보다도 더 가치있는 정보를 세계에 제공해왔다."[32] 이리하여 종교의 국교화가 없는 미국은 빛과 마음의 일에서조차도 우리를 모두 앞질러 있는 듯 보인다.

다른 한편으로, 이성과 사물의 참되고 자연스러운 진실의 또 다른 친구인 르낭 씨는 최근 펴낸 책[33]에서 미국에 대한 브라이트 씨의 말과는 매우 상충되는 듯 보이는 말을 한다. 브라이트 씨는 단언하기를, 합중국은 그렇게 유럽에 한 수 가르쳐주되, 무슨 과학적인 대단한 고등교육 기구도 없이 미국의 모든 계급이 "읽고 이해하고 생각할 수 있을 만큼 충분한 교양을 지니고 있다는 것"을 보여줌으로써 그리했다는 것이다. "그리고 그것이야말로 차후 모든 진보의 토대라고 나는 주장하는 바"라고 한다. 그 다음으로 르낭 씨가 등장하여 말하기를, "인민의 건전한 교육은 특정 계급의 높은 교양의 결과다. 합중국처럼 제대로 된 고등교육도 별로 없이 상당한 대중교육을 창안해온 나라들은 이런 잘못에 대한 대가를 오랫동안 치러야 할 것이니, 그것은 다름 아닌 그들의 지적 범속성, 예법의 조악성, 피상적인 정신, 일반적인 지성의 결핍 등이다."[34]

자 그러면, 빛의 이 두 친구 가운데 우리는 어느 쪽을 믿어야 하는가?

---

32) 브라이트가 1868년 2월 버밍엄에서 한 연설.
33) 『당대의 문제들』(Questions contemporaines, 1868)을 지칭. 인용된 부분은 이 책의 서문에 나온다.
34) 프랑스어 원문—저자, 원문 인용은 생략함.

르낭 씨가 우리 자신이 교양이란 말로 뜻하는 바를 더 감안하는 듯 보이는데, 왜냐하면 브라이트 씨는 정치와 정치적 선동에 대한 '훌륭한 관심'이라고 그가 부르는 바를 염두에 두기 때문이다. 바로 얼마 전 버밍엄에서 그가 말했다시피, "이 시기에—사실상 자유로운 나라의 역사에서 시기마다 그렇다고 해도 될 듯한데—정치만큼 토론할 가치가 있는 것은 없다." 그리고 그는 그의 고상한 웅변 투 수사가 지니는 온갖 힘을 발휘하여 늘 하던 이야기를 계속 되풀이한다. 즉 지난 30년 동안 이루어진 모든 진보는 대도시 인민의 사려와 지성에 얼마나 빚지고 있는지, 또한 의회개혁, 자유무역, 교회세의 폐지 등등이 지금까지 진보의 내용이 아니었는지, 그리고 이제 앞으로 진보란 소수파를 제거하고, 공짜 아침 식탁을 도입하고 국교화에 대한 비국교도의 반감의 힘으로 아일랜드 교회를 폐지하는 등과 같은 이런 많은 것이 되지 않겠는가 하는 이야기를 되풀이한다.[35] 비록 우리의 극빈과 무지를 비롯하여, 사회적이라고 불리는 온갖 질문이 이제 그의 마음에 밀려들고 있는 듯한데도 그는 여전히 대도시들과 자유주의자들 그리고 지난 30년 동안의 이들의 조치를 찬미하는 일을 계속하는 것이다. 우리의 사회생활이 현재 문제에 봉착해 있는 것이 그 자신과 우리의 자유주의 친구들이 30년 동안 맹목적으로 그들의 묘책을 숭배해온 것과 무언가 관계가 있다는, 그리고 이처럼 문제에 봉착한 것 자체가 그런 숭배로서는 충분치 않다는 의혹을 던져주고 있다는 생각은 그에게는 전혀 떠오르지 않는 듯 보인다. 오히려 아직도 제대로 안 되는 부분은 토리파들의 우매함 탓이고, 그것은 대도시들의 사려와 지성으로 그리고 예전처럼 정치적 조치를 영광스럽게 추진하는 자유주의자들이 치유하거나 아니면 저절로 치유될 것이라고 그는 생각

---

35) 여기에 대해서는 옮긴이 해제를 참조할 것.

한다. 이러니 브라이트 씨가 말하는 사려와 지성이란 것이 무엇을 뜻하는지 알 만하고, 그의 말에 따라서 그런 사려와 지성 속에서 우리가 어떤 식으로 자라나게 될지도 알 만하다. 그리고 미국에서는 모든 계급이 신문을 읽고, 여기나 유럽의 다른 어느 곳에서보다 정치에 대한 저 훌륭한 관심이 더 많을 것임에 의심의 여지가 없다.

그러나 뒤의(즉 앞의) 글에서, 우리는 우리 민족이 늘 그렇듯이 기계적으로 추구해온 이 모든 정치적 작업이 충분한지를 의심하게 된 것이다. 그리고 르낭 씨의 표현으로는 일반적 지성이 또는 우리말로는 사물의 이성에 대한 관심이 우리에게는 없었던 바로 그것이며, 그것이 없는 까닭은 우리가 우리의 기계 장치를 너무 헌신적으로 숭배했기 때문임을 알게 되었다. 따라서 우리는 브라이트 씨보다는 르낭 씨가 이성과 지성이란 말로 우리가 뜻하는 바와 더욱 가깝다고 결론 짓는다. 그리고 르낭 씨가 신문과 정치의 저 선택받은 고향, 미국이 일반적 지성이 없다고 말할 때, 우리는 정황으로 미루어보아 사실 그러할 것이라고 생각한다. 그리고 정신의 일에서 또 교양과 전체성에서 미국은 우리를 넘어서는 것이 아니라 오히려 더 처질 것이라고 생각한다.

그리고—교양과 우리 인간성의 높은 발전에 미치는 종교적 국교화의 영향이라는 우리의 논점을 지키자면—우리는 미국이 자기의 온갖 정력과 탁월한 천품을 가지고도 왜 이러한 발전을 더욱 많이 또는 이 발전에 대한 전망을 더 많이 보여주지 않는가 하는 이유를 분명히 알 수 있다. 다음의(즉 앞의) 글에서, 우리 사회가 야만인, 속물, 우중으로 나뉜 양상을 보게 될 텐데, 미국은 야만인이 완전히 빠져버리고 우중이 거의 빠져버린, 우리 자신이라고 할 수 있다. 이로써 속물이 이 나라의 거대한 부분이 되는데, 우리 속물보다 더 활발한 종류의 속물이고, 우리 야만인의 압박과 그릇된 이상이 제거되어 있는 대신 완전히 각자에게 맡겨져 얼마든지 자기 내키는 대로 할 수 있다. 그리고 영국 속물주의의 가장 강하고 가장 핵심적인 부분이 청교도적이고 헤브라이즘적인 중간계급이며 이 같은 헤브라이화하기가 교양과 전체성을 얻지 못하게 하고 있다면, 합중국의 인민은 이 중간계급에서 나와서 그 경향들 ─ 인간의 정신적 범위와 인간에게 필요한 한 가지에 대한 이 계급의 편협한 관념 ─ 을 재생산하는 것으로 악명이 높다. 메인에서부터 플로리다까지 그리고 그 거꾸로도, 미국 전체는 헤브라이화한다. 읽은 것만으로 한 국민에 대해서 말하기는 어렵겠지만, 그렇게 말해도 크게 항변을 받을 일은 없지 않나 생각한다. 내 말은, 합중국에서 인간의 무슨 정신적인 면이 일깨워져 활발해지는 일이 있다면, 그것은 일반적으로 종교적인 면, 그것도 좁은 방식의 종교적인 면이라는 것이다. 사회 개혁자들은 모세(Moses)나 성 바울로에게서 원리를 찾으려 하지 어디 찾아갈 만한 다른 곳이 있다는 생각조차 하지 않는다. 학교와 대학에 있는 진지한 젊은이들이 구원을 대하는 방식도 그러하다. 구원이란 우리 내부의 여러 면을 남김없이 기를 때에만 얻을 수 있는 조화로운 완성이라 할 수 있는데, 이들은 옛 청교도식으로 구원을 이해하고 과거의 잘못된 방식으로 여기에 열정적으로 달려든다. 이 방식이야 우리가 너무 잘 아는 것으로, 최근 해먼드 씨 같은 미국 부흥운동가가 스퍼전 씨의 예배당에서 우리의 기억을 새롭게 한 바 있다.[36]

자, 만약 미국이 이렇게 잉글랜드나 독일보다도 더 헤브라이화한다면, 종교적 국교의 부재가 그것과 큰 관련이 있다는 것을 누가 부정할 것인가? 우리는 국교가 우리 자신의 환상이나 감정 바깥과 위에 인간 정신의

---

36) 해먼드(Edward Payson Hammond, 1831~1910): 미국의 장로교파 복음주의자로 1868년 11월 스퍼전의 성전에서 아이들을 위한 일련의 부흥집회를 열었는데, 취향(taste) 면에서 많은 반대를 불러일으켰다.

역사적 삶이 존재한다는 의식을 일깨우는 경향이 있다는 것, 우리가 길러야 할 새로운 면과 동감을 제시하는 경향이 있다는 것, 나아가서 우리 자신의 종교 형태를 창안하고 그것을 위해 싸워야 할 의무로부터 우리를 구원함으로써, 우리가 여유있고 침착하게 우리의 종교관 자체를 바로잡고,—가장 압도적인 목표이자 가장 거창한 목표이기도 한데—, 필요한 한 가지에 대한 우리의 애초의 거친 생각을 보완하고 확충해나갈 수 있게 해준다는 것을 보아왔다. 그러나 누구나 자기 자신의 종단과 규율을 선택하고 또 그것을 위해 싸워야 하는 그런 진지한 국민에게는 이런 비본질적인 문제에 대한 말다툼이 그의 마음을 차지한다. 필요한 한 가지에 대한 그의 애초의 거친 생각은 정화되지 않고, 그의 내부의 전체적인 정신적 인간을 침노하고, 하나의 고립을 만들어내고는 그것을 천상의 평화라고 부른다.

미들랜드 지역의 한 도시에 사는 비국교도 제조업자가 생각나는데, 그의 말로는 자기가 수년 전 처음 그곳에 왔을 때 거기에는 비국교도가 없었으나 그가 거기에 독립교회 예배당[37]을 세우자 이제 국교회와 비국교도는 서로 날카롭게 대립하면서 아주 동등하게 양분되었다는 것이다. 나는 이것이 딱한 일로 보인다고 말했다. "딱한 일이라고요?" 하고 그는 소리쳤다. "천만의 말씀을! 이 충돌로 생겨나는 이 모든 열정과 활동을 한번 생각만이라도 해보시지요!" "아, 그렇지만, 여보시오" 하고 나는 대답했다. "당신이 지금 놓칠세라 꼭 붙들고 있는 그 모든 난센스를 한번 생각만이라도 해보시지요. 요 몇 년 사이에 거기서 당신 적들과 충돌하지 않았더라면 그런 난센스를 그렇게 붙들고 있지는 않았을 거 아니겠

---

37) 독립교회는 영국 프로테스탄트의 한 파로, 국교회에서의 독립성을 내세우는 교파. 회중주의 또는 조합주의라고도 알려져 있다.

소!" 국민이 더 진지하면 할수록 그리고 종교적인 면이 더 두드러지면 질수록 종교적인 면의 위험도 더 커진다. 그런 국민은 종교적인 면을 위한 형태를 선택해내고 지켜내려고 싸우게 되어 있으니까. 즉 종교적인 면이 다른 정신적인 면을 모두 삼켜버리고, 부풀고 퍼져나가서 후자들에게 돌아가야만 했을 영양분을 모두 가로채서 흡수하며, 우리 속에서 헤브라이즘이 날뛰고 헬레니즘은 짓밟히게 만드는 것이다.

교양, 전 존재의 조화로운 완성, 우리가 전체성이라고 부르는 것은 그래서 아주 이차적인 문제가 된다. 그리고 이를 개발해야 하는 기관들조차도 자유로운 종교 공동체들이 취하는 것과 동일한 편협하고 파당적인 관점을 취한다. 비처 씨나 노이스 수사의 자유 교회들이 그것들의 지방주의와 중심성의 결핍으로 종교에서 완성된 인간이 아니라 단지 헤브라이즘파를 만들어내는 것과 꼭같이,[38] 코넬(Ezra Cornell)의 대학은 그의 대인다운 풍모를 보여주는 고귀한 기념비라고 하겠으나, 교양이 진정 무엇인지를 아주 잘못 이해하고 있어서[39] 광부나 기술자나 건축가는 산출할 것 같아도 단맛과 빛은 전혀 나올 것 같지 않다.

따라서 화이트 씨가 자신이 잉글랜드에 대해서 했던 것과 같은 종류의 질문을 미국에 대해 하고서, 미국에서는 종교적 국교화가 없어도 고급스

---

38) 비처(Henry Ward Beecher, 1813~87): 미국 설교사. 노이스(John Humphrey Noyes, 1811~86): 오나이다 공동체(Oneida Community)의 설립자며, 자유 연애 원칙을 퍼뜨린 사람이다.

39) 코넬 대학교는 1865년 4월 27일 뉴욕의 지사가 서명한 법령에 따라서 세워졌다. "주된 목적은 여러 가지 삶 추구와 직업에서 산업계급의 교양적이고 실제적인 교육을 증진하기 위해서, 군사전략까지 포함하여 농업과 기계적 기술에 관련된 그런 학문 분야를 가르치는 것이 될 것이다. 그러나 과학과 지식의 다른 분야는 이사회가 유용하고 적절하다고 생각하는 경우에 대학에서 가르친다거나 조사하게 될 것이다." 비숍(Morris Bishop), 『코넬의 역사』(A History of Cornell, Ithaca, N.Y., 1962), 68쪽. 대학은 1868년 10월에 문을 열었다.

런 국민 생활을 위해 이곳에서만큼은 이룬 것이 아닌가 알고 싶으시다면, 우리는 전에 한 것과 똑같은 답변을 하는 바다. 그만큼 이룬 것은 아니라고. 왜냐하면 성경과 신문을 읽을 수 있게 국민을 일깨우고 자기들의 일에 대한 실제적인 지식을 얻게 하는 것은, 진정한 의미에서의 교양만큼 한 나라의 고급스런 지적 정신생활에 기여하지는 않기 때문이다. 그리고 르낭 씨의 말에서도 알 수 있듯이, 미국이 제대로 못하는 것이 바로 이 교양에 대한 진정한 이해라고 할 것이다.

정신성과 단맛과 빛이 온통 헛소리라고 생각하는 많은 사람에게 이는 그다지 중요한 것처럼 보이지는 않을 것이다. 그러나 우리에게 그것은 비중이 크다. 정신성과 단맛과 빛을 높이 보고 현재 우리의 거북함의 많은 부분이 그것들의 결핍에서 비롯하는 것임을 우리는 익히 알고 있기 때문이다. 그래서 우리는 비국교도들이 지방성을 가졌고 종교적 국교화의 결핍으로 전체성을 상실했다고 말할 뿐 아니라, 그들이 자기네의 주장을 뒷받침하기 위해 내세우는 바로 그 사례부터 그들의 주장에 반한다고 말하는 것이다. 그리고 그들이 의기양양하게 종교적 국교화 없는 미국을 예로 내세우는 때, 그 나라는 위대하고 전망이 양양한데도 우리가 영국 비국교도에게서 근절하고자 하는 저 지방성에 온통 침윤되어 있다고 말하는 것이다.

그러나 이제 교양이 우리에게 가르치는 저 사심 없음을 명시하자. 우리는 청교주의에서 그 구석진 조직에서 생성된 편협함을 보아왔으며, 청교주의를 국민 생활의 주된 흐름과 더욱 접촉하게 함으로써 그런 편협성을 치유할 것을 주장한다. 여기서 우리는 웨스트민스터의 수석사제[40]

---

40) 아널드의 부친 토머스 아널드(Thomas Arnold)가 교장으로 있던 럭비 학교 학생이던 스탠리(Stanley)로, 1864년 1월 웨스트민스터의 수석사제가 되었다.

와 완전히 일치한다. 그리고 사실상, 그와 우리는 같은 학교에서 훈련받아 청교주의의 편협함을 찾아내고 그것을 치유하기를 원하게 되었다. 그러나 그를 비롯한 분들은 단지 현재의 영국 국교회에 가능한 한, 말하자면 가장 광교회적인 성격[41]을 부여하는 경향이 있는 듯하다. 이미 국교회의 의식서들에 명백히 존재하는 다양한 경향과 원리를 이러한 목적에 쓰는 것이다. 그러고 나서 그들은 청교도들에게 말한다. "여러분 모두 이처럼 폭넓고 자유롭게 이해된, 영국 국교회로 오라"라고. 그러나 이렇게 말하는 것은 아마도 역사의 과정도 충분히 설명하지 못하고, 종교 문제에서 인간의 감정의 힘도 충분히 설명하지 못하며, 종교 종단과 규율의 문제에만 유독 중점이 가 있다는 점도 충분히 설명하지 못한다. 화이트씨는 "정부 교회 후견제도에 착잡하게 얽힌 전체적인 부정과 불법의 일소"에 대해서 말할 때, 직위 때문에 어쩔 수 없이 그리 했겠지만 별로 알맹이가 없는 그런 언어를 사용한다. 그러나 그가 종교적 공동체들이 "자신의 문제를 다루는 일에서 회중의 힘을 확보하기 위해 300년동안 싸워왔다"고 말하는 때에, 그는 역사를 이야기한다. 그리고 그의 언어의 배후에는 우리의 광교회 교인(Broad Churchmen)들의 광교회주의를 착각에 지나지 않는 것으로 만드는 사실이 깔려 있다는 것이 나의 생각이다.

분명 교양은 우리가 국교회 규율에서 후커[42]의 표현대로 "장로라는 대중적 권위"를 가지는지 아닌지 또는 감독적인 관할권을 가지는지 아닌지가 종교의 본질이라고 생각하게 하지는 결코 않을 것이다.[43] 분명

---

41) 광교회파(the Broad Church)란 19세기 영국에서 있었던 일파로, 의식, 신앙, 규칙 등을 자유로운 관점에서 광의로 해석하거나 널리 포교하기 위해서 교인의 자격을 완화했다.

42) 후커(Richard Hooker, 1554~1600): 영국의 저술가, 신학자. 그의 설교를 정리한 『교회 조직』은 영국 국교회의 신학적 기초가 되었다.

43) 장로교는 '장로'(Presbyter)가, 감독교회는 '감독'(Bishop)에게 관할권이 있다.

후커 자신은 그것을 본질적인 것이라고 생각하지는 않았다. 그의 『교회
조직』(Ecclesiastical Polity)에 부치는 헌사를 보면 이 위대한 작업을 할 계
기를 마련해준 교회-규율에 대한 이러한 물음을 두고, "실로 거의 대개
가 아주 어리석은 질문이고, 너무 쉬운 질문이다 보니 진지한 논란의 대
상이 되기조차 어려운 것"이라고 말하는 것이다. 잉글랜드 국교회의 질
서와 기율을 비난하는 사람들에 맞서는 후커의 위대한 저작이 씌어진
것은(이 책을 읽은 이들 중 많은 사람들이 이를 제대로 파악하지 못했는데),
감독주의가 본질적이어서가 아니라 그것을 비난하는 사람들이 장로주
의가 본질적이며 감독주의는 죄악이라고 주장했기 때문이다. 어느 한쪽
도 본질적이거나 죄스런 것은 아니며, 이 둘 다 옹호하는 말을 얼마든지
할 수 있을 것이다. 그러나 지적해두어야 할 것은, 양자 모두 종교개혁에
서 잉글랜드 국교회에 속해 있었는데, 장로주의는 점차적으로 밀려났을
뿐이라는 점이다. 우리가 후커를 언급했지만, 후커 자신의 경력에서 다
음 사건만큼 방금 주장한 것을 입증해주는 것이 없을 것이다. 월턴[44]의
『후커의 생애』에 기술되어 있기 때문에 누구나 읽었지만, 그 중요성을
완전히 파악한 사람은 읽은 사람들 가운데서도 극소수뿐이지 않을까 싶
다.

후커는 휫기프트(John Whitgift) 대주교의 영향력으로 1585년에 템플
교회의 주목사(Master of the Temple)로 임명되었다. 그러나 처음에는 당
시 명성이 자자하던 트래버스인지 하는 사람 — 지금은 그의 이름이 남
은 것은 오로지 후커 덕분이지만 — 에게 그 자리를 주려는 노력이 대단

감독교회는 잉글랜드 국교회나 감리교처럼 '감독'제도가 있는 교회들이다. '장
로'는 대체로 평신도 회중이 민주적으로 선출한다면, '감독'은 하향식으로 임
명된다.
44) 월턴(Isaac Walton, 1593~1683): 영국의 수필가, 전기작가.

했다.[45] 이 트래버스는 그때 템플 교회의 오후 설교자였다. 주목사였던 앨비는 죽음을 눈앞에 두고 자신의 죽음으로 주목사 자리가 공석이 되게 되자 임종하기 전에 자기의 후계자로 트래버스를 추천했다. 템플 교회협의회는 트래버스에게 우호적이었고, 그는 재무장관 벌리(Burghley)의 지지를 받았다. 후커가 주목사의 자리에 임명되었지만, 트래버스는 오후 설교자로 남아서 후커가 오전에 설교한 교리에 대해 오후마다 맞섰다. 그런데 이 트래버스는 원래 케임브리지의 트리니티 칼리지의 펠로우였다가 나중에 템플의 오후 설교자가 되었으며, 견해가 일치한다고들 하던 전임 주목사에게 주목사 자리에 추천받았다. 또 템플 교회협의회가 선호하고 수상이 지원한 인물인데, 감독교파에서 성직을 수여받은 목사는 전혀 아니었다. 그는 장로교도로 당시 쓰던 표현으로 제네바 교회규율[46]의 열성분자였고, 월턴의 말로는 "안트베르펜의 장로들 덕분에 성직에 앉게 되었다". 또 다른 곳에서 월턴은 그의 성직에 대해서 훨씬 더 자세히 밝혔다. 그는 말하기를 "그는 영국 국교회·감독교회와의 관련을 부인하고 제네바로 갔다가 나중에 안트베르펜으로 가서 빌러스와 카트라이트[47]를 비롯해 그곳 회중의 우두머리들에게 목사로 안수되었고, 그

---

45) 트래버스(Walter Travers): 당시 런던의 유서 깊은 교회 템플의 부목사로, 1585년 전임 주목사 앨비(Alvey)의 후임으로 추천되었으나, 그의 칼뱅주의적인 성향을 우려한 엘리자베스 여왕이 이를 받아들이지 않았다. 대신 옥스퍼드의 후커가 임명되었으며 이후 템플 교회는 오전에는 국교회적인 후커가 설교하고 오후에는 칼뱅주의적인 트래버스가 설교하는 진풍경이 벌어졌다. 이를 '설교단 전투'(Battle of the Pulpit)라고 부른다.

46) 제네바는 칼뱅의 프로테스탄트 운동의 본거지로, 장로교회는 칼뱅주의에 입각해서 형성되었다.

47) 빌러스(Rev. Diedrich Villers)로 추정. 빌러스는 스코틀랜드의 개혁적인 목사다. 카트라이트(Thomas Cartwright, 1535~1603): 케임브리지의 청교도 지도자 가운데 한 사람으로, 장로교파의 이론적 기반을 세운 인물이다.

래서 그 규율에 대해서 더욱 확신을 가지고서 다시 돌아왔던 것이다." 빌러스와 카트라이트도 그와 유사하게 당시로서는 아주 일반적이었던 영국 국교회 내의 장로주의의 사례다. 그러나 영국 국교회에서 장로주의의 존재를 가장 생생하게 전하는 것은 바로 트래버스와 관련된 이 이야기일 것이다. 그것은 지금[48]이라면 마치 비니 씨[49]가 링컨스인이나 템플에서 오후 봉독자 자리를 차지하고 있다가 평의원들과 수상의 지지를 얻어 주목사 후보가 되었는데, 여왕에게 마침 영향력이 있던 캔터베리의 대주교가 다른 후보를 내세워서 그 자리를 놓치고 마는 격이다.

회중 자신이 자신의 문제를 처리하는 힘이 있다는 민중적 원칙을 가지고 있던 장로주의는 영국 국교회에서 밀려났고, 트래버스 같은 사람들은 이제 설교단에 나타날 수 없다. 아마도 만약 엘리자베스의 정부 같은 정부, 세실 부자[50] 같은 세속적 정치인과 휫기프트 같은 성직 정치인이 있는 그런 정부가 연장될 수 있었더라면, 장로주의는 양보와 강경을 현명하게 섞어가면서 국교회에 흡수되었을지도 모른다. 이런 종류의 문제에 대한 판단이 아주 분명한 불편부당한 증인인 볼링브룩 경[51]은, 거의 읽히지 않은 자신의 저서 『영국사 논평』(*Remarks on English History*)에서 이렇게 말한다. "엘리자베스 여왕 시대에 추구된 조치와 지켜진 기질은, 느

---

48) 1869년-저자.
49) 비니(Thomas Binney, 1798~1874): 아널드가 이 서문을 쓰던 당시 조합주의파 목사들 가운데 가장 널리 존경받던 사람으로, 그 명성이 미국과 식민지들에도 퍼졌다. 잉글랜드와 웨일스의 조합파 연합(Congregational Union)의 장을 두 번 지냈다.
50) 유명한 정치인 집안으로, 엘리자베스 여왕 재위시 재무장관을 지내고 영국 국교회를 세우는 데 큰 몫을 한 세실(William Cecil, 1520~98, 벌리 경)과 부친의 자리를 이어받은 세실(Robert Cecil, 1563~1612, 솔즈버리Salisbury 경)이 유명하다.
51) 볼링브룩(Henry Saint John Bolingbroke, 1678~1751): 영국의 정치가, 저술가.

리고 부드럽고 또 바로 그 때문에 효과적으로 종교적인 적대를 완화하는 경향이 있었다. 심지어는 비국교도들의 열정의 첫 불길이 지나갔을 때, 국교회와 합리적인 조건으로 연합하는 것이 광신주의에 취하지 않은 그런 사람들에게 받아들여질 여지조차 있었다. 이들은 비록 질서에 대해서 논란을 벌였지만 그 질서의 친구였다. 만약 칼뱅의 규율을 지지하던 이 친구들이 국교회와 일단 통합되었다면, 남은 종파들은 수에 있어서나 평판에 있어서나 별로 비중이 없어졌을 것이다. 그리고 이 친구들을 얻는 데 적절했던 수단이 이 친구들이 늘어나는 것을 가로막았고 또 그사이에 다른 종파들이 늘어나는 것도 가로막는 데 똑같이 큰 효과를 보았던 것이다." 스튜어트 가의 기질과 오판으로 이런 종류의 정책은 모두 파산했다. 그렇지만 클래런던은 초기에 한하기는 하지만 스튜어트 시대에 대해서까지 말하면서, 만약 앤드루스(Lancelot Andrewes) 주교가 밴크로프트(Bancroft)를 승계하여 캔터베리를 맡았다면, 분리주의자들의 이반(離反)은 중지되고 치유되었을지도 모른다고 말한다.[52] 그렇지만 그리 되지는 않았다. 그리고 장로주의는 몇 년 동안 가장 강한 자의 법을 행사한 이후에, 찰스 2세(Charles II) 치하에서 자기 자신이 이 법 때문에 고통을 겪었고, 마침내 영국 국교회에서 쫓겨나게 되었다.[53]

---

52) 클래런던(Edward Hyde, Earl of Clarendon, 1609~74): 정치가이자 역사가. 『반역의 역사』(History of the Rebellion and Civil Wars in England, Oxford, 1849)에서 클래런던은 앤드루스와 분리주의자들의 화해를 가정한 것은 아니고, "'제네바의' 감염은 '국교회'에서 쉽게 없애버릴 수도 있었을 터이며 나중에는 쉽사리 추방되지 않았을 것"이라고 했다. 분리주의(Separatism)는 프로테스탄트 교파 가운데 영국 국교회에서 분리하자고 주장하는 것이다.

53) 클래런던 코드라고 불리는 국교회 강화법들, 예를 들어 잉글랜드와 웨일스의 모든 목사가 국교회의 기도서를 사용해야 한다고 규정한 통합령(the Act of Uniformity, 1662)이 찰스 2세의 왕정복고 이후 시행되어 장로교파는 점차 국교회에서 밀려나게 되었다.

하여튼 장로주의와 감독교회주의 사이에 문제되는 교회규율의 논점은 앞에서 말한 것처럼 본질적인 것은 아니다. 그 논점은 한때 어떤 의미에서는 완전히 감독주의 편으로 거의 낙착되었을지도 모른다. 그 자체로는 본질적인 것이 아니었다 해도 뭔가 이렇게 낙착될 수밖에 없는 정황이 자기 시대에 있었다고 생각하는 점에서는 후커가 옳았을지도 모른다. 그러나 그 당시에는 그렇게 낙착되지는 않았고, 간극이 계속되고 또 넓어진 것이며, 비국교도들은 국교회와 우애롭게 통합하지 못하고 격렬하게 거기에서부터 추방되어버렸다는 바로 그런 사실 때문에, 그 정황이란 것이 지금은 완전히 바뀌어 있다. 열렬한 국교회파인 월턴은 "비국교도들의 원칙이 마침내 너무 높이 솟아나고 또 너무 과감하게 분출하여, 국교회와 국가는, 생명과 사지(四肢)의 상실 외에도 혹 혼란이나 혼란의 위험스런 결과를 막기 위해서 나온 것이 아니었다면 어떤 변명의 여지도 주지 않을 다른 엄격한 조치를 취하지 않을 수 없게 된 것"이라고 불만을 토로한다. 그러나 바로 그런 엄격한 조치들이 이번에는 감독교회파적인 발판 위에서의 결합을 불가능하게 했다. 게다가 장로주의, 즉 장로들의 민중적 권위와 회중이 자기 자신의 일을 처리할 때 가지는 힘은 성서와 초기 기독교 교회들이 보증해주는 바로 그것이며, 종교개혁을 이룩했고, 이 나라에서 큰 힘을 가지고 있는 프로테스탄티즘의 정신과 너무나 일치하고, 다른 개혁 교회들의 실행에서 너무나 지배적이기 때문에 장로주의를 억누르는 어떤 해결일지라도 진정으로 영구적일 수 있을지, 그것이 계속하여 나타나서 분란을 초래하지나 않을지 의심하지 않을 수 없게 한다.

자, 그러면 교양이 인간의 완성을 추구하는 사심 없는 노력이라면, 국교회인들을 비국교도들과 똑같이 지방적으로 만듦으로써가 아니라 예전에 국민적 교회에 존재했고 국민 대부분의 감정과 실천 속에 지금도 존재하는 저들의 민중적인 교회규율을 국민적 교회 속에 다시 한 번 나타나게 함으로써 비국교도들의 지방주의를 치유하려는 생각이 들게 하지 않겠는가? 그리하여 비국교도들도 그들의 한층 위대한 조상들이 그러했듯이 국민 생활의 주된 흐름과 다시 접촉하려는 생각이 들게 하지 않겠는가? 교회 경영에서 회중의 몫이라는, 본질적이지는 않지만 주목할 만하고 이 중요한 원칙에 바탕을 둔 장로교회는— 그 우두머리가 감독교파의 우두머리와 동등한 지위를 차지하고, 후견제와 우선권의 개정된 체계[54] 아래 목사들이 녹을 받게 하면서,— 왜 감독교회와 나란히 국교화가 되면 안 되는가? 프랑스와 독일에서 칼뱅파와 루터파 교회가 나란히 국교화되어 있듯이. 이런 장로교회라면 현재 분리주의자들인 프로테스탄트의 중심을 이루는 부분을 결합하게 될 것이고, 분리가 그들의 종단의 법이 되는 것을 멈출 것이다. 그리하여— 진짜 중요한 차이점을 이처럼 양보함으로써— 별로 중요하지 않은 차이점 때문에 발생하는 구석진 교회들로의 저 끊임없는 분열, 분리주의가 비국교도의 종교적 존재의 첫째 법칙인 한 지배하게 마련인 저 분열이 저지될 것이다. 그리하여 오랫동안 교양은 감독교적인 관할권의 추종자들 가운데 자리 잡아 왔는데, 이제 장로의 민중적 권위에 대한 영국 추종자들 가운데서도 자리 잡게 될 것이다. 그리고 이를 획득하기 위해서는 한때 개혁된 국민적 국교회에 나타났고 또 앞으로도 엄연히 나타날 자격이 있는 중요하고 국민적인 그런 요소를 지각하고 규칙화하고 회복하는 것만으로 충분할 것이다.

그래서 교양은 비국교도들의 물신을 숭배하지 말라고 명하지만 그렇

---

54) 후견제(patronage)와 우선권(preferment)은 교회 재산 사용과 성직의 임명권 등의 권리를 말한다.

다고 이것이 비국교도들한테 부당하게 굴어도 된다는 소리는 절대 아니다. 심지어 교양은 한 걸음 더 나아가서 비국교도들 자신이 감히 주장하려는 것보다 더 많은 것을 그들을 위해서 하자는 제안까지 하기도 한다. 또한 교양은 그들의 믿음에서 견실하고 존중할 만한 것을 존경하게끔 우리를 이끈다. 인간 정신은 표현할 수 없는 것을 형식을 통해서 표현하려 애쓰고 또 형식을 통해 숭배하려 애쓰지만, 그런 형식이, 이미 말한 것처럼 완성을 추구하는 사람들에게 필요하거나 영구적인 것을 지니고 있지도 않고 또 지닐 수도 없다. 비록 신약과 원시 기독교도들의 실행이 교회정부라는 대중적 형식을 실제보다 천 배 더 명백하게 공인해준다 해도, 비록 콘스탄티누스 이래의 교회가 지금 그렇게 여겨지는 것보다 천 배 더 원시 기독교의 구도와 멀어져 있다 해도, 자구(字句)에 구속되어 있는 사람들이 생각하듯이 교회정부라는 대중적 형식이 유일하고 늘 성스럽고 구속력 있는 것이 되지도 않고 콘스탄티누스의 업적이 유감스러운 것이 될 리도 없다.[55]

인간에게 유일하고 늘 성스럽고 구속력 있는 것은 전체적인 완성을 향해 나아가는 일이다. 그리고 이 완성을 위해 그가 사용하는 기계 장치의 가치는 완성을 추구하는 데 얼마나 도움이 되는지에 따라 달라진다. 기독교를 심은 사람들은 유대와 그리스 양자의 인간 생활과 성취의 깊고 풍성한 토양에 뿌리를 박고 있었다. 따라서 강력한 움직임과 변화를 동반하는 저 모든 격렬한 영감 가운데서도 상대적으로 굳건하고 폭넓은 토대를 갖췄다. 그들의 강한 영감은 인간을 유대건 그리스건 삶과 문화의 낡은 토대에서 벗어나게 했고, 그리하여 양쪽 세계 어디에도 뿌리를

---

55) 콘스탄티누스(Constantinus)는 313년에 밀라노 칙령(Edict of Milan)을 반포하여 기독교를 허용했고, 325년에 니케아 종교회의(Council of Nicaea)를 소집해 교회 통합에 힘을 실어주었다.

가지지 않고 따라서 인간 생활의 충만하고 거대한 흐름과 전혀 접촉하지 않은 세대가 대두한 것이다. 4세기의 변화 같은 그런 변화가 없었다면,[56] 기독교는 설립자들이 떠난 뒤의 영국 비국교 교회들처럼 수많은 구석진 교회로 망실되었을지도 모른다. 위대한 인물도 없고 인간의 한층 높은 삶에 대한 증진도 없는 그런 교회들로. 결정적인 순간에 콘스탄티누스가 나타나 기독교를—아니 차라리, 그 전체성이 위험에 빠지게 된 인간 정신을—인간 생활의 주된 흐름과 접촉하게 했다. 그리고 그의 업적은 이후 맺어진 열매로 확인되었으니, 아우구스티누스와 단테 같은 사람들을 낳고 또 가톨릭이든 프로테스탄트든 그 이래의 기독교의 모든 위인을 낳았던 것이다.

그리고 이 이상의 이야기도 할 수 있다. 늘 흥미를 주는 종교적 글을 내놓는 레빌 씨[57]는, 교양있고 철학적인 유대인이 기독교와 그 창립자[58]에 대해서 현재 하는 생각이 필경에는 기독교도들 자신의 생각이 될 것이 거의 분명하다고 한다. 소키누스파는 기독교에 대한 소키누스적인 생각에 대해서 똑같은 말을 하기를 좋아한다.[59] 설혹 이것이 사실이라 할지라도, 지난 1800년 동안 한 인간이 유대인이나 소키누스파가 되기보다 기독교인이자 커다란 기독교 종단 가운데 하나의 구성원이 되는 것

---

56) 콘스탄티누스 대제가 기독교를 인정한 사건을 지칭한다.

57) 레빌(Albert Reville, 1826~1906): 프랑스의 신교 신학자이자 역사가.

58) 즉 예수 그리스도를 지칭한다. 기본적으로 유대교는 예수를 메시아로 인정하지 않는다.

59) 소키누스파(Socinians)는 이탈리아의 파우스투스 소키누스(Faustus Socinus, 1539~1604)와 라일리우스 소키누스(Laelius Socinus, 1525~62)를 창시자로 하는 교파로, 삼위일체설과 그리스도의 신성이나 원죄 따위를 인정하지 않고, 그리스도는 기적적으로 탄생한 인간으로서 그 여러 가지 덕을 인정하는 자만이 구원을 얻는다고 주장한다. 영국으로 전파되어 유니테리언 교파로 알려졌으며 박해를 받았다.

이 역시 더 나을 것이다. 왜냐하면 인간 생활의 주된 흐름과 접촉한다는 것은 자신의 전체적인 정신적 성장을 위해, 그리고 그에게 부여된 천품을 완성하기 위해서— 이것들이야말로 이 지상에서의 인간의 임무인데— , 그가 지니고 있거나 지니고 있다고 생각하는 어떤 이론적인 견해보다도 더욱 중요하기 때문이다. 우리는 루터를 천재 속물이라고 불러왔는데,[60] 속물이기 때문에 정신적 감수성이 조악하고 결핍되어 제자들에게 해를 끼쳤지만, 천재이기 때문에 눈부시게 빛나는 정신적 통찰을 발휘하기도 했다. 「다니엘서」에 대한 그의 논평에는 다음과 같이 멋진 구절이 있다. "신은 인간의 가슴이 신뢰, 믿음, 희망, 사랑으로 거주하는 그것일 따름이다. 그 거주가 올바르다면 그때 그 신도 올바르다. 그 거주가 잘못이라면 그때는 그 신도 헛것이다." 다른 말로, 신과 종교적 목적에 대한 한 인간의 생각이 어떤 가치를 가지느냐는 것은 그 인간이 누구인지에 달려 있다. 그리고 그 인간이 누구인지는 그가 완전하고 전체적인 인간의 척도에 어느 정도 도달했는지에 달려 있다.

교양은 완성이라는 목표를 가지고 사물을 실제 있는 그대로 보려고 사심 없이 노력하면서, 인간의 종교적인 면이 인간의 전체는 아니지만 얼마나 가치 있고 신성한 것인지 우리에게 보여준다. 그러나 교양은 인간의 종교적인 면의 장엄함을 깨닫고 있지만, 다른 한편으로 우리가 인간의 전체성을 그릇되게 이해하는 것을 피하게 해준다. 따라서 교양은 인간의 종교적인 면의 가치와 장엄함에 대해 인간의 전체성에 대한 찬사

---

60) 『켈트 문학의 연구에 대해』에서 문체의 특성에 대해 논의하는 가운데, 루터는 혈기왕성한 성격으로 '용감하고 단호하고 진실된'(brave, resolute, and truthful) 힘이 있으나 이와 함께 늘 '조악함과 천함의 강한 표출'(a strong dash of coarseness and commonness)이 동반된다고 한다. 힘은 넘치나 고귀한 품격은 없으니 그런 점에서 '천재 속물'(a Philistine of genius)이라고 하는 것이 옳다고 한다.

를 제외하고는 어떤 찬사라도 즐겁고 기꺼이 바친다. 국민 생활의 주된 흐름과의 접촉이 아무 가치가 없음이 판명되지 않는 한(그런데 우리는 이것이 매우 가치 있는 것임을 보여준 바 있다), 우리는 비국교도들에게 즐거움을 줄 수 있을 문제에서 가능한 한 좋게 넘어가려고 아무리 노력해도, 비국교화와 분리에 대한 그들의 원칙까지 아무 상관없네 하고 받아들일 수는 없다.

또 교양은 사심 없는 자세로, 아일랜드에서 인간적 완성의 목표는 로마 가톨릭과 장로교회를 영국 국교회와 더불어 국교로 만듦으로써—다시 말해 국민 생활의 주된 흐름과 접촉하게 함으로써—가장 잘 수행될 수도 있다는 점도 알고 인정해야 할 것이다. 교양은 이런 방식이 이성과 신의 의지를 널리 퍼뜨리기 위해 진정으로 일하는 길임을 알고 인정할 수 있다. 왜냐하면 우리는 로마 가톨릭들을 더 나은 시민으로 만드는 일을 해야만 하고 프로테스탄트들과 로마 가톨릭 양자를 더 마음이 넓고 더 완벽한 인간으로 만드는 일을 해야만 하기 때문이다. 이와 같은 계획에 커다란 어려움이 있을 것은 말할 것도 없고, 실상 채택될 성 부르지도 않다. 영국 국교도는 여기에 찬성하려면 자신의 일상적 자아를 넘어서야 한다. 그리고 비국교도는 분리주의라는 물신을 너무 오래 숭배해온 탓에 에브라임처럼 '홀로 처한 들나귀'[61]로 남고 싶어하는 것 같다. 이것은 현재와 같은 도구적인 정치인한테 맞는 계획이 아니라, 엘리자베스 시대처럼 창조적인 정치인의 시절에 맞는 계획이다. 권력의 중심이 지금처럼 되어 있는 한, 우리 정치인은 행동해야만 하는 때가 되면 그들이 그 지지에 의존하는 사람들의 통상적 자아로 일하려 하고, 그 통상적 자

---

61) 「호세아서」, 8장 9절. 우상을 숭배하여 여호와의 노여움을 사는 에브라임에 대한 묘사 중에서.

아의 욕망을 자신의 것으로 채택하려 하고, 성실하게 그리고 심지어 되도록이면 열렬하게 그 욕망을 섬기려는 갖은 유혹에 시달린다. 그들에게는 이것이 훨씬 쉬운데, 왜냐하면 공동체의 어느 커다란 분파의 통상적 자아의 욕망들을 국민 정신의 칙령이자 인간 발전의 법칙이라고 부르고 거기에 일반적이고 철학적이며 당당한 표현을 부여할 사상가들은 부족하지 않고 또 결코 부족할 일이 없을 것이기 때문이다. 따라서 우리가 제시해온 것과 같은 그런 계획은 국교화에 대한 비국교도들의 반감의 힘으로 아일랜드 교회를 폐지하려는 계획 같은 그런 동의를 얻어낼 법한 계획으로 보이지는 않는다.

그러나 비록 교양은 비록 우리 자신의 것일지라도 기계 장치에 무턱대고 매달리지 않게 하지만, 따라서 우리는 완성이 그런 기계 장치 없이 도달할 수 있음을 기꺼이 인정하지만,─국교화된 교회들과 마찬가지로 자유 교회들에서도 그리고 창조적인 정치인과 마찬가지로 도구적인 정치인에서도─ 완성은 사물을 실제 있는 그대로 보지 않고는 결코 도달할 수 없다. 따라서 우리가 고수하는 것은 바로 이것이며, 그 어떤 이 세상의 기계 장치도 아닌 것이다. 인간은 평범한 것에 대한 그들의 타고난 취향을 숭고한 것에 대한 입맛으로 오인해서는 안 된다는 것이 우리의 주장이다. 그런 오인이 일어날 소지는 크지만. 그리고 만약 정치인이 인민에게 평범한 것에 대한 그들의 취향이 숭고한 것에 대한 입맛이라고 한다면, 입에 발린 소리가 아니면 감정에 이끌려 하는 소리겠지만, 인민에게 그 반대를 말해줄 필요성이 더욱 커지는 것이다.

치명적인 것은 바로 이 점에 대한 착각이며, 교양은 이 착각을 깨뜨리기 위해 작용한다. 좀더 심각한 사회적 목표 대신에 자유무역, 선거권 확장, 교회세의 폐지를 위해 애쓰는 것은 우리 자유주의 친구들에게 치명적인 것은 아니다. 그러나 자기들에게 아부하는 자들의 말에 솔깃하여,

지금 우리의 사회적 조건에서 자기들이 지난 30년 동안 이러한 자유주의적 묘안에 오로지 몰두해옴으로써 위대하고 영웅적인 작업을 수행해왔다고 믿는 것, 그리고 자기들에게 올바르고 좋은 길은 미래에도 이와 유사한 것에 계속 몰두하는 것이라고 믿는 것은 치명적이다. 종교적 국교화도 높은 교양의 효과적인 중심도 가지지 않는 것은 미국인에게 치명적이지는 않다. 그러나 자기들에게 아부하는 자들의 말에 솔깃하여, 우리가 보았다시피 참되고 실질적인 의미에서의 지성이란 것이 유별나게도 모자라는 판에, 자기네가 세계에서 가장 지적인 민족이라고 믿는 것은 치명적이다. 국교에서 분리된 교회를 고수하는 것은 비국교도들에게 치명적인 것은 아니다. 그러나 자기들에게 아부하는 자들의 말에 솔깃하여 그들의 방식이야말로 신을 숭배하는 단 하나의 진정한 방식이며, 그것을 따른다 해서 지방주의와 전체성의 상실이 닥쳐온 것은 아니라고 믿거나 지방주의와 전체성의 상실이 나쁜 것이 아니라고 믿는 것은 치명적이다. 국교화에 대한 비국교도의 반감의 힘으로 아일랜드 교회를 폐지하는 것은 영국민에게 치명적인 것은 아니다. 그러나 거기에 아부하는 자들의 말에 솔깃하여 이 반감의 힘을 이용해서 그것을 폐지하는 것이 실상임에도 이성과 정의를 통해 그리하고 있다고 믿거나, 이성과 정의 자체의 정신이 아닌 다른 어떤 것에서 정의와 이성의 열매를 기대한다는 것은 치명적이다.

이제 교양은, 진정으로 치명적인 것이 무엇인지에 대해 예민한 감각을 가지고 있기 때문에, 치명적이지 않은 것에 대해서는 오히려 무관심해지기가 아주 십상이다. 그리고 기계 장치가 우리의 실제 정치의 오직 한 가지 관심사고, 우리에게 가장 필요한 것은 기계 장치가 아니라 내적 작용이기 때문에, 우리는 우리의 열정적인 젊은 자유주의 친구들에게 기계 장치에 대해서는 덜 생각하고 현재의 정치 무대에서 더 물러나서 우리와 더불어 내적인 작용을 증진시키려고 애쓰기를 거듭 충고한다. 그들은 우리 말에 귀기울이지 않고 정치 무대로 뛰어드는데, 그곳에서 그들의 미덕은 사실상 아직은 거의 인정받지 못하는 듯 보이고, 그래서 그들은 개혁된 선거구에 대해 불평하며 새 의회를 속물의회라고 부른다.[62) 마치 우리 국민처럼 그렇게 길러지고 자라난 국민이 속물의회 외의 무언가를 줄 수 있기라도 한 것처럼! 야만인 의회라고 그렇게 훌륭할 것이며, 우중 의회라고 그럴까? 우리로서는, 우리의 친애하는 옛 친구들, 헤브라이화하는 속물이 앞으로 일어날 것이 분명할 자신들의 최종적인 개종에 앞서 여호사밧 계곡에 세를 결집하는 것[63)을 즐거이 바라본다. 그러나 이 개종을 이루기 위해서 우리는 그들을 지금의 자리에서 몰아내고 그들과 기계 장치를 두고 다투려 해서는 안 되고, 그들에게 내적으로 작용하고 그들의 정신을 치유해야 한다. 그들은 쫓겨나야 할 만한 짓을 한 것도 아니고 쫓겨나지도 않을 것이다.

이스라엘의 날들은 무수하니까.[64) 그리고 교양은 헤브라이화하기를 탓하고 헬레니즘화하기를 기리는 가운데서도 그 유연성을 지키지 못해서는 안 되고, 교양이 기계 장치를 선호하거나 거부하는 것이 경과적이고 임시적인 성격임을 우리가 보아왔다시피 교양의 판단에도 같은 성격이 부여되어야 할 것이다. 현시기는 우리에게 바야흐로 헬레니즘화해야

---

62) 1867년의 개혁법 아래서 선출된 첫 의회는 1868년 가을에 아일랜드 교회의 비국교화 문제를 다시 다루었다. 글래드스턴의 자유주의자들이 의석 다수를 점했다.

63) 「요엘서」, 3장 1~14절. 여호사밧 골짜기는 유다 4대왕 여호사밧 때 이방 3개국 연합군을 극적으로 물리친 골짜기로, 하나님의 보호와 도우심을 상징한다. "사면의 열국아 너희는 속히 와서 모일지어다 여호와여 주의 용사들로 그리로 내려오게 하옵소서 열국은 동하여 여호사밧 골짜기로 올라올지어다 내가 거기 앉아서 사면의 열국을 다 심판하리로다"(11~12절).

64) 「집회서」, 37장 25절.

하는 시기며 알기(knowing)를 기려야 하는 시기다. 왜냐하면 우리는 너무 헤브라이화해왔고 하기(doing)를 과대평가해왔기 때문이다. 그러나 헤브라이즘에서 받은 습관과 기율은 우리 민족에게 영원한 소유물로 남아 있다. 그리고 인간이란 것이 워낙 그렇듯이, 오늘 그 습관과 기율에 2등의 자리를 부과한다면 내일은 1등의 자리를 복원해줄 각오를 하고 있어야 한다. 이를 분명히 하는 것으로 결론을 삼는다.

자기가 가진 빛으로 꿋꿋하게 걷는 것, 자기 자신에게 엄격하고 성실한 것, 말만 하고 행하지 않는 사람들의 일원이 되지 않는 것, 진지한 것—이러한 기율만이 자신의 삶을 스쳐 지나버리는 순간과 육체적 감각에 묶여 있지 않게 구출하여 고귀하게 하고 영원하게 할 수 있다. 그리고 이 기율이 헤브라이즘의 학교에서만큼 효과적으로 가르쳐주는 곳도 없었다. 구약과 신약 모두에서 헤브라이인은 강렬하고 확신 어린 에너지로, 의로움의 이상에 온몸을 던졌고 위대한 기독교적 미덕인 신앙에 대한 무쌍(無雙)의 정의—바라는 것의 실상이요, 보지 못하는 것들의 증거[65]—를 촉발했던 것이니, 그 이상에 바치는 이 에너지는 헤브라이즘에만 속해 있었다. 완성에 대한 우리의 이념이 엄격한 헤브라이화하기가 초래하기 쉬운 좁은 한계를 넘어 넓어지면, 우리는 우리의 이상을 끌어안는 저 헌신적 에너지를 찾아 다시 헤브라이즘으로 돌아갈 것이다. 이 에너지만이 인간에게 자기가 아는 바를 행하는 행복을 줄 수 있기 때문이다. "너희가 이것을 알고 행하면 복이 있느니라!"[66] 허약한 인간성을 위한 최후의 말은 늘 이것일 것이다. 때로는 숭고하기도 하고 때로는 감동적이기도 하지만 늘 찬양할 만한 힘을 가지고서 되풀이된 이 말을 찾

---

65) 「히브리서」, 11장 1절.
66) 「요한복음」, 13장 17절.

아, 우리 민족은 세계가 지속되는 한 헤브라이즘으로 돌아갈 것이다. 그리고 이 말을 설교하는 성서는, 괴테가 그렇게 불렀다시피, 한 민족의 책일 뿐 아니라 모든 민족의 책(Book of the Nations)으로 영원히 남을 것이다. 불화와 분리처럼 보이던 것들이 있은 이후, 거듭거듭 예루살렘의 예언적인 약속은 여전히 진실일 것이다.—보라, 당신이 내보냈던 당신의 아들들이 오누나. 성자의 말씀에 따라 서쪽에서 동쪽까지 신을 기억하며 즐거워하면서 모이는구나.[67]

---

67) 「바루크서」, 4장 37절.

매슈 아널드 연보

1822년 12월 24일 레일럼 온 템스(Laleham-on-Thames)에서 토머스 아널드와
메어리 펜로즈 사이의 장남으로 태어나다.

1828년 8월 부친이 유명한 사립학교 럭비 스쿨(Rugby School) 교장으로 임명
되어 그곳으로 이사하다.

1834년 7월 호수지방의 앰블사이드 근처에 폭스 하우(Fox How)가 완성되어
아널드 집안의 휴일거주지가 되고, 이 지역에 살던 당대 최고의 시인
윌리엄 워즈워스와 친하게 지내다. 아널드는 어른이 되어서도 이때의
기억을 잊지 않는다.

1836년 처음으로 시를 습작하고 9월 동생과 같이 사립학교인 윈체스터 칼리
지에 들어가다.

1837년 윈체스터 칼리지의 운문낭송 대회에서 바이런의 작품을 낭송하여 상
을 타다. 9월에 윈체스터를 떠나서 아버지가 교장으로 있는 럭비 스쿨
5학년에 전학하다. 이해에 빅토리아 여왕이 즉위하다.

1840년 럭비 스쿨에 재학하며 시를 써서 상을 타기도 하고, 11월에는 옥스퍼
드 베일럴 칼리지에 장학금을 획득하여 입학하다.

1841년 8월 부친이 옥스퍼드 대학교 현대사 담당 흠정(欽定) 교수로 임명되어
옥스퍼드로 집을 옮기다. 헨리 뉴먼(Henry Newman)의 설교에 감명
을 받기도 하나 그가 주도하는 옥스퍼드 운동에는 별로 영향을 받지
않다.

1842년 6월 12일 부친이 심장마비로 갑작스럽게 사망하다. 아널드는 이후 대

학시절 칼라일, 에머슨, 조르주 상드 등을 읽고 영향을 받다. 또 조금 후에 괴테, 스피노자 등의 영향도 받고, 학부 동아리 활동을 하다. 이 무렵은 차티스트 운동이 일어나고 있던 시기다.

1845년 2월~4월 럭비에서 보조교사로 있었고, 3월 28일 옥스퍼드의 오리엘 칼리지 펠로(칼리지 정식멤버)로 선발되다.

1846년 7월 프랑스를 방문하여 조르주 상드를 만나기도 하고, 12월 말에 파리에서 연극관람을 하는 등 몇 개월 보내다.

1847년 4월 추밀원의장이자 휘그당 원로정치가인 랜스다운(Lansdowne) 후작의 개인비서로 취직하여 그와 연을 맺는다.

1849년 2월 처녀시집 『떠도는 난봉꾼』(*The Strayed Reveller*)을 출간하여 시인으로서의 명성을 얻기 시작하다.

1850년 4월 워즈워스가 죽자 6월에 워즈워스의 죽음을 애도하는 추모시편을 『프레이저스 매거진』에 발표하다. 고등법원 판사 윌리엄 와이트먼 경의 딸인 프랜시스 루시 와이트먼(Frances Lucy Wightman)에게 청혼했으나 마땅한 직업도 없고 출세할 전망도 별로 없다는 이유로 성사가 되지 않다.

1851년 4월 랜스다운 경에 의해서 장학사로 임명되어 조건이 나아지자 6월 프랜시스 루시와 결혼하게 되고, 9월 신혼여행차, 프랑스, 이탈리아, 스위스 등 대륙을 여행하다. 10월부터 장학사 업무를 시작하여 1886년 은퇴할 때까지 거의 평생을 봉직하게 되고, 업무상 국내외 시찰 여행을 자주 하면서 지내게 된다. 또한 순회 재판하는 와이트먼 판사를 수행하기도 하여 국내 곳곳을 돌아다닌다. 이해에는 대륙에서 루이 나폴레옹이 황제로 즉위하고, 국내에서는 휘그당 파머스턴이 실각하고, 대박람회가 런던에서 열리다.

1852년 두 번째 시집 『에트나 산의 엠페도클레스』(*Empedocles on Etna*)를 출간하다.

1853년 앞의 두 시집에서 추리고 신작시를 추가하여 『시집: 신판』(*Poems: A New Edition*)을 출간하는데, 여기에 붙인 「서문」(Preface)에서 낭만주의적 경향을 자기비판하고 고전주의적 시관을 주장하여 이것이 그의 평론활동의 시작이라고 할 수 있다.

1857년 5월   5년 임기의 옥스퍼드 대학교 시학 교수로 선출되고 5년 뒤 재선되어 총 10년간을 시 교수로 재직하게 된다. 11월 취임강연 「문학에서의 근대적 요소에 관하여」를 시 교수로서는 전례를 깨고 처음으로 영어로 진행하다. 12월 비극 『메로프』(Merope)를 출간하다.

1859년 3월~8월   교육위원회인 뉴캐슬 위원회의 위촉으로 프랑스, 네덜란드, 스위스에 머물면서 대륙의 초등교육에 대해서 조사하다. 8월에는 『잉글랜드와 이탈리아 문제』(England and the Italian Question)를 발간하다.

1861년 1월   전작 평론인 『호메로스 번역에 관하여』(On Translating Homer)를 출간하여 문체를 시대와 관련하여 논하고, 5월에는 방대한 자료를 바탕으로 프랑스의 민주적인 교육제도를 보고하는 『프랑스의 대중교육』(The Popular Education of France)을 간행하다. 이해 미국 남북전쟁이 발발하다.

1862년   당국의 미움을 살 것을 각오하고 교육정책을 비판하는 글을 저널에 발표하는 등 교육문제에 많은 관심을 기울이다.

1864년 6월   또 다른 교육관계 저서 『프랑스판 이튼』(A French Eton)을 출간하다. 이 시기 이후 본격적인 잡지 기고를 하게 되고 이를 묶어서 저서로 내는 식의 집필활동을 하게 된다.

1865년 2월   그동안 발표한 평론들을 모아서 『비평집』(Essays in Criticism) 제1집을 발간하다. 「아카데미의 문학적 영향」「현시기 비평의 기능」등 대표적인 평론들이 실려 있고 특히 후자는 비평과 사회현실의 관계를 둘러싼 평단의 논쟁을 야기한 바 있다. 교육위원회인 톤튼(Taunton) 위원회의 위촉으로 프랑스, 이탈리아, 독일, 스위스에 체류하며 조사활동을 벌이다.

1866년   선거법 개정운동이 활발하게 일어나는 가운데, 하이드 파크 사태가 일어난다. 이 사건을 계기로 당대 현실에 대한 논쟁에 적극 개입하게 되고, 1869년 『교양과 무질서』(Culture and Anarchy)라는 제목의 단행본으로 출간된다.

1867년 6월 전작 평론 『켈트문학 연구에 관하여』(*On the Study of Celtic Literature*)를 출간하고, 7월에는 『새 시집』(*New Poems*)를 엮어내나, 자신의 시가 시대의 요청에 따르지 못한다는 자성에 따라 이후로는 시는 거의 쓰지 않고 사회와 종교 등의 당시 쟁점에 대한 논쟁적인 글을 주로 발표하게 된다. 이해 제2차 선거법 개정법안이 통과되고, 마르크스의 『자본론』 제1권이 출간된다.

1868년 당시 해로 스쿨 재학 중이던 열여섯 살의 장남이 사망하고 갓난아기인 막내를 잃는 비극을 겪다.

1969년 1월 대표적인 사회비평서인 『교양과 무질서』를 출간하고 6월에는 두 권짜리 시선집도 새로 내다.

1870년 5월 종교문제를 다룬 『성 바울과 신교』(*St. Paul and Protestantism*)를 출간하고, 6월 옥스퍼드 대학교에서 D.C.L. 명예학위를 수여하고, 이 해에 선임장학사로 승진하다.

1871년 또 다른 사회비평서라 할, 그렇지만 좀더 의도적으로 풍자적인 책 『우정의 화환』(*Friendship's Garland*)을 출간해서 영국의 문화와 삶을 통렬하게 풍자하다.

1872년 열여덟 살 난 아들이 사망.

1873년 종교에 대한 관심이 더 깊어지면서, 2월에 주요 저서 『문학과 교리』(*Literature and Dogma*)를 발간하다. 11월에 모친 사망.

1875년 『문학과 교리』에 대한 반박들에 대한 응답으로 『신과 성서』(*God and Bible*)를 발간하다.

1877년 2월 옥스퍼드 대학교 시학 교수직에 재지명되나 고사하고, 11월 성 안드레 대학교 총장으로 추대되나 이것도 거절하다. 3월에 『교회와 종교에 관한 근작 논문들』(*Last Essays on Church and Religion*)을 발간하다.

1879년 3월 『논문집』(*Mixed Essays*)을 출간하고, 8월에 『워즈워스 시집』을 엮고 여기에 「워즈워스」라는 서문을 써서 워즈워스를 당대 최고시인의 반열에 올리는 데 크게 기여하다. 이후 수년간 영문학사를 재구성하고 영국 낭만주의 시인들을 평가하는 문학평론 활동을 집중적으로 벌인다.

1880년 6월 『바이런 시집』을 엮으면서 바이런을 인간해방 전쟁의 투사로 묘사하다.

1882년 3월 아일랜드 문제에 대한 글들을 모아 『아일랜드 논문집』(Irish Essays)을 출간하다.

1883년 8월 시와 문학에 대한 기여를 인정받아 매년 250파운드의 연금을 수령하게 되고, 10월에 미국으로 가서 이듬해 3월까지 순회강연 여행을 하다.

1884년 수석장학사로 승진하다.

1885년 미국 강연을 모아서 6월에 『미국에 대한 담론』(Discourses on America)을 엮고, 8월에는 세 권짜리 시선집을 발간하다. 10월에 다시 옥스퍼드 대학교 시학 교수직에 지명되어, 옥스퍼드 대학교 교직원과 400명의 학부생들이 각각 청원서를 보내는 등 수락할 것을 부탁했는데도 고사하고, 11월부터 다음달까지 왕립 교육위원회 업무로 독일에 머무르면서 활동하다.

1886년 2월~3월 왕립 교육위원회 일로 프랑스, 스위스, 독일에 머물면서 활동. 4월 30일자로 평생직업이던 장학사직에서 은퇴하다. 5월부터 8월까지 미국을 다시 방문.

1888년 4월 15일 미국에서 돌아오는 결혼한 딸을 마중 나가서 기다리다가 리버풀에서 갑자기 심장마비로 사망하다. 사후 말년에 쓴 평론들을 엮어 『비평집』 제2집이 발간되다.

매슈 아널드를 되살리는 일
■ 옮긴이의 말

옮긴이는 매슈 아널드를 공부의 주제로 선택한 대학원 시절부터 그의 주저인 『교양과 무질서』를 언젠가 번역 소개해야겠다고 마음먹었다. 그후 강산이 바뀐다는 10년도 두어 번 지난 지금에 와서 이 다짐을 실현하게 되니 그야말로 감회가 깊다. 아널드가 그리 인기있는 공부대상이 아닌 것은 예나 지금이나 마찬가지이지만, 문학 분야에서든 사회비평 분야에서든 아널드의 문제의식이 지금 이곳에서도 살아 있다는 옮긴이의 믿음은 변함없다고 자임한다. 근대에 대한 물음이 핵심이 되는 시대에 아널드가 제기한 비평정신과 교양이념은 쉽게 물리칠 수 없는 화두로 남을 것이기 때문이다. 시대의 유행과는 한참 멀어져 있음에도 중요한 문학 및 문화논의에서 아널드에 대한 논평이 되풀이되는 것도 정전(正典)으로서의 그의 중요성에 기인한다. 『교양과 무질서』는 교양과 문화에 대한 고전적인 탐구이자 옹호로서, 문학뿐 아니라 인문사회과학의 여러 학문분야에서도 필수적인 문헌이다.

뜻이 있긴 했어도 막상 이 책을 번역하는 데 뛰어들기는 쉽지 않았다. 무슨 번역이든 번역은 늘 부담스럽기도 하지만 『교양과 무질서』 경우에는 특유의 어려움도 따른다. 원래 당시 저널에서 활발하게 이루어진 논쟁문을 토대로 엮은 책이기 때문에, 내용 자체가 당대의 상황과 구체적이고 긴밀하게 엮여 있다. 그렇기 때문에 정치, 경제, 문화, 종교 등 각 분야에서의 사정에 상당히 정통할 필요가 있는데 번역하기 위해서라도 부족한 공부부터 더 보충해야 했다. 그러나 이보다 더 엄두가 안 났던 것은 저자의 문체 때문이다. 관계대명사나 세미콜론을 동원한 길고도 긴 만연체의 문장들이 이어지다가도 어느새 아이러니와 풍자가 툭툭 튀어나오곤 하는 까다로운 글인지라 얼마나 정확하게 뜻을 살려내서 번역할 수 있을지 자신이 생기지 않았다.

그러나 행인지 불행인지 마침 한국학술진흥재단에서 시행하는 학술명저번역지원 목록에 이 저서가 포함되어 누군가 이 과제를 해내야 할 상황이 되니 아널드의 비평을 주제로 박사학위를 받고 몇 해 전 저서를 출간하기도 한 옮긴이로서는 책임감을 느끼지 않을 수 없었다. 실은 대학원 시절에 국내 최초로 번역 출간했던 아널드의 문학평론선집을 더 보완하고 수정하여 새롭게 내놓을 준비를 하고 있던 차라, 차라리 이 기회에 아널드 번역을 마무리짓고 싶은 욕심도 없지 않았다. 결국 용기가 안 나 미루기만 하던 번역을 국책사업의 과제로 떠맡아 수년간의 고생길에 들어섰으니, 이 제도적인 강요가 워낙 늑장부리길 잘 하는 옮긴이에게는 좋은 자극이 되었다. 번역을 시작한 지 6년 만에 출간을 볼 수 있게 된 것도 고맙게도 마감에 시달린 덕분이다.

예상대로 『교양과 무질서』 번역은 까다로웠다. 영문 자체를 가지고 씨름한 적도 많았고, 숱한 인유(引喩)와 암시를 캐느라고 시간을 썼고, 당대의 세세한 쟁점을 파악하는 일도 빼놓을 수 없었다. 정치와 사회현실을 둘러싼 논쟁문의 성격상 일반 독자로서는 맥락을 모르면 내용의 많은 부분을 놓치게 될 것이니, 원문의 번역 못지않게 실제 함의를 제대로 전달하는 일이 중요했다. 다행히 옮긴이가 텍스트로 선택한 미시간 대학 출판사 간 『매슈 아널드 산문전집』(제5권, *Culture and Anarchy*)의 편자가 붙인 충실한 주석을 참조할 수 있었고, 미흡한 부분은 따로 조사하여

될수록 상세한 옮긴이 주를 달았다. 1869년 저자가 단행본에 따로 붙인 서문을 책 앞이 아니라 뒤에 실은 것도 이 텍스트의 선택을 따른 것이다. 거기에다 1869년판 서문이 우리에게는 매우 생소한 당대의 종교논의를 다루고 있어 독자가 곧바로 내용을 접할 수 있도록 하는 편이 낫겠다는 옮긴이로서의 판단도 있었다.

하여간 어려움에 부딪칠 때마다 '이런 골치 아픈 번역은 다시는 하지 말아야지' 하는 속다짐을 수없이 하게 했던 지긋지긋한 번역도 마침내 끝났다. 요즘 학계풍토에서 별로 거들떠보는 이 없는 아널드의 주저를 번역 출간하는 순간이니, 역시 아널드를 공부하겠다는 젊은 영문학도의 외로운 선택을 격려해주시던 은사님들이 새삼 떠오른다. 지금은 아쉽게도 정년퇴임을 하신 이상옥, 백낙청, 천승걸, 김명렬 네 분 선생님께 특히 감사드리고 싶다. 선생님들께 그래도 읽을 만한 번역이라는 인정을 받았으면 좋겠다. 해독의 장애에 부딪칠 때는 학문과 인생의 동반자 영희 씨가 의논상대가 되어주어 늘 든든했다. 이 작은 보람을 함께 나누었으면 한다.

2006년 6월
윤지관

'교양'의 힘과 의미

■ 개정판 옮긴이의 말

15년 전 출간한 『교양과 무질서』를 한길그레이트북스 시리즈로 재출간하게 된 것이 역자로서는 무척 기쁘다. 매슈 아널드(Matthew Arnold)를 전공한 학자로서 한국에 꼭 소개해야겠다는 의무감에 많은 시간과 공을 들여 번역한 책이기 때문이다. 옮기면서 영국 빅토리아 시대의 정치상황을 둘러싼 논쟁에 대해 비교적 상세히 공부할 수 있었던 것도 즐거움이었다.

영국 빅토리아 시대의 사회변화로 촉발된 계급갈등이 '무질서'로 흐르는 것을 경계하고 그 대안으로 '교양'을 제시한 아널드의 주장에 당시 진보진영 논자들은 비판을 쏟아냈다. '교양'의 이념이 절박한 현실 앞에서 뜬구름 잡는 소리에 불과하고 시대정신이라고 할 개혁의 대의에 역행한다는 것이다. 이 책은 아널드가 그들과 벌인 논쟁의 결과물로서 '교양'의 실질적인 힘과 의미를 역설한다.

아널드를 보는 시각은 논자마다 다르겠지만 영국 문화비평 내에서도 대개 그는 보수적이고 엘리트주의적인, '철 지난' 비평가로 비판받기 일쑤다. 그러나 아널드가 제시한 교양 이념의 생명력은 인문학의 전통 속에서 면면히 이어져왔고 지금도 살아 있다. 물론 대학이 취업을 강조하고 효율성을 주된 가치로 삼으면서 인문학이 위기에 처한 것이 작금의 현실이다. 하지만 그렇기 때문에 우리 삶과 사회 전반에서 인문학적 사고와 실천의 의미는 그만큼 더 커지는 것이다.

올해는 영국에서 『교양과 무질서』로 묶이게 된 논쟁이 벌어진 지 150년이 되는 해다. 영국의 마르크스주의 비평가 레이먼드 윌리엄스(Raymond Williams)는 1969년 이 책의 출간 100주년을 기념하는 강연에서 현재적 의미를 성찰한 바 있다. 물론 그도 아널드가 현실정치에서 보인 '보수성'을 비판하지만, 교양 이념에 동반되는 인문학적 인식의 힘까지 부인한 것은 아니다. 오늘날의 한국사회 또한 그 현재성에 대한 모색이 필요하지 않은가 한다.

빅토리아 시대 못지않은 양극화를 겪으며 민주주의의 개혁과제 앞에 선 우리 사회에서 과연 아널드적인 교양 이념은 어떤 의미가 있는가? 이 책의 재출간을 맞아서 다시 한 번 던지고 싶은 질문이다.

2016년 4월
윤지관

찾아보기

지은이 매슈 아널드

매슈 아널드(Matthew Arnold, 1822~88)는 영국 빅토리아
시대를 대표하는 지식인 가운데 한 사람으로, 문학비평가이자 시인이며
옥스퍼드 대학교 교수였다. 그는 문학비평가로 널리 알려져 있으나
정치·사회·종교·교육 등 당시의 모든 중요한 영역의 논의에도 적극
개입하여 방대한 저작을 남겼다. 특히 거의 평생 장학사로서
교육현장에서 일한 그는 실천적인 지식인이기도 했다.
처음에는 시인으로 두각을 나타내 당대의 대표적인 시인 가운데 하나로
꼽혔으나, 1850년대 말부터 비평으로 방향을 전환하여 문학과 사회에
대한 좀더 직접적인 발언을 하게 된다. 문학평론 활동을 적극적으로
펼쳐 두 권의 평론선집을 엮었고, 호메로스 번역과 켈트문학을 주제로 한
전작평론서를 출간했다. 그는 근대사회에서 비평의 이념이
남달리 중요함을 역설했고 문학의 사회적 기능을 강조했다.
그의 인문주의적 사고와 낭만주의 문학에 대한 평가는 후대에 큰 영향을
미쳤다. 그는 1860년대 후반부터 첨예해진 사회 및 종교 논쟁에
적극 개입해 대표적인 논객 가운데 한 사람으로 떠올랐고,
특히 선거법 개정을 둘러싼 사회적 갈등과 계급현실에 대한 처방으로
교양의 이념을 제시하여 큰 반향을 불러일으켰다.
당시의 논쟁을 모은 책이 그의 대표적인 정치사회평론서
『교양과 무질서』(*Culture and Anarchy*)다.

옮긴이 윤지관

윤지관(尹志寬)은 대구에서 태어나 서울대학교 영문학과를 졸업하고 같은 학교
대학원에서 「교양 이념의 현재적 의미: 매슈 아널드 연구」로 박사 학위를 받았다.
미국 버클리 대학교 초빙교수와 영국 케임브리지 대학교 방문펠로를 지냈으며
한국문학번역원장을 역임했다. 1985년부터 덕성여자대학교 영문과 교수로 재직 중이며
현재 한국대학학회 회장으로 대학문제를 연구하고 실천을 모색하고 있다.
저서로는 『민족현실과 문학비평』『리얼리즘의 옹호』『놋쇠하늘 아래서』
『근대사회의 교양과 비평』『세계문학을 향하여』 등이 있으며,
편저로는 『영어, 내 마음의 식민주의』『사학 문제의 해법을 모색한다』 등이 있다.
역서로는 제인 오스틴의 『이성과 감성』『오만과 편견』(공역) 등을 비롯해
프레드릭 제임슨의 『언어의 감옥』, 빌 레딩스의 『폐허의 대학』 등 다수의 이론서가 있다.

HANGIL GREAT BOOKS 145

교양과 무질서

지은이 매슈 아널드
옮긴이 윤지관
펴낸이 김언호

펴낸곳 (주)도서출판 한길사
등록 1976년 12월 24일 제74호
주소 10881 경기도 파주시 광인사길 37
홈페이지 www.hangilsa.co.kr
전자우편 hangilsa@hangilsa.co.kr
전화 031-955-2000~3 **팩스** 031-955-2005

부사장 박관순 **총괄이사** 김서영 **관리이사** 곽명호
영업이사 이경호 **경영이사** 김관영
편집 김광연 백은숙 노유연 김명선 김지연 김대일 김지수
관리 이주환 김선희 문주상 이희문 원선아 **마케팅** 김단비
디자인 창포 031-955-9933
CTP출력 블루엔 **인쇄** 오색 **제본** 경일제책사

제1판 제1쇄 2006년 7월 30일
개정판 제1쇄 2016년 4월 29일
제2쇄 2018년 12월 20일

값 22,000원

ISBN 978-89-356-6449-8 94080
ISBN 978-89-356-6427-6 (세트)

• 잘못 만들어진 책은 구입하신 서점에서 바꿔드립니다.
• 이 도서의 국립중앙도서관 출판시도서목록(CIP)은 서지정보유통지원시스템 홈페이지(seoji.nl.go.kr)와
국가자료공동목록시스템(www.nl.go.kr/kolisnet)에서 이용하실 수 있습니다.
(CIP제어번호: CIP2016008193)

한길그레이트북스 인류의 위대한 지적 유산을 집대성한다

● 한길그레이트북스는 계속 간행됩니다.